이스라엘포비아,
새로운 형태의 반유대주의,
역사적 실체와 진실

이스라엘을 위한 변명

제이크 월리스 사이먼스 지음
김양욱 옮김

님로드

ISRAELOPHOBIA: THE NEWEST VERSION OF THE OLDEST HATRED & WHAT TO DO ABOUT IT

Copyright ⓒ Jake Wallis Simons, 2023
All rights reserved

Korean translation copyright ⓒ 2025 by Nimrod Publishers
Korean translation rights arranged with The Blair Partnership LLP through Danny Hong Agency, Seoul

이 책의 한국어판 저작권은 대니홍 에이전시를 통해 The Blair Partnership LLP와 독점 계약한 님로드에 있습니다. 저작권법에 따라 한국 내에서 보호를 받는 저작물이므로 무단 전재와 무단복제를 금합니다.

이스라엘을 위한 변명

새로운 형태의 반유대주의,
이스라엘포비아! 역사적 실체와 진실

ISRAELOPHOBIA

Jake Wallis Simons

추천의 글

이 책은 섬세하고 뛰어난 작가가 쓴, 꼭 필요한 책이다. 중동 안보 전문 특파원이자 『주이시 크로니클』의 편집장인 제이크 월리스 사이먼스보다 이 책을 잘 쓸 사람은 없을 것이다. 이 책은 지나친 강박증과 악마화로 변질된 이스라엘을 향한 편향된 보도와 집중적인 공격을 분석하고 중세 유럽에서 스탈린 시대, 현재에 이르기까지 반유대주의에 관한 문제의 근원을 추적한다. 또한 합리적이고 진보적이라고 여겨지는 시대에 왜 이스라엘이 다른 나라들과 다르게 평가받는지도 논의한다. 데이비드 바디엘의 『유대인은 해당되지 않는다$^{\text{Jews Don't Count}}$』와 어떤 면에서 비슷한 이 책은 현재 우리 세상 — 정치, 국가, 문화, 디지털 — 의 어두운 면을 매혹적으로 분석하고 불편한 진실들을 드러낸다.

사이먼 시백 몬티피오리 Simon Sebag Montefiore

"저는 반유대주의자가 아닙니다: 유대인 개인을 싫어하는 것이 아니라 그 나라를 싫어하는 것뿐입니다."

제이크 월리스 사이먼스는 거침없고 탁월한 그의 책에서 이런 망상을 해체해 다시는 이스라엘 혐오자가 남아 있지 않도록 학문적, 논리적으로 철저하게 그 허구성을 파헤친다. 유치원 친구나 대학 동창 모임에서 나눠 줄 수도 있으므로 여러 권 구매하길 권한다. 무엇보다 스스로를 위해 한 권을 구매해 꼭 읽어 보기를 권한다. 위선적인 태도를 노출한, 가장 악의적인 집단적 적대감을 살펴보는 것도 의미 있는 일이다. 『이스라엘을 위한 변명』은 우리 모두에게 필요한 책이다.

하워드 제이컵슨 Howard Jacobson

일러두기

원서에서 이탤릭체로 강조한 것은 이 책에서 고딕체로 표시했다.
본문의 주석은 옮긴이 주다.

록사나와 우리 아이들에게

우리도 다른 사람들과 같은 사람이다. 다른 사람들보다 더 우월한 사람이 되려고 하지 않는다. 평등의 최우선 조항으로 다른 사람들이 악당을 비난하는 것처럼 우리도 우리를 괴롭히는 악당을 비난할 권리가 있다.

1911년 제에브 야보틴스키 | Ze'ev Jabotinsky

 닥쳐올 재난을 피하고, 오랜 세월 혼란스럽고 무기력했던 종교를 되살리며 공격적인 동화주의와 일시적인 고립주의 사이에서 길을 찾고, 이웃과 평화롭게 살려는 위대하고 모험적인 시온주의$_{Zionism}$의 야망이 아직 목표를 달성하지 못했다는 사실에 우리 모두가 실망하고 있다. 하지만 현재가 실망스럽다고 해서 그 시절의 야망을 왜곡해서는 안 된다. 때로는 죄악이 열매를 맺지만, 그렇다고 해서 시온주의가 시작부터 잘못된 것은 아니다. 꿈이 사라진다는 것은 비극적인 일이다. 그래서 우리는 흐느낀다. 사라진 꿈이 화려할수록 수없이 많은 눈물을 흘려야 했다. 그리고 울지 않겠다고, 차라리 행진하고 저항해 맞서겠다는 사람들에게 나는 말한다. 당신도 애초에 그 꿈이 사라지는 것을 보고 싶어 했던 사람들 가운데 하나라고.

하워드 제이컵슨 | Howard Jacobson

이스라엘을
위한 변명

차례

1장
새로운 증오 · 12

우리는 너희의 피를 원한다 | 이것이 문제다 | 본말이 전도되다 | 당신의 말에 전적으로 동감합니다 | 돌연변이

2장
이스라엘 혐오(이스라엘포비아)란 무엇인가? · 36

3장
악마화, 이스라엘 혐오의 첫 번째 특징 · 42

여러분이 판단하십시오 | 유대인이 어디에 있습니까? | 살 만한 나라 | 비판적인 친구들 | 설상가상, 엎친 데 덮친 격 | 역사와 후무스 | 새로운 시작 | 역사적 부당성 | 팔레스타인의 미래 | 당신도 그렇게 한다 | 중간에 갇히다 | 두 가지의 낡은 방식 | 문어발 로비

4장
무기화, 이스라엘 혐오의 두 번째 특징 · 100

좌파의 이름으로 | 왼쪽 오른쪽 다시 왼쪽 | 슈뢰딩거의 유대인 | 모든 것이 인종에 관한 문제 | 어느 세대의 정치 구호 | 크나큰 실수 | 미디어 속의 하마스 | 다 같은 백인 | 정체를 숨기다 | 언어 사용에 신중하다 | '인종차별' 비난 | 검문소 점검 | 점령이라 말할 수 있는가? | 미래의 지도자들

5장
조작과 왜곡, 이스라엘 혐오의 세 번째 특징 · 164

사우론의 눈 | 레모네이드 정상회담 | 탁월한 거짓말 제조기 | 행성 사이의 유대인 | 유유상종 | 히틀러의 망령 | 광기를 넘어서 | 러시아에서 불어닥친 증오의 바람 | 시온주의의 비판자들 | 총과 올리브 가지 | 모스크바, 반이스라엘 선전의 중심 | 그들이 모르는 것 | 테헤란, 이스라엘 혐오의 새로운 중심

6장
사실과 대응 · 226

여덟 가지 사실과 다섯 가지 대응 방안

마지막에 덧붙여 · 234

감사의 글 · 235

주 · 236

1장

새로운 증오

우리는 너희의 피를 원한다

"이건 반유대인 나이키 신발입니다."

어느 청년이 작은 이스라엘 국기를 부착한 자신의 운동화를 보여주며 농담했다. 일요일 오후의 어느 날, 런던 중심가의 이스라엘 대사관 앞에서 시위대가 하마스Hamas와의 분쟁을 비난하며 소란을 피웠다. 전날에는 영국 역사상 가장 큰 팔레스타인 지지 시위가 하이드 파크Hyde Park에서 열렸는데, 거기에는 18만 명이 모였다. 팔레스타인 지지자가 이스라엘 지지자를 비난하며 모여들었다. 반유대인 운동화를 신은 청년이 있는 곳에서 조금 떨어진 거리에서 한 패거리가 뒷골목을 배회하고 있었다.

"여기에 유대인들이 있다."

누군가 소리쳤다.

"우리는 시온주의자를 원한다. 우리는 그들의 피를 원한다."

두 명의 경찰관이 근처에 있었지만 아무런 제지도 하지 않았다. 그런 사이 뒤쪽의 군중 속에서 수염을 기른 한 남성이 검은 마스크를 쓰고 팔레스타인 국기를 들고 있는 청년들을 배경으로 확성기를 들고 선동했다. 그는 이스라엘을 지지하는 군중에게 이렇게 소리쳤다.

"우리와 너희는 차이가 있다. 너희는 생명을 시작이라고 생각하지만, 우리는 죽음이 시작이라고 생각한다. 생명은 죽음에서 시작된다. 우리는 죽음을 개의치 않는다. 우리는 죽음을 찬양한다."[1]

영국에 거주하는 많은 유대인은 2021년 5월에 벌어진 이 사건을 기억하고 있다. 당시 이스라엘은 텔아비브, 예루살렘과 같은 인구 밀집 지역에 4,000발 이상의 로켓을 쏘아 대는 가자지구 테러리스트들과의 분쟁에 휘말려 있었고, 어디에서든 증오가 들끓고 있었다. 안식일 전날, 죽음을 찬양한 그 남성은 ― 모하메드 히잡Mohammed Hijab이라는 전직 역사 교생 ― 런던의 유대인 거주지 한복판에서 수용소에 갇혀 있는 유대인의 사진이 걸린 피켓을 세워 놓고 유대인에게 "홀로코스트에서 무엇을 배웠느냐?"라며 조롱하는 영상을 촬영했다. 그 전주에는 런던 북쪽에서 팔레스타인 국기를 휘날리며 차량 행렬이 이동했는데 차창 밖으로 남성들이 몸을 내민 채 확성기에 대고 "빌어먹을 유대인, 그들의 딸을 강간하자."라고 소리쳤다. 이스라엘 대사의 남편과 어린 세 딸이 시위대에 둘러싸였지만, 가까스로 무사히 빠져나왔다.

  이런 사건을 돌아보면서, 많은 유대인은 자신이 충격을 받지 않은 것에 더 놀랐다. 다른 소수계 주민에게는 필요 없는 엄격한 경비 상태가 유대인 학교, 유대교 회당, 유대인 주민 센터에 발동됐다. 영국 이민청Home Office의 통계를 보면 영국계 유대인은 전체 인구의 0.5퍼센트에 불과하지만 모든 증오 범죄 대상의 거의 1/4을 차지했고,[2] 다른 종교 집단들보다 다섯 배나 더 높은 범죄 대상이 되었다.[3] 국가 평등 지수 조사 EVENS ― Evidence for Equality National Survey ― 에서 55퍼센트의 유대인이 인종 차별을 당했다고 밝혔는데 이는 50퍼센트의 카리브계 흑인과 30퍼센트의 아프리카계 흑인에 비해도 높은 수치였다.[4] 반유대주의 사건이 서구 세계 전체에서 급증했고 2022년 미국에서만 36퍼센트가 증가해 역대 최고치를 기록했다.[5] 프랑스에서는 종교 비방 사건의 60퍼센트 이상이 유대인을 향했고[6] 독일에서는 반유대인 증오 범죄가 2012년 1,374건에서 2022년 2,639건으로 증가했다.[7] 그런데 현재 두드러진 반유대주의의 편견은 과거와는 다르다. 전 세계적으로 대부분의 반유대인 편견은 현재 그들의 종교나 인종이 아니라 그들의 모국에 초점을 맞추고 있다.

세계에서 가장 오래된 유대계 신문인 『주이시 크로니클the Jewish Chronicle』의 편집장으로 해외 특파원 경험이 있던 나는 제러미 코빈Jeremy Corbyn의 노동당 내 반유대주의를 심층 취재하면서 반이스라엘 운동의 기저에 깔린 증오심을 오래전부터 간파했다. 이스라엘은 중동 지역의 유일한 자유민주주의 국가로 동성애자, 여성, 소수민족이 이 지역의 어느 곳보다 자유롭게 살고 있지만, 세계에서 가장 억압적인 정권이라고 자주 비난받는다. 부엌칼, 사제 총, 자살 폭탄까지 동원해 가장 광신적이고 맹목적인 방식으로 이스라엘에 대항하는 사람들이 폭정에 저항하는 모습으로 묘사된다. 서구 자유세계에서 팔레스타인을 지지하는 대의명분은 남아공의 인종 차별(아파르트헤이트), 식민주의, 백인 우월주의에 대한 저항과 동일시되는 정체성 정치identity politics●의 상징처럼 여겨진다. 이스라엘 상품을 불매하고, 이스라엘 기업의 기물을 파손하며, 대학교에서 이스라엘 시사가 쫓겨

● 정체성 정치(identity politics): 인종, 민족, 종교, 성별, 계급 등의 다양한 특성을 바탕으로 정치 집단을 구성하고 세력화에서 정체성을 가진 이들이 이익과 관점을 집중적으로 대변하는 정치 행위

났지만, 모든 일에서 잘못을 저지른 사람들이 마치 선하거나 의로운 모습으로 비쳤다.

대중은 유대인 국가에 증오심을 갖는 것과 유대인을 싫어하는 것은 전혀 다른 문제라고 인식하기 시작했다. 그러나 그 가면이 벗겨지기까지 오래 걸리지 않았다. 2021년 5월에 일어난 대규모 시위는 하마스의 로켓 공격에 대응한 이스라엘의 군사 행동에서 비롯되었다. 적대행위가 잦아들자, 대부분이 테러리스트인 팔레스타인인 256명과 이스라엘 시민 14명이 사망한 것으로 파악되었다(아이언돔$_{\text{Iron Dome}}$ 미사일 방어 시스템 덕분으로 추가적인 이스라엘의 인명 피해를 막을 수 있었는데, 1,200기 이상의 로켓들이 가옥과 사무실에 떨어지기 전에 요격되거나 파괴됐다).[8] 그렇다면 시위대가 이런 특정 갈등을 그토록 집중적으로 부각시킨 이유는 무엇일까? 유엔의 기록을 살펴보면 그해에 이스라엘 주변을 포함한 전 세계 곳곳에서, 전쟁, 불의, 인권 유린과 잔학 행위들이 많이 발생했다.[9] 시리아에서는 50만 명 이상의 목숨을 앗아 간 전쟁이 일어난 지 암울한 10년의 세월에 접어들었다. 세계에서 가장 인권 탄압이 심한 지역으로 낙인찍힌 예멘은 분쟁이 시작된 이래, 만 명의 아이들이 죽거나 불구가 됐고 인구의 절반 이상이 심각한 식량 부족과 함께 분규 발생 이래 가장 높은 수준의 극심한 영양실조에 시달리고 있다.

에티오피아는 티그레이$_{\text{Tigray}}$에서 발생한 폭동으로 35만 명이 기근의 위기에 처했다. 미얀마에서 일어난 쿠데타로 전체 인구의 거의 절반인 250만 명이 빈곤 상태에 빠졌다. 말리에서 유엔 평화유지군이 살해당했고, 40만 명이 폭력 사태로 고향을 등져야 했으며, 거의 500만에 달하는 사람들이 구호물자에 의존하는 상태가 되었다. 그러나 270명이 사망한 이스라엘에서의 분규는 전 세계에서 대규모의 격렬한 시위를 유발했다. 왜 그럴까? 이와 관련해 많은 설명이 필요하지만, 그 실마리는 이스라엘 대사관 밖에 모여 있는 죽음의 숭배자, 뒷골목에서 시온주의자의 피를 노리는 자, 그리고 유대인 딸을 강간하겠다고 확성기로 선동하는 사람들에서 찾을 수 있다.

 이스라엘은 완벽한 나라가 아니다. 나는 『주이시 크로니클』과 이전 직장인 『데일리 메일』, 『선데이 텔레그래프』 등에서 중동 지역 전문가로 심층 취재를 했고 카라카스$_{Caracas}$에서 콜롬보$_{Colombo}$, 세인트헬레나섬$_{St.\ Helene}$에서 하라레$_{Harare}$ 그리고 바타클랑$_{Bataclan}$에서 마이두구리$_{Maiduguri}$●의 황야에 이르기까지, 세계 각지를 다니며 취재했다. 요르단강 서안지구$_{West\ Bank}$에서는 최루탄 가스를 여러 번 뒤집어쓰기도 했다. 여러 국가에서 다양한 상황의 분쟁을 경험했다. 톨스토이의 말을 빌리자면, 불행한 국가는 그 나름의 이유로 불행하다는 것을 알 수 있었다. 2022년 베냐민 네타냐후$_{Benjamin\ Netanyahu}$가 일부 극단주의자를 포함한 연합정부의 수장으로 총리가 된 이후, 민주주의 체제의 위기 속에서 전국적으로 시위가 벌어지면서 이스라엘의 결점이 크게 드러났다. 하지만 모든 나라마다 그 나름대로 인정할 만한 부분이 있다. 부패, 인권, 민주주의, 자유 등의 측면에서 평가했을 때, 이 유대

● 마이두구리(Maiduguri): 나이지리아 북동부의 도시

인 국가는 중간 이상에 위치한다. 결과적으로 보면, 그 나라만의 특징과 죄악을 함께 지닌 또 다른 평범한 나라에 불과하다. 세상의 모든 나라에 적용되는 기준을 이 유대인 국가에는 적용하지 않는 것일까? 왜 비난받고 거절당하고 훼손당하고 악마화되고 조롱당하는 것일까? 그렇다면 건전한 비판과 증오를 어떻게 구별할 수 있을까?

이것이 문제다

반유대주의는 현재 가장 정치적이고 폭발력을 지닌 문제 중의 하나다. 최근에 이 문제는 뉴스 보도, 사설, 문화 전쟁, 심지어 저녁 식사 자리에서도 자주 논의되고 정치인 사이에서도 열띤 논쟁거리가 되고 있다. 또한 인터넷의 음침한 구석에서 음모론과 온갖 종류의 주장을 펴는 활동가를 양산하며 새로운 아군과 적군을 만들었다. 집회와 논쟁, 소송이 벌어졌고 이를 둘러싼 추문이 잇따랐다. 관련 영상들이 퍼져 나갔고 트위터도 떠들썩했다. 친구 사이의 우정에 금이 갔고, 세대를 갈라놓았으며 정치 집회로 서로 맞붙었다. 하지만 사회가 이 문제의 진상을 파악하려고 나서자, 손이 닿지 않는 곳으로 점점 퍼졌다.

반유대주의는 오래전부터 유명했다. 만화에서 유대인은 매부리코에 돈주머니를 들고 있는 모습으로 그려졌다. 페이긴$_{Fagin}$● 과 『베니스

● 페이긴(Fagin): 찰스 디킨스의 소설 『올리버 트위스트』의 등장인물. 꼬마 소매치기들을 여럿

의 상인The Merchant of Venice』이 바로 그 모습이다. 스페인 종교재판, 동유럽 집단 학살, 홀로코스트의 희생자들은 대부분 유대인이었다. 그러나 이스라엘은 또 다른 문제다. 이스라엘은 이제 가스실 앞에서 차례를 기다리던, 우리에게 정서적으로 익숙한 유대인의 이미지와는 다르다. 이스라엘은 이제 맞서 싸운다. 홀로코스트 생존자의 후손이 조종하는 전투기가 아우슈비츠 상공에 정기적으로 출격한다. 이스라엘 시민은 육체적으로 강인하고 적극적이고 애국적이다. 우디 앨런Woody Allen●식의 자기 비하하고는 거리가 멀다. 폭격의 피해를 본 팔레스타인 아이들과 불도저로 밀어 버린 팔레스타인 거주지의 이미지가 소셜미디어에 넘쳐나면서, 사람들은 유대인 국가가 한때 반대하던 모든 것을 갖춘 나라로 변했다고 뒤에서 수군거렸다. 미국 작가 다라 혼Dara Horn은 '사람들은 죽은 유대인을 좋아한다. 하지만 살아 있는 유대인은 아니다'라는 인상적인 논평을 남겼다.[10]

혼란스럽고 적대적인 식민지 이후의 민주주의 국가에서 예상할 수 있는 상황처럼, 이스라엘도 모든 일을 제대로 처리하지는 못한다. 그러나 이스라엘이 받는 비난의 수위는 이스라엘이 저지른 잘못을 넘어섰다. 온라인에서의 무차별적인 비난, 유엔에서의 적대감, 국제적인 불매운동과 디지털 선동에서부터 대학가 집회의 게릴라 벽보 부착에 이르기까지 상상할 수 있는 모든 수단으로 이스라엘을 공격하

데리고 범죄를 저지르는 유대인 장물아비.

● 우디 앨런(Woody Allen): 미국의 영화감독, 배우, 작가, 코미디언. 영화 『애니홀』, 『맨해튼』, 『한나와 그 자매들』, 『미드나잇 인 파리』 등을 연출했다.

고 있다. 이러한 적개심은 중동 지역의 유일한 민주주의 국가이고 지구상의 유일한 유대인 국가인 이스라엘에는 쏟아지면서도 가장 잔혹한 독재국가들을 향해선 누그러진다. 어떤 나라에도 적용되지 않는 기준이 이스라엘에는 적용된다. 인종 청소에서 백인 우월주의, 식민주의, 영아 살해, 대량 살인에 이르는 모든 것을 비난하며 가장 모욕적인 언어로 이스라엘을 모독한다. 이스라엘과 인접한 나라들이 민간인에게 융단 폭격을 가해도 시위대는 집에서 꿈쩍도 않는다. 그러나 인구 밀집 지역에 수천 발의 미사일을 쏘아 대는 테러리스트를 막기 위해 이스라엘이 국지적인 군사 행동을 취하면, 전 세계의 도시에서 들고 일어나 거리를 장악한다. 2023년 7월, 서안지구의 제닌Jenin에 근거지를 둔 테러리스트의 잇따른 치명적인 공격에 이스라엘이 대응하자, 민간인 희생자가 단 한 명도 발생하지 않았음에도, 전 세계가 이스라엘을 향해 적개심 가득한 비난 세례를 퍼부었다. BBC의 진행자는 '이스라엘 군대가 아이들을 죽이고 있다'라고 주장해서 나중에 사과해야 했다.[11]

이스라엘을 향한 증오는 우리 시대 문화의 중추를 담당하는 진보주의자들의 견해 가운데 중요한 부분을 차지한다. 서던캘리포니아대학University of Southern California, USC의 엘리자베스 커리드 할켓Elizabeth Currid-Halkett 교수는 인종, 트랜스젠더, 탈식민주의, 예속과 관련해서 유행을 타는 이러한 '사치스러운 신념'[12]이 계급 차이가 줄어들면서 사회적 지위를 나타내는 신호가 된다고 말한다.[13] 대체로 극우주의에서 관심을 가졌던 인종 문제에 귀족적 자유주의, 세계주의, 낡은 사회주의의 조합이 종종 관심을 보인다.

이스라엘-팔레스타인 분쟁은 이러한 사회적 의미 가운데 하나로 불균형한 관심을 받고 있다. 이는 사람들이 겪는 고통에만 국한된 것이 아니다. 2022년에 대략 180명 정도의 팔레스타인 민병대와 시민이 목숨을 잃었는데,[14] 같은 시기를 비교할 때 우크라이나에서는 12만 명,[15] 예멘에서는 3,000명이 목숨을 잃거나 다쳤다.[16] 하지만 2023년 1월과 4월 사이에 진보 진영의 보루인 인권단체 앰네스티 영국 지부의 트위터 계정은 예멘에 관한 어떤 글도 올리지 않았다. 반면 우크라이나 전쟁에 관해서는 2건, 아프가니스탄의 탈레반 독재에 관해서는 6건, 이란의 강압적인 탄압에 관해서는 7건을 올렸지만, 이스라엘의 분리 정책과 범죄 혐의 행위에 대해서만 26건의 글을 올렸다.

이런 환경이 조성되는 통로가 대학이다. 대학에서 교수와 학생이 반이스라엘 여론몰이를 했다. 교내에서 사실이나 중립성 유지에 개의치 않고 유대인 국가라는 악당과 싸우는 것은 가장 가치 있는 명분이 되었고 새로운 진보적 신념의 핵심 강령이 되었다. 영국, 미국, 그 외 다른 나라 대학에서 유대인 학생이나 이스라엘 강연자는 늘 조롱당했다. 2021년의 영국주재 이스라엘 대사가 런던정치경제대학 London School of Economics and Political science, LSE 에서 항의하는 무리를 피해 황급히 빠져나가는 장면이 담긴 영상이 퍼졌는데, 그녀의 방문을 강력히 반대하는 'LSE 식민지 해방'이라는 단체가 벌인 일이었다.[17] 2023년 1월 대서양 반대편의 미시간대학 학생들이 '인티파다 intifada 만세! (팔

제1장 새로운 증오 21

레스타인 해방 운동)'와 '유일한 해결 방안은 인티파다 혁명이다'라는 노래를 부르며 교내를 행진했다.[18] 두 차례의 인티파다•는 미시간 대학에서 6,000마일이나 떨어진 삶의 현장에서 수많은 인명을 앗아 간 유혈 사태였다.

1960년대 영국 학자들 가운데 좌파는 절반 이하였지만,[19] 2019년 총선에서는 이들 중 10퍼센트가 우파를 지지했고 80퍼센트는 좌파에 투표했다.[20] 이런 추세는 미국에서 좀 더 확연했는데, 특히 인문 사회 분야에서 현재 좌파 학자들의 수는 우파 학자들의 수를 10 대 1 혹은 15 대 1의 비율로 압도한다.[21] 최상위 리버럴 아츠 칼리지liberal arts colleges의 거의 40퍼센트에 달하는 대학에서 공화당을 지지하는 학자는 전혀 없거나 무시해도 좋을 정도로 적다.[22] 2021년 영국, 미국, 캐나다의 연구 보고서에 따르면 '상당수의 대학에서 우파 학자가 채용, 진급, 보조금, 출판에서 차별'당하고 있고 '우익 성향의 학자는 기관(대학)과 동료로부터 상당 수준의 권위적인 압력'을 느낀다고 밝혔다.[23] 2015년 이후 미국 학계에서 진보주의의 엄밀한 기준에 순응하지 않는 발언 이후에 집단 표적이 된 — 진보 성향의 유명한 유대계 심리학자인 스티븐 핑커Steven Pinker[24]를 포함한 — 미국 학자들의 수가 엄청나게 늘어났다. 반이스라엘 편견은 이런 엄밀한 기준 가운데 하나였다.[25]

● 인티파다(intifada): '인티파다'라는 용어는 이스라엘 점령에 반대하는 팔레스타인 봉기를 의미하며, 격렬한 항의와 저항, 폭력이 특징이다. 1차(1987~93)와 2차(2000~2005)의 두 차례에 걸친 봉기가 있었다.

유대계 학생들은 대학이 점점 그들에게 적대적으로 변해 가는 것을 지켜봤다. 2005년 이래로 매년 전 세계 대학 캠퍼스에서 '이스라엘 인종 차별 반대 주간$_{\text{Israeli Apartheid Week}}$' 행사가 열렸는데, 집회와 연설, 영화 상영, 도서관 외부에 모의 국경 검문소를 설치하는 시위를 했다. 그러나 미얀마에서 수만 명의 로힝야$_{\text{Rohingyas}}$ 무슬림들이 도륙당하고 여성과 소녀들이 강간을 당했지만, 희생자를 위한 그 어떤 미얀마 인종 차별 반대 주간은 없었다. 마찬가지로 일부 화학무기까지 사용한 아사드에 의해 희생당한 시리아 사람을 위한 시리아 인종 차별 반대 주간도 없었다. 중국이 티베트를 무력 지배하고 이슬람 공동체를 계속 탄압하고 있으며 서구에 많은 중국 학생이 유학하고 있지만, 중국 인종 차별 반대 행사 따위는 없었다. 이란의 민주주의 운동가 학살, 북한의 기독교인 탄압, 사우디아라비아의 반체제 인사 납치, 살해, 튀르키예의 쿠르드족 탄압과 북(北)사이프러스 점령, 러시아의 참혹한 우크라이나 침공을 비난하는 주간 행사는 어디에도 없었다. 시민법[26]으로 보호받을 권리를 무시하고 차별적 행위에 모르는 체하며 이념적으로 변해 가는 아이비리그 대학에 유대인의 입학 숫자가 감소하고 있는 것은 놀랄 일도 아니다.[27]

본말이 전도되다

편견을 확산하는 사람은 그들이 무슨 일을 벌이는지 모른다. 하지만 사실 반유대주의자에게는 자신의 마음속을 들여다볼 수 있는 능력이 거의 없다. 그리스도를 십자가에 못 박은 유대인에 대한 처벌은 중세 시대에 신성한 임무로 여겨졌고, 20세기에도 반유대주의는 인종적인 문제로 대두되어 사이비 과학을 이용해서 도덕적인 우위를 주장했다. 독일 철학자 한나 아렌트Hannah Arendt에 따르면, 나치 친위대 장교는 자신이 생물학적으로 열등한 사람들을 멸살했기 때문에 인류애적 선의를 실현했다고 믿었다고 한다. 그들은 자신을 세계의 미래를 위해 가장 처참한 일을 행하는 영웅으로 여겼다.

전시 독일 사회 전체로 확대된, 이렇게 본말이 전도된 도덕의 방식은 경고의 메시지를 남겼다. 아렌트의 저술 가운데 가장 강력한 문장으로 여겨지는 한 구절에서 그녀는 이렇게 결론을 내린다.

인간의 본성과 기질이 때로는 잔인하지만, 문명화된 나라의 법에서 양심의 소리는 모든 사람에게 살인하지 말라고 말한다. 마찬가지로, 살인이 보통 사람의 본성에 반하는 것임을 잘 알고 있었지만, 히틀러의 땅에서 법은 양심의 소리로 모든 사람에게 죽이라고 요구했다. 대부분의 사람이 악의 유혹에 넘어가면서 제3제국의 악(惡)은 일상화되고 평범해졌다. 많은 독일인과 나치, 아마도 그들 대부분은 살인, 약탈, 이웃을 내쫓는 행위들을 하고 싶지 않았을 것이고 (비록 그

방법에 대한 끔찍한 세부 사항을 몰랐다 하더라도) 이런 범죄 행위에 공범이 되고 싶지도 않았을 것이다. 그러나 어쩌겠나, 그들이 악행을 저지르지 않으려는 본성에 저항하는 것을 알았는데."[28]

나치의 사례와 비교하려는 것은 아니지만, 현재 이스라엘에 대한 편견은 종교나 사이비 과학이 아닌 진보 정치를 통해 상식을 뒤집고 있으며 사회 전반에 광범위하게 왜곡된 내용을 퍼뜨리고 있다. 진보 강경 세력의 영향력이 커지면서 자유와 다원주의의 모든 원칙을 부정하고 세계 최악의 독재정권들과 명분을 만들어, 여성과 동성애자, 소수자의 권리를 보호하는 민주주의 국가 — 문제가 많고 혼란스럽지만 — 를 공격하기에 이르렀다. 이런 위선은 일부 사회주의자의 사고에서 노골적으로 드러났다. 1994년 전쟁 중단 연합 Stop the War Coalition 과 영국 사회주의 노동자당 Socialist Workers Party 의 핵심 인물인 활동가 존 리스 John Rees 는 흑백논리로 가득 찬 다음과 같은 글을 썼다.

「사담 후세인 Saddam Hussein 이 쿠르드족 Kurds 을 탄압하고 카스트로 Castro 가 동성애자를 탄압하는 것처럼, 억압받는 자가 비민주적이고 소수자를 탄압한다고 해도, 사회주의자는 무조건 압제자(강대국)에 맞서는 억압받는 자의 편에 서야 한다.」[29]

이런 신념에 따라 주요 좌파 인사들은 헤즈볼라 Hezbollah, 하마스 Hamas 와 같은 이슬람 테러 단체는 말할 것도 없고 아사드의 시리아, 푸틴의 러시아, 이란 정권과도 관계를 발전시켰다. 온건 세력의 세계관은 좀 더 언했다. 2023년 6월, 린딘 골드스미스 대학 Goldsmiths, University of

London의 학생회 임원이며 이슬람교도인 알카티브Alkhatib는 트윗에 이렇게 썼다.

「나는 하마스가 추종하는 이념과는 확실히 거리가 있다. 하지만 이스라엘과 팔레스타인이 충돌하는 상황에서는 하마스의 편이다. 당연한 것 아닌가! (헐!)」[30]

좌파 진영에도 우파에서 전향한 사람이 있다. 2013년 벨기에의 보수 정치인인 로랑 루이스Laurent Louis는 브뤼셀의 헤즈볼라 지지 집회에서 이스라엘 국기를 짓밟았고 시리아 방송국과의 인터뷰에서 유럽이 '불량국가 이스라엘'에 조종당하고 있다고 말했다.[31] 하지만 이러한 태도는 좌파에서 더욱 두드러졌다. 이런 도덕적 반전에 힘입어 하마스 — 여성과 아이들을 자살 폭탄 테러로 살해하고 이슬람을 강요하며 정보원으로 의심되는 사람을 오토바이에 매달고 질주하고 동성애자를 사살하며 반대 세력을 고문하고 처형하는 광신도 집단 — 가 체 게바라Che Guevara 혹은 로빈 후드Robin Hood처럼 영웅적 혁명 활동을 하고 있다고 진심으로 믿는 진보주의자가 점점 증가하고 있다.

당신의 말에 전적으로 동감합니다

불편한 사실이지만 런던 중심부에서 모하메드 히잡Mohammed Hijab이 확성기를 들고 외친 '죽음에 대한 찬양'은 피의 순교를 신성시하는 아랍 문화의 일부 단면을 보여 준다. 요르단강 서안지구와 특히, 가자지구의 아이들은 완전히 세뇌당해서 유대인을 살해하는 테러리스트를 '순교자'로 숭배하고 집단 학살을 찬양하는 노래를 부르며 거리를 돌아다닌다. 2023년 1월, 막 결혼한 부부와 중년 남성, 14살의 소년을 포함한 7명의 사람이 예루살렘의 유대교 회당에서 총격으로 쓰러졌을 때, 팔레스타인 군중이 거리에 쏟아져 나와 사탕을 나눠 주며 열광적으로 노래하고 춤을 췄다.[32] 동예루살렘 아랍 구역의 하늘에서 화려한 불꽃놀이가 펼쳐졌고, 어떤 남성은 엘리베이터 안에서 살인자를 찬양하는 노래를 부르며 한 유대인 남자를 위협하는 영상을 촬영했다. 유대인이 피살당할 때마다 환호가 터져 나오는 일은 아랍 세계에서는 일상적인 일이다. 2019년 19살의 오리 안스배처(Ori Ansbacher)를 성폭행하고 살해한 아라파트 이라파이야(Arafat Irafaiya)는 경찰에서 이렇게 진술했다.

"부모님은 내가 한 일을 자랑스럽게 여기실 것이다. 단지 누군가를 강간한 것이 아니라 유대인 여자를 죽인 것이다. 우리와 생각이 다르기에 당신들은 이해하지 못하겠지만… 나는 아랍인이 꿈꾸는 모든 것을 실행했다. 만약 내가 더 많은 유대인을 죽이고 죽게 된다면, 순교자로 죽을 수 있기에 나에게는 축복이다."

이것은 드문 일이 아니다. 오리를 추모하는 장소에 수십 그루의 나무를 심었지만, 이후에 팔레스타인 사람들이 뽑아 버렸다.[33]

이러한 죽음에 대한 찬양이 적어도 문제의 일부가 아니라는 주장은 해괴하다. BBC는 모하메드 히잡의 격한 발언과 도발에도, 가자지구 분쟁이 일어난 지 몇 달 뒤에 방송된 반유대주의 극복을 위한 다큐멘

터리 방송에서 그의 발언을 인용했다. 런던의 한 공원의 접이식 의자에 불편하게 걸터앉은 유대인 언론인 톰 브라다$_{\text{Tom Brada}}$는 '다양한 공동체들, 특히 유대인 공동체와 화합을 모색하는 방법'을 그에게 물어보았다.[34]

이집트계 영국인 선동가는 접이식 의자에 편안하고 당당하게 앉아서 답했다.

"사람들을 한자리에 모아야 합니다."

그는 어린 시절 함께 이웃에 살던 유대인에 대해 좋은 감정이 있었다. 그의 가족은 할랄$_{\text{Halal}}$ 식품보다는 코셔$_{\text{kosher}}$• 식품을 선택했었는데, 종교적 기준은 같지만 품질이 더 좋았다고 회상했다. 하지만 이런 사례는 이스라엘에 대한 동정으로 누구에게나 자연스럽게 확대되지는 못했다.

"누군가가 이스라엘이나 시온주의를 옹호하려면, 그 내용을 명확하게 밝혀야 하고 유대인과 완전히 분리되어야 합니다."

그는 단정적으로 이야기했다. 그와 브라다가 언급하지 않았던 문제는 영국의 유대인 10명 중에 최소 9명이 이스라엘의 지지자라는 사실인데, 히잡의 신뢰 수준에서 벗어나는 내용이었다. 다시 말해, 이렇게 죽음을 미화하는 소셜네트워크 활동가가 한자리에 모을 수 있는 숫자는 기껏해야 공동체 내의 10퍼센트 정도일 것이다. 아마 그것보다 훨씬 적은 숫자겠지만.

● 코셔 식품: '카슈루트'라는 유대인의 종교적 음식 계율을 따른 식품을 뜻한다. 돼지고기를 금하고 도축한 고기의 피를 빼는 것은 할랄 식품과 유사하다.

이 인터뷰를 통해 그가 포용할 수 있는 유대인 부류에 관한 통찰을 얻을 수 있었다. 그의 후원 세력에 관해 물었을 때, 유튜버이기도 한 히잡은 과거에 함께 활동했던 조직인 네투레이 카르타~Neturei Karta~를 언급했다. 유대인 공동체를 알고 있는 사람이라면 이 지점에서 씁쓸한 미소를 짓게 된다. 네투레이 카르타는 메시아가 강림하기 전까지 유대인이 이스라엘을 통치해서는 안 된다는 극단적인 교리로 알려진 사이비 집단이다(대다수 조직원이 이스라엘에 살면서 혜택을 누리고 있다). 명예훼손 방지 연맹~Anti-Defamation League~에 따르면 '유대교의 가장 극단'에 위치한 집단으로,[35] 소수의 활동가들이 전 세계에서 가장 극렬한 반유대주의의 마스코트로 활용되고 있다. 이 집단의 간부들은 가자지구에서 하마스 지도자, 레바논에서 헤즈볼라 고위층과 우호적인 만남을 가졌다. 2006년 당시의 리더였던 이스로엘 도비드 와이즈~Yisroel Dovid Weiss~는 테헤란에서 열린 악명 높은 홀로코스트 부정 회의~Holocaust Denial Conference~에 참석했다.[36] 나는 예루살렘에서 그들과 BBC 라디오의 《해외 특파원 리포트~From Our Own Correspondent~》를 통해 인터뷰했다. 그들은 미치광이 같았다.

세속적, 자유주의 언론인과 무슬림 강경파 사이에 확실한 시너지가 있었다. 히잡의 이스라엘에 대한 반대, 실제로는 이스라엘에 대한 혐오는 유대인에 대한 증오와는 구별되었기에 자유 및 인권을 얻은 것과 같았고 반유대주의 오래된 개념을 따르지도 않았다. 그가 '선한' 유대인에게 온정 어린 표현을 하면 할수록, 그들의 조국을 향한 독기 서린 비판의 강도는 세졌다. 그는 증오의 대상을 유대 민족에서 유대인 국가로 옮기면서 반유대주의의 혐의에서 벗어날 수 있었고, 좌파의 반이스라엘 편견에 물든 소수의 진보적 유대인과의 공통점을 발견했다.

나쁜 유대인을 멀리하고 착한 유대인과 관계를 맺어야 한다는 히잡의 발언에 대해 톰 브라다는 말했다.

"솔직히 말해서 거의 모든 점에서 당신의 말에 전적으로 동감합니다."

하지만 그는 공공장소에서 유대인을 골라 캐묻는 행위에 불편함을 느꼈고 이에 대해 다시 질문했다. 그러자 히잡이 설명했다.

"우리는 함께할 동료들을 찾고 있었습니다. 유대인 공동체의 큰 부분을 차지하는 팔레스타인을 지지하는 침묵하는 유대인에게 목소리를 높이고 있습니다."

이어서 '이스라엘 내러티브Israel narrative'●에 동조하는 사람들을 '보호'해서는 안 된다면서, 다음처럼 주장했다.

"그들을 공개적으로 교차검증하고 면밀히 조사해 공개적으로 심문할 정도로 담대해져야 한다."

이 인터뷰를 지켜보면서 나는 죽음을 찬양하는 사람과 자유 성향의 BBC 기자 사이에 공통분모가 있다는 것을 깨달았다. 이들은 서로 다른 경로를 거쳐 비슷한 지점에서 만났다. 이들과 관련되어 은연중에 시청자에게 전달되는 이스라엘은 히에로니무스 보스Hieronymus Bosch의

● 이스라엘 내러티브: 일반적으로 이스라엘 국가와 그 지지자가 조장하는 관점, 신념, 역사적 해석의 집합을 의미. 여기에는 이스라엘의 건국, 주변 국가와의 갈등, 안보 문제, 팔레스타인 국민과의 관계 등 이스라엘 역사의 다양한 측면이 포함된다.

그림에 나오는 지옥을 연상케 했고 민족과 종교, 연민과 학대, 악과 덕, 피와 땀의 복잡한 모자이크처럼 모든 사람이 함께 어우러지는 현실의 국가가 아니었다. 보스가 그림에서 묘사했던 환상은 히잡이 일생을 걸고 반대하며 정당성을 느끼게 했던 것이지만, 브라다 자신은 옹호할 수 없는 것이었다.

게다가 이 무슬림 허풍쟁이가 자신을 지지하는 소수의 유대인을 쉽게 감싸 안는 모습이 새삼스럽게 느껴졌다. 이것은 일종의 이스라엘 혐오와 유사한 오래된 독약을 새로운 병에 옮겨 담는 것과 같았다.[37] 거미 공포증이나 폐소 공포증 같은 의학적인 공포가 아니라 — 망상의 징후를 보이기는 하지만 — 동성애 혐오나 외국인 혐오 같은 증오나 편견의 표현으로 보아야 한다.

돌연변이

랍비 조너선 삭스 경Lord Jonathan Sacks은 이렇게 말했다.

"중세 시대에 유대인은 자신의 종교 때문에 미움을 받았다. 19세기와 20세기 초에는 자신들의 인종 때문에 미움을 받았다. 현재 이들은 이스라엘이라는 나라 때문에 미움을 받는다. 유대인은 자유롭고 동등한 인간으로 존재할 권리가 없다는 시각은, 형태는 다르지만 결국엔 같은 양상으로 나타난다."

이것은 명백한 사실이다. 그러나 최근의 이런 돌연변이는 다양한 방식으로 작용하는 반유대주의의 한 유형을 만들었다.

유대인과 그들의 땅에 대한 서구의 시각은 우리의 문화적 유산에 뿌리를 두고 있다. 천 년이 넘는 세월 동안, 기독교인은 유대인을 '선택된 민족'과 '사탄의 무리'라는 2개의 시선으로 바라봤다.[38] 찰스 3세$_{Charles\ III}$의 대관식에서 '이 세상에서 가장 소중한 것'으로 묘사된 성경은 유대인의 땅을 거룩한 땅으로, 유대인의 도시를 성스러운 도시로, 유대교 랍비를 하느님의 아들로 격상시켰다. 유대인을 그리스도를 죽인 자이면서 동시에 선택받은 민족으로 인식하는 이중적인 태도는 중세 시대를 거치며 서구 문명의 토대에 자리를 잡았고, 종종 비극적인 결과를 낳기도 했다.

수 세기 동안 유대인이 겪었던 미신, 음모론, 시기와 경멸은 그들이 이룬 업적으로 인해 더욱 악화되었다. 따돌림당하고 학살당했지만, 그들은 많은 위대한 과학자, 예술가, 작가, 금융가를 배출하는 놀라운 역량을 보여 주었다. 유대인은 전 세계 인구의 0.2퍼센트밖에 되지 않지만, 전체 노벨상 수상자 가운데 적어도 20퍼센트를 차지한다. 반유대주의의 시각으로 볼 때, 그들은 인간 이하의 존재로, 때로는 초인적인 존재로 분류되었다. 그들은 착취당했고 멸종의 위기를 맞기도 했다. 그들이 특별한 존경을 받았던 시기도 있었지만, 여느 사람들과 같은 취급을 받지는 못했다.

사회가 아무리 세속화되어도 오래된 기독교 심리극의 영향은 여전히 계속된다. 십계명과 같은 유대인의 도덕성이 후대의 종교에 흡수된 방식은 유대인에게 더 높은 기준을 적용하는 것이 자연스러워 보이는 이유 중 하나일 수 있다. 이는 (이스라엘에 대한) 흠모로 표현할 수 있는데, 특히 미국의 현대 복음교회는 이스라엘이 재림을 앞당길 것이라는 믿음으로 이스라엘을 지지한다. 인구 대비 10억 달러 규모의 벤처기업을 어느 나라보다 많이 배출한 이스라엘의 기술 발전은 자연스럽게 선망의 대상이 되었다. 반대로 이스라엘과 팔레스타인 사이의 껄끄러운 관계에 초점을 맞추고자 하는 사회의 열망은 셰익스피어Shakespeare와 초서Chaucer의 작품에 등장하는 기만적이고 잔인한 인물, 기독교 전통에서 유다Judas로 상징되는 배신과 유대인의 연관성 등 유대인에 대한 오랜 부정적인 고정관념에 의해 가속되었다. 수천 년의 세월 동안, 심지어 20세기 중반까지도 유대인은 이방인의 아이를 살해하고 그 피를 마신다는 악담을 들었다. 그런데 이스라엘 사람이 아동 살인범으로 낙인찍히는 것이 당연한 일일까?

경제학자 니코 보이그틀란더Nico Voiftländer와 한스 요아킴 보스Hans Joachim Voth의 연구에 따르면, 14세기, 흑사병의 원인으로 비난받던 유대인이 살았거나 유대인이 화형을 당했던 마을 출신의 독일인이 600년 후 나치에 투표했을 가능성이 확실히 컸다.[39] 놀랍게도 유대인이 15세기와 19세기 사이의 400년 동안 사실상 독일에서 사라졌는데도 이것은 실제 이야기였다. 특히 유대인과 성경에 관련한 문화적 유산의 힘은 막대했다. 이슬람 세계에서도 비슷한 이야기가 등장하며, 코란에서는 유대인을 악마로 묘사한다. 21세기에도 이스라엘 총리가 아기를 먹는 모습의 삽화나[40] 참혹한 시체로 벽을 쌓아 올리는 모습의 삽화 같은,[41] 우리에게 너무나 친숙한 것일 수도 있는 맹목적 반유대주의가 '이스라엘에 대한 비판'으로 치부된다.

유대인 국가가 전통적인 반유대주의의 생태계에 편입된 것은 이스라엘이 세워지기 수십 년 전이었다. 1903년에 출간된 『시온 장로 의 정서the Protocols of the Elders of Zion』는 이제껏 출간된 반유대주의 문서 가운데 가장 영향력 있는 문서로, 이스라엘 건국을 주도했던 운동의 공식적인 출범을 알린 1897년 제1차 시온주의 회의에서 작성되었다고 알려졌지만, 거짓으로 밝혀졌다. 이 문서는 다윗 같은 군주가 통치하는 세계 제국을 세우고 전쟁과 혁명을 조성하기 위해 유대인이 정부, 교회, 언론에 침투한다는 음모론을 드러냈다. 매우 익숙한 비유로, 유대인의 자기 결정권에 대한 열망을 세계 지배 음모로 묘사했다. 이것은 1864년 나폴레옹 3세를 풍자한 내용과 1868년 독일의 반유대주의 소설을 변형해서, 유대인 볼셰비키 혁명가들에게 위협을 받는 제정 러시아에서 반유대주의를 선동하고자 기획되었다. 21세기에도 이스라엘과 '시온주의 로비'에 대한 현재의 태도를 반영한 음모론적인 반유대주의 사고방식이 여전히 남아 있다.

오늘날 유대인 국가는 그 위상이 과장되어 정부와 금융시장을 조종하는, 세계의 중대한 위협으로 간주돼 모든 의식 있는 사람이 저항해야 하는 대상으로 그려진다. 좌파들이 저항 운동으로 불의에 대응하는 것은 당연하다. 그러나 진보주의자들이 이스라엘을 터무니없게 희화하면서, 인종 차별 반대의 에너지가 증오로 변해 발산되었다.

현대 반유대주의의 혁신 중의 하나는 사회정의 운동으로 위장해 서구의 양심을 본질적 가치에 반하는 방향으로 돌린 것이다. 이전에도 좌파에서 이러한 자기 파괴의 선례가 있었다. 1940년 조지 오웰George Orwell은 「중요한 시기에 영국 좌파는 물러 빠진 평화주의자로, 때로는 열렬한 친러시아 입장에 섰지만, 영국에 늘 반대하면서 영국의 사기를 깎아내렸다.」라고 썼다.[42] 영국, 미국, 자유 국가들이 이스라엘과 자유 민주주의의 토대를 공유하면서도 유대인 국가를 공격하는 행위는 서구의 역사, 가치, 문화에 대한 공격이라고 할 수 있다.

이는 기만적인 모습을 한 오래된 증오의 새로운 형태다. 종교나 인종적 사상이 아닌 정치 자체의 광신적 신념으로 가득 찬 광범위한 사회운동의 한 부분이다. 다만 새로운 가면으로 위장해 기존의 모습을 찾아내기 어렵다. 자유 사회의 가치를 훼손하는 동시에 이를 잘 표현하는 것처럼 위장해 반대파를 침묵시키는 본보기를 보여 준다. 이스라엘과 우방들이 마녀사냥의 표적이 된다면, 소수민족과 성 소수자, 종교 집단, 정치적 견해나 가치관이 다른 사람들도 마녀사냥의 표적이 될 수 있다. 반유대주의라는 정의가 지난 세기의 인종을 기반으로 한 증오에 머물러 있으므로 반유대주의라고 부르는 것만으로는 충분치 않다. 이런 새로운 편견은 주로 정치적이기 때문에, 진보적인 유대인을 앞장세운다. 편견을 새롭게 규명하고 이에 대응할 수 있는 새로운 방식을 찾는 일은 매우 중요한 일이다. 그 시작은 이런 편견에 이스라엘 혐오라고 이름을 붙이는 것이다.

2장

이스라엘 혐오 (이스라엘 포비아)란 무엇인가?

이스라엘 혐오Israelophobia는 유대 민족이나 유대교가 아닌 유대인 국가에 집중된 반유대주의의 형태이다. 반인종주의라는 새로운 언어로, 낡고 편협한 비유를 숨기고 증오를 미덕으로 표현한다. 나치와 소련이 고안한 선전에 토대를 두며 인종적 현상이기보다는 정치적 현상으로, 같은 생각을 지닌 소수의 유대인을 더 쉽게 포섭할 수 있다. 이스라엘 혐오는 현재 반유대주의의 핵심적인 표현이 되었다.

대체로 이스라엘 혐오에는 세 가지 특징이 있지만 모든 특징이 항상 나타나는 것은 아니다. 그 특징은 다음과 같다.

악마화Demonisation : 이스라엘을 악으로 규정하고 세계에 대한 위협으로 간주한다.
무기화Weaponisation : 유대인과 그들의 조국에 대한 증오의 방식으로 사회정의 운동을 트로이의 목마처럼 활용한다.
조작과 왜곡 Falsification : 나치와 소련의 거짓 선전을 맹목적으로 따라 한다.

이스라엘 혐오는 증상에 따라 다양하게 나타난다. 경증은 정치적 환경의 규범에 순응하면서 서서히 망상에 젖어 든다. 반면 중증은 이념에 헌신하고 진심 어린 도덕적 십자군 운동으로 발전한다. 어느 쪽이든 유대인에 대한 증오가 우리의 이해보다 빨리 퍼져 나갔기 때문에, 이 문제를 폭로하는 것은 매우 어려웠다. 2,000년 동안 이어져 온 편견은 반유대주의의 종착점이지만, 낡은 꼬리표를 피하는 데 능숙하다. 우리는 이런 항변의 소리를 자주 듣는다.

"어떻게 저를 반유대주의사라고 부를 수가 있어요? 전 평생 인종차별을 반대했어요. 제 주변의 유대인 친구를 보세요. 당신은 이스라엘에 대한 비판을 누르기 위해 저를 모욕하고 있습니다."

이런 방식으로 제러미 코빈$_{\text{Jeremy Corbyn}}$●은 이스라엘을 '적절하게 폐기해야 할 하수구 오물 덩어리'라고 부른 강경 좌파 성향의 비주류 단체인 주다스$_{\text{Jewdas}}$와 함께 유월절 만찬에 참석해 유대인 공동체에 대한 그의 애정을 보여 주었다.[1] 겉으로는 별난 유대인 좌파들을 포용하면서 그들의 조국에 대해서 증오를 쏟아 내고 시종일관 반인종주의적 수사를 떠들어 대는 것이 이스라엘 혐오의 전형적인 특징이다.

새롭게 붙은 이 꼬리표의 윤곽을 살펴보기에 앞서, 이전 꼬리표에 대한 의미를 정의할 필요가 있다. 이스라엘 혐오 운동의 가장 큰 성과 가운데 하나는 '시온주의자$_{\text{Zionist}}$'라는 용어를 '백인 우월주의$_{\text{white supremacy}}$' 또는 '식민주의$_{\text{colonialism}}$'와 함께 부정적 의미로 묶은 것이다. 사실, 시온주의자는 디아스포라(이산)$_{\text{diaspora}}$를 거쳐 수 세기의 박해 이후에 유대인이 자신의 고향에서 자기 결정권을 가지려는 단순한 열망에서 비롯되었다. 오스트리아-헝가리 출신의 언론인 테오도르 헤르츨$_{\text{Theodor Herzl}}$이 1896년 쓴 『유대인 국가$_{\text{Der Judenstaat}}$』라는 책은 시온주의의 창립선언문으로 여겨진다.

「우리도 같은 사람이다. 우리가 어디에 있든, 우리 선조의 믿음을 지키면서 우리가 사는 국가에 적응하려 진실로 노력했다. 하지만 우리는 허용되지 않았다.」

● 제러미 코빈(Jeremy Corbyn): 영국 노동당 의원. 2015년에서 2020년까지 노동당 대표를 역임했다.

그는 이렇게 마무리했다.

「유대인은 국가를 설립할 것이다. 결국에 우리는 우리의 땅에서 자유를 얻고 우리의 고향에서 평화롭게 생을 마칠 것이다.」²

어떤 면에서 보면 시온주의는 특별한 것도 없었다. 단순히 오스만 제국, 오스트리아-헝가리 제국, 러시아 제국과 서구 열강들이 1차 세계 대전을 끝내고 결국엔 새로운 민족국가에 자리를 내어 주면서 생겨난 민족주의의 표현이었다. 이런 혼돈의 상황 속에서 영국, 프랑스, 미국, 러시아는 여러 민족에게 영토를 내어 주기로 서약했다. 서약이 이뤄진 민족도 있었지만, 아르메니아와 쿠르드족은 아니었다. 하지만 유대 민족주의 열망은 수 세기 동안 그들이 받았던 끔찍한 박해로 인해 고향으로 돌아가고자 하는 독특한 오랜 염원과 결합해서 특별한 힘을 지니고 있었다.

'시온주의$_{Zionism}$'라는 용어는 '반유대주의$_{antisemitism}$'라는 말이 통용되고 난 10년 뒤인 1890년에 만들어졌지만, 현대 정치 세력으로서의 이념은 오래전부터 형성되었다. 조지 엘리엇$_{George\ Eliot}$이 1876년 발표한 소설 『다니엘 데론다$_{Daniel\ Deronda}$』에서 동명의 유대인 영웅은 이러한 신념에 대한 자신의 사명을 이야기했다.

「우리 민족이 정치적 존재감을 회복해 국가를 다시 세우고, 지금은 우리가 뿔뿔이 흩어져 있지만, 영국처럼 국민의 중심축 역할을 할 수 있는 국가를 만드는 것이 나의 사명이라고 생각한다.」

데론다는 이렇게 덧붙였다.

「이것은 내게 주어진 의무이다. 미약하지만 이 일을 시작하기로 마음먹었고 내 인생을 바칠 것이다. 내가 마음속에서 깨달음을 얻은 것처럼 다른 사람의 마음을 움직여 깨우치게 할 것이다.」

시온주의의 뿌리는 더 오래되었다. 셰익스피어의 출생 즈음인 1561년 초, 오스만 제국의 유대인 판사 조지프 나시$_{\text{Joseph Nasi}}$는 유대인을 이끌고 선조의 땅으로 귀환하고자 했다. 그 이전에도 시온$_{\text{Zion}}$● 으로 돌아가고자 하는 종교적 열망이 있었다. 시온은 유대인이 그리스도가 태어나기 600년 전에 바빌로니아로 끌려가면서 이스라엘을 떠난 이래로 유대인의 정체성으로 자리를 잡았다. 유대인 국가가 확고한 현실이 된 지금, '시온주의$_{\text{Zionism}}$'라는 단어는 다른 국적의 유대인이 표현하는 일종의 이스라엘 애국주의이며, 이스라엘 사람이 아닌 지지자 사이에서 이스라엘이 악의 전형이 아니며 존재할 권리가 있다는 신념을 의미한다. 이외에 시온주의는 어떤 정치적 성향도 내포하지 않는다. 이스라엘에는 좌파와 우파에 속한 시온주의자가 있으며 서로 정반대의 정치적 성향을 지니고 있지만, 이스라엘의 다양한 집회에서 대부분이 국기를 들고 집회를 하는 것을 볼 수 있다.

반면에 유대인 국가에 대한 증오를 설명하는 데 흔히 쓰이는 또 다른 꼬리표가 있다. 바로 '반시온주의$_{\text{anti-Zionism}}$'이다. 다른 국가와 달리 유대인은 국가를 가질 자격이 없고 국제법에 따라 형성된 이스라엘은 '존재할 권리'가 없는 나라이며, 해체되어야 한다는 신념이다. 이런 입장에 편견이 있는 것은 분명하지만, 그렇다고 모든 것이 금기시

● 예루살렘 남쪽의 시온산(Mount Zion, 765m)을 지칭. 다윗 왕을 비롯한 역대 이스라엘 왕들의 무덤과 기독교 관련 유적이 있다. 이후에는 이스라엘 전체를 가리키는 말이 되었다.

되는 것은 아니다. 앞으로 살펴보겠지만, 반시온주의는 왜곡과 도그 휘슬$_{\text{dog whistle}}$●에 기반을 두며, 많은 진보주의자가 반시온주의를 반인종주의와 탈식민주의와 함께 억압에 맞서 싸우는 신념으로 간주한다. 예를 들어 주다스$_{\text{Jewdas}}$는 시온주의를 '정착민 식민지를 위해 유대인의 모든 삶을 약탈해 존재하는 파산한 이데올로기'라고 왜곡했다. 이는 유대인의 자결권을 박탈하려는 욕망을 미덕으로 포장해서 정당화하려는 명백한 시도이다. 이런 이유로 이스라엘 비판자들이 '반유대주의'라는 꼬리표를 떼어 버리고 '반시온주의'라는 용어를 사용한다고 해도 그들에게 도움이 되지 않는다. 결국 반시온주의가 반유대주의와 같은 것이냐는 빗나간 논쟁 속에서 이스라엘이든 일본이든 또는 세네갈이든 간에 어떤 국가나 집단에 대해 맹목적인 편견을 갖는 것은 잘못이라는 생각이 간과되었다.

'반유대주의'나 '반시온주의'라는 용어가 쓸모없어진 것은 아니다. 최근 유대인 증오로 변형되어, 보이지 않는 곳에 숨어 있을 뿐이다. 사악한 것이 이곳을 피난처로 삼고 있다. 여기에 맞서기 위해서, 우리는 '반유대주의', '반시온주의'와 함께 세 번째 개념인 '이스라엘 혐오$_{\text{Israelophobia}}$'를 살펴보아야 한다.

● 사람에게는 들리지 않지만, 개에게만 들리는 자극적인 주파수를 내는 호루라기. 정치에서도 특정 지지층에 호소하는 메시지를 보내는 것을 의미하기도 한다.

3장

악마화,
이스라엘 혐오의
첫 번째 특징

이스라엘을 세계에 대한 위협과 악으로 규정한다

여러분이 판단하십시오

이스라엘처럼 논란이 많은 국가는 말할 것도 없지만, 어떤 한 국가에 관한 의견을 형성하는 것은 결코 쉬운 일이 아니다. 20세기 역사가 마저리 퍼램(Margery Perham)은 제국을 언급하면서, 그것이 코끼리를 줄자로 재는 행위와 같다고 했다.

"대상의 크기와 형태가 우리를 당황하게 하는데 살아 있기 때문에 가만히 있질 않는다. 그렇다면 어떤 기준을 적용해야 할까?"[1]

답변하기 어려운 질문이다. 객관적인 사실과 함께 그 가치도 관찰자의 성격, 배경, 신념, 정체성. 취향, 정치적 경험을 통해 굴절되며 관찰하는 사람마다 각기 다른 결론을 내리게 된다.

어떤 사람은 미국인을 정신 사납다고 말하지만, 어떤 사람은 그들을 상당히 긍정적이라고 칭찬한다. 어떤 사람은 프랑스인이나 영국인 혹은 일본인이나 멕시코인을 좋아하지만, 어떤 사람은 그들을 피하고 싶어 한다. 몇 년 전에 휴가를 함께 보낸 덴마크 친구는 이스라엘 문화가 상당히 무례하다고 생각했지만, 어떤 사람은 신선하고 솔직하다는 반응을 보였다. 정치나 도덕적인 질문에서도 마찬가지다. 직감과 판단이 일치하는 사람들끼리 더 넓은 세계관을 공유하고 친구가 되거나 같은 정당에 가입하기도 한다. 과거 영국의 제국주의를 프랑스나 스페인의 제국주의보다 심하게 비난하는 사람도 있고, 이민자에 대한 호주의 강경한 자세를 다른 사람보다 강하게 비판하는 사람도 있다. 카슈미르$_{Kashmir}$에서 파키스탄과 인도의 행위를 크게 개탄하는 사람도 있고 러시아나 이란, 심지어 시리아나 중국을 옹호하는 사람들도 있다. 이스라엘과 팔레스타인의 분쟁에 대해 누구보다 강경한 태도를 보이는 사람도 있다.

성전환자, 이민, 낙태 혹은 이스라엘에 관한 논쟁이라도 존중받을 만한 범위에서 선호를 표현하는 것은 지극히 자연스럽다. 그러나 모든 것이 똑같이 옳다고 말할 수는 없다. 내가 완강히 반대하는 사람의 의견도 합리적일 수 있다. 사람들 대부분의 정치적 견해는 주류가 수용할 만한 정책의 범위에 있다는 '오버튼 윈도우$_{Overton\ window}$'—20세기 미국의 분석가 조지프 오버튼$_{Joseph\ Overton}$의 이름을 땄다— 에 포함된다.[2] 오버튼 윈도우 내에서 활발한 논쟁은 민주주의의 생명선이라 할 수 있으며, 유대인 국가에 관한 논쟁에서도 역시나 마찬가지다. 실제로 이스라엘의 활발한 자유 언론이 논쟁에서 다양한 목소리를 내는 것처럼, 이스라엘은 자신을 비판할 수 있는 충분한 능력을 갖추고 있다.

이 책은 어떤 것에도 판단을 유보하는 도덕적 상대주의를 주장하지 않는다. 앞서 살펴보았듯이 이스라엘을 옹호하려는 것도 아니다.[3] 유대인 국가를 반대하려는 것도 아니며 그럴 필요도 없다. 이 주제에 관한 새로운 시각이 출판계에 부각되었지만, 그보다는 관용, 자유주의, 사실적 분석과 균형감 있는 판단에 호소하려는 것이 이 책의 목적이다. 사람들에게 합리적인 행동을 요구하고 비판자들이 종합적인 사실과 진정성 있는 토론을 뒤로하고 음모론, 편견, 악마화의 영역에 빠져드는 순간을 정확히 짚어 내고자 한다. 그곳이 바로 이스라엘 혐오가 시작되는 지점이다.

이스라엘 혐오는 놀랄 만큼 널리 확산되었다. 베를린에서 테헤란까지 과거와 현재에 걸쳐 국가가 후원하는 선전에 힘입어 이스라엘을 극도로 싫어하는 사람과 허위 정보의 영향이 강력한 세력을 형성하고 있다. 이는 일반인, 특히 좌파를 끌어들여 오버튼 윈도우를 넓히며 이스라엘에 관한 근거 없는 추측이 주류 사회에 스며들게 한다. 이러한 결과는 상식에 대한 일종의 집단 면역이다.

악마화가 그 시작이다. 소련의 반체제 활동가이자 작가로 9년의 세월을 러시아의 감옥에서 보낸 나탄 샤란스키$_{\text{Natan Sharansky}}$는 반유대주의 편견에 대한 3단계 실험의 첫 번째로 악마화의 개념을 포함했다(나머지 둘은 '비정통성$_{\text{delegitimisation}}$'과 '이중잣대$_{\text{double standards}}$'이다).[4] 국제 홀로코스트 추모 연합$_{\text{International Holocaust Remembrance Alliance}}$의 반유대주의 정의에 따르면, 악마화는 '유대인을 가식적, 비인간적으로 묘사하고 악마화하며 유대인 집단의 영향력에 대한 고정관념, 특히 유대인 세계 지배 음모론 또는 유대인이 언론, 경제, 정부와 사회 기관들을 지배한다는 신화'로 규정된다. 유대인에 대한 이러한 부정적인 묘사는 기독교인 아이의 피를 빨아먹는 중세의 뿔 달린 악마에서부터 금융시장을 쥐고 흔드는 로스차일드$_{\text{Rothschild}}$ 가문, 현재 이스라엘 사람을 장기적출자로 의심하는 것에 이르기까지 역사의 곳곳에서 넘쳐난다.

유대인이 어디에 있습니까?

악마화의 물결은 심각한 영향을 미친다. 2012년 독일의 프리드리히 에베르트 재단Friedrich Ebert Stiftung Foundation의 조사에 따르면 폴란드인의 63퍼센트, 독일인의 48퍼센트가 '이스라엘이 팔레스타인 사람을 말살하기 위해 전쟁을 벌이고 있다'라고 의견을 밝혔는데, 여기에 영국인의 42퍼센트, 헝가리인의 41퍼센트, 이탈리아인의 38퍼센트가 동조했다.[5] 이런 상황은 이후에도 나아지지 않았다. 유럽연합기본권청European Union Agency for Fundamental Rights의 2012년과 2018년 사이의 태도 변화에 관한 연구는 '단순히 유대인이라는 이유만으로 어디에 가고 무엇을 읽고 누구와 교류하든지 간에 다양한 형태의 지속적인 학대를 당할 가능성이 커졌다'라고 밝혔다.[6] 유럽 전역에서 반유대주의가 점점 악화되었고, 응답자의 85퍼센트가 이를 '심각한 문제'라고 생각했다. 응답자들이 '일상적으로' 반유대주의 발언을 접한다는 반응에서 그 이유를 쉽게 알 수 있다. 학계에 보고된 내용에는 '이스라엘인이 팔레스타인인을 향해 나치처럼 행동한다'라며 '유대인이 너무나 많은 권력을 쥐고 있으며 홀로코스트 희생을 그들의 목적을 위해 이용한다'라는 내용이 포함되었다. 2023년 1월에 새롭게 개정된 내용을 발간했고 연말에 책으로 출판되었다.[7]

이러한 근거 없는 믿음은 오래된 반유대주의와 이스라엘에 대한 적대감으로 함께 버무려졌다. 그 증거를 잠깐 살펴만 봐도 편견이 불식될 수 있다는 점을 고려했을 때, 주류 사회에 이러한 집단적 사고를 만들어 냈다는 것은 이스라엘 혐오 운동의 또 다른 놀랄 만한 성과라 할 수 있다. 다양한 형태의 편견은 영국의 모든 것에 증오심을 품은 스코틀랜드 민족주의자에서부터 스페인을 혐오하는 바스크 분리주의자, 에티오피아와 티그레이_Tigrayans_ 사람 사이의 반감에 이르기까지 세계 곳곳에서 나타난다. 그러나 이스라엘만큼 전 세계 사람들이 심하게 배척하는 나라는 없다. 이스라엘 사람이라고 밝혀지는 즉시 폭행을 당할 수 있는 나라도 많다. 예를 들어, 학생 휴게실에서 지방의회 회의실에 이르기까지 그 사례는 셀 수 없이 많다.

물론 팔레스타인 지지 운동이 반드시 이스라엘 혐오와 궤를 같이하는 것은 아니다. 전 세계에 훨씬 더 심각한 인권 유린 사례가 존재하지만, 검문소에서 몇 시간씩 기다려야 하는 헤브론_Hebron_의 팔레스타인 가족과 이스라엘군이 쏜 유탄에 자식을 잃은 팔레스타인 어머니에게는 별다른 위안이 되지 않는다. 사람들은 자신이 추구하는 명분에 따라 움직인다. 팔레스타인의 민족적 열망이 이스라엘의 열망만큼 중요하고 팔레스타인 지원을 전적으로 존중할 만한 명분이라고 생각하는 사람도 많다. 확고한 사실에 근거한 주장을 펼치는 사람도 있지만, 그런 주장에 반대하는 사람도 있다. 버락 오바마_Barack Obama_는 말했다.

"여러분은 특정 정책을 지지하는 사람을 악마화하지 않고노 ᄀ 정책에 반대할 수 있습니다."[8]

게다가 이스라엘 혐오를 경멸하고 저항하는 아랍인과 팔레스타인인도 많다. 이들 모두 존중받아야 한다. 요르단 적신월사_Jordan National_

Red Crescent Society의 회장인 모하메드 알 하디드Mohammed al-Hadid 박사는 2006년 제네바 협약을 근거로 국제적십자사를 설득해 1930년 창립 이후 승인이 거부되었던 이스라엘 적십자사•Magen David Adom가 승인을 받는 데 결정적인 역할을 했다. 영국 대학생협의회 NUS에서 발생한 반유대주의에 관한 최근의 충격적인 보고서에는 옥스퍼드대학의 한 팔레스타인 학생이 대학생협의회 내의 편견에 경악했다는 진술이 들어 있었다. 그는 말했다.

"팔레스타인의 권리를 옹호하고 이스라엘 정부를 정당하게 비판하는 것이 인종차별을 합리화하거나 인종차별로 이어져서는 안 된다."

또한 다음과 같이 덧붙였다.

"팔레스타인 사람으로서, 나는 팔레스타인 인권에 대한 지지가 반유대주의를 노골적으로 가리는 수단으로 이용되고 있다는 사실에 상당히 불쾌하다."[9]

하지만 팔레스타인을 지지하는 여러 단체가 이스라엘 혐오의 깊은 수렁에 빠지는 것은 슬픈 현실이다.

그 시작은 악마화다. 이스라엘 혐오자는 유대인 국가의 악행에 집착해 더 잔혹한 정권의 악행에는 미동도 하지 않는다. 일례로 중동 전역에 걸친 박해로 이 지역 기독교 인구는 한 세기 전 20퍼센트에서 현재 4퍼센트 이하로 감소했다.[10] 이러한 박해는 다른 사건들과 같은 수준의 공감이나 참여를 끌어내지 못했다. 아이러니하게도, 전

● 마겐 다비드 아돔 Magen David Adom: 다윗의 붉은 별

세계의 많은 범죄가 이스라엘의 바로 코앞에서 일어나고 있다. 인구의 20퍼센트가 아랍계인 이 유대인 국가는 '인종차별'로 빈번하게 비난을 받는다. 그렇지만 아랍 세계 곳곳에서 유대인이 폭도에게 조롱, 추방 또는 살해당하지 않고 살아가는 것이 불가능한 현실에 관해서는 그 누구도 언급하지 않는다. 이스라엘 혐오자는 이스라엘 독립 전쟁의 혼란 속에서 약 70만의 팔레스타인인이 공포와 지도력 부재로 강제로 고향을 떠날 수밖에 없었던 사실에 분노한다.[11] 하지만 같은 시기에 90만의 유대인이 무슬림 국가에서 조직적으로 추방당한 사실은 모른 척하고 있다.[12]

현재 이스라엘의 유대인 인구의 절반은 중동 지역에서 왔고 대부분이 이주 과정에서 집과 가족, 유산과 재산을 잃고 피난 온 실향민이다.[13] 아이러니하게도 1940년대와 50년대에 이들이 이스라엘에 도착한 덕에 유대인 국가는 생존 가능한 국가가 되었고, 이는 2020년 이스라엘과 아랍 국가 사이에 체결된 아브라함 평화협정(Abraham Accords)에 반영되어 이스라엘이 점점 더 중동 문화에 동화되는 배경이 되었다. 정착민 가운데 일부는 이슬람 국가에서 천 년 넘게 거주한 사람이고, 예전에 이들을 '아랍인의 자손, 유대인(Yehud awlad Arab)'이라고 부르기도 했다. 그러나 시간이 흘러 현재 레바논, 이집트, 요르단, 시리아, 이라크에서 유대인은 각각 100명도 채 안 되게 거주하고 있고, 겨우 서너 명이 사는 곳도 있다. 유대인이 이 지역에서 추방당하기 전에는 수십만 명의 유대인 공동체가 번영을 누렸다.[14]

2017년 유엔인권위원회(UNHRC)에서 아랍 독재 국가의 외교관이 언이어 이스라엘을 '인종 청소', '테러리즘', '차별', '극단주의', '인권범죄', '인종 차별'로 비난하는 영상이 퍼졌다. 마지막에 발언권을 얻은 캐나다 출신 국제변호사 히렐 노이어Hillel Neuer는 물었다.

"옛날 중동에는 유대인으로 가득했습니다. 알제리에는 14만 명의 유대인이 있었습니다. 현재 알제리에 유대인이 있나요? 이집트에도 7만 5,000명의 유대인이 있었지만, 지금 그들이 어디에 있습니까? 시리아에도 수만 명의 유대인이 있었지만, 현재는 없습니다. 이라크에는 13만 5,000명이 넘는 유대인이 있었지만, 지금 그들은 어디에 있나요?"

마지막으로 다음과 같이 마무리했다.

"의장님, 인종차별이 정말로 (이스라엘에) 있다고 생각하시나요?"

자신의 위선과 마주한 회의장은 순식간에 침묵으로 얼어붙었다.[15]

살 만한 나라

악마화된 이스라엘의 현실을 파악하려면, 이스라엘을 비슷한 국가들과 적절하게 비교하면 된다. 이스라엘은 여러 면에서 눈에 띄지 않는 중간 정도의 나라이다. 지리학적으로 이스라엘의 크기는 엘살바도르, 슬로베니아 또는 웨일스 정도이고 인구는 뉴저지, 경제 규모는 나이지리아 정도이다. 민주주의,[16] 투명성[17], 삶의 질[18] 측면에서 이스라엘은 국제적으로 인정받는 순위표에서 3위를 기록했다(중동 지역의 다른 국가와 비교하면 월등하게 높은 수치다).

이 유대인 국가의 범죄율은 세계에서 104위를 기록할 정도로 극히 낮다. 다른 나라를 살펴보면, 영국은 64위, 미국 56위, 프랑스 44위, 남아공은 3위이다(범죄율 1위는 베네수엘라이다).[19] 일반적인 견해와는 다르지만, 미국의 한 보험회사는 이스라엘을 지구상에서 가장 안전한 여행지 가운데 5위로 뽑았는데, 싱가포르, 덴마크, 네덜란드, 스위스 다음이었다.[20] 이스라엘의 역사는 참혹했지만, 현재 세계에서 벌어지는, 최소 27개의 분쟁은 20억 명의 삶에 영향을 미치고 있다. 미국이 주도한 아프가니스탄, 이라크 침공과 시리아 전쟁은 최근 에티오피아와 수단에서 일어난 끔찍한 전쟁과 같은 여러 분쟁처럼 각각 수십만 명이 사망했다. 반면에 아랍 국가들이 이스라엘과 벌인 전쟁에서 목숨을 잃은 사망자 수는 총 8만 6,000명인데, 75년의 세월에 걸친 전쟁의 결과이다.[21]

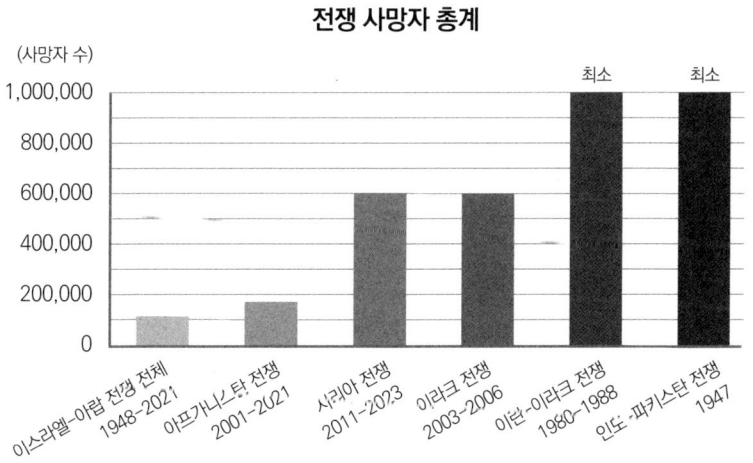

전쟁 사망자 총계

제3장 악마화, 이스라엘 혐오의 첫 번째 특징

여러 가지 문제가 있지만, 이스라엘은 종교, 표현, 집회 등의 자유뿐만 아니라 여성과 소수자의 인권을 보호해 왔다. 2023년 1월, 언론탄압 감시단체 검열지수Index on Censorship의 조사에 따르면, 표현의 자유 측면에서 이스라엘은 영국과 미국보다 상위에 있었다.[22]

텔아비브Tel Aviv는 동성애자의 도시로 세계적으로 유명한데, 2020년 네브 얌Neve Yam 키부츠의 해변에서 익사한, 동성애자로 알려진 아랍인 발레 무용수 아이만 사피아Ayman Safiah의 장례식에 이스라엘 북부에서 수천 명이 참석했다.[23] 이런 일은 중동 지역에서는 상상도 할 수 없는 일이다(BBC의 보도에 따르면, 국경 바로 너머의 이집트에서는 비밀경찰이 데이트 어플을 뒤져 동성애자를 색출해 체포했다).[24]

이러한 사실에 더해서 유대인 국가는 신기술 분야에서 세계 정상급이고 세계적 수준의 우수한 의료 시스템을 보유하고 있으며, 심지어 테러리스트 지도부 가족에게도 그 혜택을 제공하고 있다. 또한 유엔의 세계 행복 지수World Happiness Index에서 차지한 높은 순위도 놀랍지 않을 정도다.[25] 행복 지수의 상위 3개국은 북유럽 국가들인 핀란드, 덴마크, 아이슬란드이며 그다음 4위가 이스라엘이다. 미국은 15위, 영국은 19위를 차지했다. 이스라엘과 이웃한 나라들 가운데, 요르단은 123위, 레바논은 136위이고 가장 최근 조사에서 시리아는 149위에 그쳤다. 팔레스타인 지역은 조금 순위가 높은 99위를 기록했다.

이는 무솔리니Mussolini가 기차를 정시에 운행했다는 이유로 그의 파시즘을 옹호하는 식의 주장을 하려는 것이 아니다. 자유, 민주주의, 삶의 질 측면에서 사실 이스라엘은 중동에서 기독교인, 유대인뿐만 아니라 무슬림 아랍인도 살기에 가장 좋은 곳이다. 저명한 여론분석가 달리아 샤인들린Dahlia Scheindlin과 데이비드 라이스David Reis의 2019년 연구에 따르면, 이스라엘에 거주하는 76퍼센트의 아랍인은 유대교와 무슬림의 관계가 대체로 긍정적이라고 응답했다(응답 비율은 연령대에 따라 조금씩 달라지는데, 18세에서 24세 사이 연령대에서 67퍼센트의 긍정 답변과 비교해서 35세 이상에서는 80퍼센트가 긍정적으로 답변했다).[26] 이스라엘에 거주하는 94퍼센트의 아랍인이 두 민족을 인정했다. 팔레스타인 정책 조사 연구 센터의 최근 보고서는 이스라엘이 관리하는 동예루살렘에 거주하지만, 팔레스타인 당국이 통치하는 것을 선호하는 아랍인의 비율이 2010년과 2022년 사이 52퍼센트에서 38퍼센트로 떨어졌다고 밝혔다.[27]

균형 잡힌 시각으로 공평하게 보자면 이스라엘의 어두운 면을 무시할 수는 없다. 여러 면에서 이스라엘은 정치, 사회적으로 혼란을 겪고 있다. 2015년 이스라엘 대통령 레우벤 리블린Reuven Rivlin은 연설에서 이렇게 말했다.[28]

"이스라엘 국민은 세속 유대인, 종교적 극우 유대인, 정통파 유대교인, 아랍인의 4개의 '부류'로 나누어져 있고 이들은 끊임없이 서로 다른 방향으로 나아가고 있습니다. 아랍인은 자의든 타의든 간에 이 경쟁에서 동등한 참여자가 아닙니다. 나머지 세 부류는 교육, 수백 또는 사회기반시설을 위한 예산과 자원 확보를 둘러싼 생존 투쟁에 몰두하고 있습니다."

여기에 이스라엘은 영토 분쟁, 극단주의, 종교적 맹목주의, 산혹성,

끝도 없는 비대칭적 충돌을 포함한 분쟁에 휘말려 있다. 헌법이 없고 단원제 의회와 지나치게 강력한 대법원을 지닌 불완전한 시스템은 2023년 심각한 불안정을 초래했다. 이스라엘의 건국 이전에 아랍과 이스라엘 무장 세력, 영국군 사이에서 충돌이 반복되었다. 역사학자 베니 모리스Benny Morris에 따르면, 쌍방의 잔혹 행위가 지속되는 가운데 큰 충돌이 일어났고, 이스라엘 군대는 800명의 전쟁 포로와 민간인을 죽이는 참극을 자행했다.[29] 결국 수천 명의 아랍인과 유대인이 희생당했고 수십만 명의 팔레스타인인이 추방당했다.

비판적인 친구들

이스라엘 혐오가 유대인 국가를 비판하는 데 꼭 필요한 부분이 아니라는 점을 인식해야 한다. 20세기의 대표적인 반이스라엘 지식인인 에드워드 사이드Edward Said조차도 음모론, 반유대주의적 비유, 홀로코스트 부정에 반대했다. 변호사이자 반유대주의 전문가인 앤서니 줄리어스Anthony Julius는 그가 올바른 편에 섰다고 평가했다.[30] 사이드는 여러 차례 잘못된 논리로 이스라엘을 비판했고 역사가들의 증거를 무시하며 팔레스타인의 아랍인을 서양 제국주의의 희생자로 근시안적으로 묘사함으로써 신뢰를 잃기도 했다.[31] 하지만 그를 통해 합리적인 비판이 충분히 가능하다는 사실을 깨달을 수 있다.

특히 우려되는 부분은 이스라엘 정부의 자국 내 아랍계 시민에 관한 정책이다. 이스라엘 통계청에 따르면, 아랍계 어린이는 유대계 어린이와 비교해 더 적은 교육 예산을 배정받는다.[32] 이는 우수한 아랍계 학생이 이스라엘 대학교에 입학하기가 쉽지 않다는 의미로, 이들은 대신에 서안지구_{West Bank}나 요르단의 대학을 선택하기도 한다. 점점 벌어지는 사회적 격차를 줄이려면, 이렇게 열악한 공동체에 광범위한 사회 경제적 유인책을 신속하게 지원해야 한다. 나는 아랍계 이스라엘 국민을 주류 사회에 성공적으로 통합시키고, 이들 공동체의 치솟는 범죄율을 낮춰 같은 국민이라는 일체감을 느낄 수 있도록 보다 많은 지원이 필요하다고 생각한다.

마찬가지로 2022년 극우 세력과 연합한 베냐민 네타냐후_{Benjamin Netanyahu}가 권력을 잡은 후에 정치 전면에 모습을 드러낸 소수의 유대인 극단주의자의 행위도 비난받아 마땅하다. 2023년 2월 한 무리의 이스라엘 정착민이 테러 공격에 대한 보복으로 차를 불태우고 건물을 파괴하고 튀르키예 지진 현장에서 자원봉사 활동을 하고 돌아온 무고한 남성을 죽이며 후와라_{Huwara}라는 팔레스타인 마을을 휘젓고 다닌 사태에 이스라엘 사회는 충격을 받았다.[33] 다른 나라에서와 마찬가지로 이런저런 비판은 이스라엘 혐오의 발판인 악마화를 하지 않고도 표현할 수 있다.

이스라엘 경찰의 강경 진압 장면이 온라인에 퍼지자, 많은 사람이 책임져야 할 경찰을 비난하기보다는 이스라엘이라는 나라 자체를 인종주의와 백인 우월주의에 빠진 나라로 헐뜯었다. 이와 비교해서 영국에서도 최근 한 경찰관이 여성을 살해했고 또 다른 경찰관은 수차

레나 여성을 성폭행하는 등 여성혐오, 인종차별, 비위 행위들이 드러났다. 2023년 3월 밝혀진 자료에 따르면, 지난 4년 동안 영국 경찰로부터 모욕적인 알몸 수색을 당한 아이들 3,000명 가운데 흑인 아이들이 여섯 배 더 많은 것으로 나타났다.[34] 2022년 10대 흑인 소녀가 자신이 다니던 학교와 런던 광역경찰청을 고소했는데, 아무 증거도 없이 마약 수색을 이유로 교실에서 끌려 나와 강제로 생리대를 빼야 했기 때문이었다.[35] 한편 2020년 프랑스 파리에서 네 명의 백인 경찰이 비무장의 어느 흑인 음악 프로듀서를 그의 스튜디오에서 구타하는 영상이 퍼진 뒤로 마크롱 대통령은 경찰을 개혁하겠다는 맹세를 해야 했다.[36] 실추된 미국 치안의 기록은 그 자체가 말해 준다. 하지만 이러한 국가의 토대는 의심의 여지 없이 공고하다.

  도널드 트럼프Donald Trump가 대통령으로 당선된 이후 미국은 4년간 혼란과 자기 성찰의 소용돌이 속에 빠졌다. 하지만 미국이 식민주의와 인종 학살을 기반으로 건국되었음에도, 이런 광란의 시기에서조차 그 누구도 미국을 불량 정권들과 비교하지 않는다. 미국은 거의 한 세기 동안 인종 분리 정책을 폈다. 흑인을 비하하는 이름의 짐 크로우 법Jim Crow laws은 사실상의 차별 정책이었다. 1950년대 미국은 버스와 공공장소에서 흑인들을 분리했는데, 미국이 폭력적이고 억압적인 역사를 지니고 있음에도 불구하고 (미국의) '존재할 권리'는 절대로 논의의 대상이 아니다. 그러나 비슷한 시기에 이스라엘이 소수 아랍계에도 동등한 권리를 보장했음에도 독립국으로서 이스라엘의 지위는 번번이 거부되었다.

이스라엘보다 더 심한 차별 정책을 폈던 다른 민주주의 국가에서는 이와 비슷한 비판이 제기된 적도 없었고 극우 세력의 선동에 빠지지도 않았다. 2022년 10월, 스웨덴 민주당 — 나치즘을 표방한 정치 세력 가운데 세계 최대의 정당 — 은 연립 정부에 참여해서 정책 수립에 영향을 줬다. 이민자 배척 성향을 지닌 극우 계열의 독일 대안 정당$_{AFD}$은 독일에서 5번째에서 3번째 규모의 정당으로 성장했다. 이탈리아도 현재 극우 세력이라는 딱지가 붙은(동의하지 않는 사람도 있지만) 조르자 멜로니$_{Giorgia\ Meloni}$가 내각을 이끌고 있다. 마린 르펜$_{Marine\ Le\ Pen}$이 이전 국민전선$_{Front\ National}$에서 이름을 바꾼 국민연합$_{Rassemblement\ National}$은 프랑스 의회의 제1야당으로 유럽의회에서 강한 존재감을 드러내고 있다.

이러한 정치 운동의 성공에 대해 사회 내부에서 우려의 목소리도 있지만, 이 나라들 자체가 인종차별주의 국가로 묘사되지는 않는다. 극우 계열 인사들이 이스라엘 정부에 비밀리에 자리를 잡았지만, 영국의 『더타임스』는 이들을 탈레반과 아야톨라●의 관계와 비교했다.[37] 이스라엘에도 분명히 어두운 면이 있다. 하지만 악마화하지 않고도 이스라엘에 관해 토론하고, 비판하고, 시위를 벌일 수 있어야 한다. 현대 이스라엘을 창건하는 데 중요한 역할을 한 제에브 야보틴스키$_{Ze'ev\ Jabotinsky}$는 1911년에 이렇게 썼다.

「우리도 똑같은 사람이다. 다른 사람들보다 더 우월한 사람이 되려

● 아야톨라(Ayatollah): 시아파에서 고위 성직자에게 부여하는 칭호.

고 하지 않는다. 평등의 첫 번째 조건으로 다른 사람들이 악당을 비난하는 것처럼, 우리에게도 우리를 괴롭히는 악당을 비난할 권리가 있다.」[38]

설상가상, 엎친 데 덮친 격

유엔인권위원회[UNHRC]는 전 세계의 인권침해 문제를 해결하기 위해 설립된 유엔 산하 기구이다. 이스라엘의 인구는 영국의 1/7밖에 되지 않지만, 공식적으로 비난당하는 것은 다른 나라보다 두 배 이상이나 많다. 2022년 유엔총회에서 전 세계 모든 나라를 합쳐서 13건의 결의가 있었지만, 이스라엘에 관해서만 15건의 결의가 있었다.[39]

팔레스타인 인권국, 팔레스타인 국민 권리 실행 위원회, 팔레스타인 문제에 관한 유엔 정보 시스템, 팔레스타인 인권 상황 감시 유엔 특별 조사 위원, 이스라엘의 팔레스타인과 아랍 인권침해 행위에 관한 유엔 특별 조사 위원회, 팔레스타인 점령지 장벽 건설에 따른 피해 보고 위원회 등, 유엔에는 이스라엘을 조사하는 공식 기구가 적어도 7개 이상이다.[40]

이것은 우연히 생겨난 것이 아니다. 유엔인권위원회[UNHRC] 자체가 악마화를 양산하는 구조다. 위원회 규정 가운데 '팔레스타인 인권 상황'을 다룬 7항은 다른 긴급한 세계 문제와 상관없이 모든 회의마다 논의되어야 했다.[41] 이외의 어떤 주제도 의제에 포함될 수 없었고 따라서 위원회에서의 논의는 비합리적이고 터무니없는 지경에 이르렀다. 2019년 제네바에서 열린 41번째 회의에서, 참석자들이 '이스라엘에서 소셜미디어와 정치인들의 증오 발언 증가'에 관한 토론하고 있을 때, 회의장 밖에서 시위대가 위구르에서 학살 중단을 요구하는 시위를 벌였다.[42] 이스라엘이 소셜미디어에서 세계에서 가장 악의적인 국가라고 묘사되는 모순적인 상황을 제쳐 두더라도, 중국에서 일어나는 무슬림 학살은 덮은 채 이스라엘 정치인의 트윗을 보는 것은 정말 어이없는 일이다.[43]

이런 방식은 오랫동안 지속되었다. 2001년 더반$_{Durban}$에서 열린 유엔의 악명 높은 반인종차별 회의는 노골적인 유대인 혐오로 얼룩졌다.[44] 2009년 재소집된 회의에서 국가 정상 가운데 유일하게 발언을 한 이란 대통령 마무드 아마디네자드$_{Mahmoud\ Ahmadinejad}$는 연설에서 이스라엘을 '완전한 인종차별 국가'라고 비난했다. 또한 홀로코스트가 '불확실하고 의심쩍은 문제'라며 팔레스타인을 억압하기 위한 '구실'로 사용되었다고 주장했다.[45] 이스라엘의 유엔 대사를 지낸 대니 다논$_{Danny\ Danon}$은 최근 그의 회고록에서 부임 첫날을 다음과 같이 회상했다.

「우리를 향한 유엔의 적대감을 알았기에 이에 대한 준비를 했다. 하지만 누구도 이스라엘에 대한 그 많은 양의 공격에 대비할 수는 없을 것이다. 몇 주 동안 우리는 결의, 계획, 보고와 같은 매일 새로운 위기를 처리해야 했다. 따라서 기본적으로 우리의 입장을 방어하기 위해 밤낮으로 일할 수밖에 없었다.」[46]

1947년 유엔 스스로가 유대인 국가의 건국을 승인했음에도, 유엔은 2023년 5월에 이스라엘 탄생의 '재앙'을 기념하는 행사를 열었다. 이런 이스라엘 혐오의 축제 현장에서, 팔레스타인 지도자 마무드 아바스Mahmoud Abbas는 허락된 30분의 시간을 두 배나 초과해서 연설했다(하지만 그는 현재 4년 임기의 대통령직에 18년째 앉아 있다). 그는 연설 내내 충격적인 발언으로 이스라엘을 비난했다. 20세기 초, 유대인 농업기술자들이 팔레스타인의 황무지를 옥토로 만든 역사적 사실을 부인하고 — 이에 앞서 1867년, 마크 트웨인Mark Twain은 팔레스타인을 '구슬픈 침묵의 광야'라고 묘사하기도 했다.[47] — 심지어 나치까지 들먹이며 이렇게 고함쳤다.

"그들은 괴벨스Goebbels처럼 계속해서 거짓말을 한다. 그들은 사람들이 믿을 때까지 계속 거짓말을 하고 또 한다."[48]

단순한 사고실험thought experiment●으로 이 상황이 이스라엘이 아닌 중국이라고 가정해 보자. 어떤 기준을 보더라도, 인권, 부패, 외교적 불안정성에 관한 중국의 상황은 이스라엘보다 심각하다. 중국은 홍콩을 무지막지하게 탄압했고, 이 글을 쓰는 동안에도 중국이 민주주의 이웃 국가 대만을 침공해 이 일대를 전쟁으로 몰아넣을 수 있다는 우려가 들었다. 또한 중국은 코로나19 전염병의 진원지였으며 주변 민족을 점령하면서 참혹한 기록을 남겼다. 1949년 중국이 티베트를 침공하면서, 공동체와 사원을 파괴했고 티베트는 권위적인 정권

● 사고실험(thought experiment): 생각실험이라고도 한다. 실제로 실험하는 대신 머릿속에서 단순화된 실험 장치와 조건으로 진행하는 실험.

에 복속되었다. 미국의 인권단체 프리덤 하우스$_{\text{Freedom House}}$는 현재 티베트가 시민권과 정치적 자유 측면에서 세계 최악이라고 평가했다.[49] 더군다나 중국은 서방에 상당히 구체적이고 직접적인 위협을 가하고 있다.

그렇지만 중화인민공화국이 유엔인권위원회$_{\text{UNHRC}}$에서 유일하게 매번 토의 대상이 되는 국가가 되고 다른 나라들보다 두 배 이상의 비난을 받는다고 상상해 보자. 중국산 제품, 중국인 학자들, 선수단, 음악가, 무용단을 거부하고 불매하는 운동이 벌어지는 것을 상상해 보자. 대학에서 중국인 학생들이 교수들로부터 '폭력적이고, 인종차별적이고, 민족 말살에 가담한 외국 정권의 대리인'[50]으로 조롱당하고 비난받고 학생회는 이런 증오를 확대한다고 상상해 보자. 이들은 누구이고 왜 중국을 악마화하는지 자문해 보자.

일부에서 서구식 민주주의에는 높은 기준이 적용된다고 말한다. 하지만 이스라엘이 미국이나, 호주, 프랑스 또는 영국보다 더 훨씬 많은 감시와 비난을 받는 것에 대해선 일절 설명이 없다. 게다가 이스라엘이 독재 정권들보다 훨씬 더 악의적인 취급을 당하는 이유에 관해서도 설명이 없다.

역사와 후무스$_{\text{hummus}}$

이스라엘을 토착민에 식민 지배를 강요하고 토착민의 땅과 문화를 탈취한 '정착민 국가$_{\text{settler-state}}$'로 묘사하는 것은 이스라엘 혐오의 주요한 특징이다. 유대인이 중동 지역에 근거지가 없고 이 지역에서 이방인이라는 선입견에 근거를 두고 있지만, 역사를 잠깐 들여다봐도 쉽게 무시할 수 있는 주장이다. 하지만 악마화는 지속되고 있다.

런던 노팅힐$_{\text{Notting Hill}}$에 있는 유명한 팔레스타인 레스토랑 아쿱$_{\text{Akub}}$은 단순한 고급 레스토랑이 아니다. 프랑스에서 공부한 셰프 겸 창업자 파디 카탄$_{\text{Fadi Kattan}}$은 2022년 『뉴욕타임스』와의 인터뷰에서 이렇게 말했다.

"후무스$_{\text{hummus}}$, 팔라펠$_{\text{falafel}}$, 타불렛$_{\text{tabbouleh}}$, 파토쉬$_{\text{fattoush}}$, 샤와마$_{\text{shawarma}}$ 같은 아랍 지역의 전통 음식 중에서 이스라엘 요리사들이 도용하고 있는 음식을 되찾는 것이 저의 사명입니다."[51]

보통 사람은 음식을 요리하는 것으로 보였지만, 카탄의 눈에는 이스라엘 사람이 요리를 '도용'하는 것처럼 보였다. 이러한 태도는 역사의 특정 부분에만 함몰되어 있기 때문이다. 한 독자는 댓글난에 이렇게 썼다.

「유대인도 이런 음식들을 오랜 세월에 걸쳐 만들었고 아무것도 도용하지 않았다. 수천 년 동안 유대인은 이스라엘의 땅에서 계속 살았다. 게다가 이런 음식들 대부분은 이스라엘 땅에 국한된 것이 아니라, 예전 오스만 제국 때부터 일상적인 것이었다.」

사람들은 종종 유대교가 이슬람교보다 2,000년 전에, 기독교보다 1,500년 전에 생겨났다는 것을 잊는다. 이스라엘은 유대 문명의 요람이었다. 예수 그리스도가 탄생하기 적어도 천 년 전, 예루살렘의 가장 유명한 유대인, 다윗 왕이 이스라엘 땅의 수도를 건설했다. 그 이후 예루살렘은 인구의 변화가 다소 있었지만, 유대인 ― 유대인 Jews이라는 단어는 철기시대의 예루살렘에서 발원한 고대 왕국, 유다 Judea에서 비롯되었다 ― 의 본거지가 되었다.

문화적으로 유대인은 항상 자신의 정체성을 이스라엘 땅과 결부시켰다. 특히 그들은 기원전 598년 바빌론으로 끌려가면서도 고향으로 다시 돌아오겠다는 간절한 소망을 품었다. 천 년 동안 유랑 생활을 하면서 유대인들은 예루살렘을 향해서 기도를 드렸다. '내년에는 예루살렘에서' 유월절 보내기를 소망했고, 결혼식에서 유리잔을 깨고 집의 한구석을 장식하지 않은 채 놔두면서 폐허가 된 성전을 애도했다. 성지 순례로 예루살렘을 찾아 폐허가 된 성전의 허물어진 벽에서 기도하며 죽어서라도 예루살렘에 묻히기를 갈망했다. 많은 사람들이 역사의 과정에서 살던 곳을 떠나 고국으로 돌아가는 발걸음을 내디뎠다. 이러한 행위는 오늘날까지도 계속되고 있다.

유대인의 역사를 따라 거슬러 가면 귀환의 오랜 정신적 뿌리를 알 수 있다. 1516년부터 시작해 팔레스타인 ― 로마에 의해 변경된 이름 ― 은 400년 이상 오스만 제국의 통치를 받았다. 정복 후 50년이 채 지나지 않아 오스만 제국의 총애를 받던 포르투갈계 유대인 외교관, 낙소스 공Duke of Naxos 조지프 나시Joseph Nasi는 메시아의 강림을 기다리는 성경의 예언을 무시하고 유대인을 고향으로 돌려보내려고 했다. 어떤 의미에서 그는 최초의 시온주의자였다.

성지Holy Land에서 유대인의 운명은 이후 수 세기 동안 흥망성쇠를 거듭했다. 대영제국의 신의 섭리와 유대인의 시온 땅 귀환을 믿은 영국의 금융가 모지스 몬티피오리Moses Montefiore는 1860년 예루살렘 구시가지 바로 옆에 유대인 정착촌•을 건설했다. 붉은 벽돌의 자선 사업 건물과 풍차로 이루어진 정착촌은 미래에 이루어질 국가의 초기 모습이었다(풍차는 현재도 남아 있다).

현대 유대인의 팔레스타인 이주는 1883년 러시아의 반유대주의 폭도를 피해 조상의 땅으로 돌아가려는 열망으로 2만 5,000명의 유대인이 유입되면서 시작되었다. 멀리 떨어진 페르시아나 예멘으로부터 유대인이 몰려들어 그들의 촌락을 형성하기도 했다. 칭기즈칸의 다이아몬드를 가공했던 무사이에프 가문Moussaieff family을 포함한 우즈베키스탄 부하라Bukhara에서 온 이민자들은 중앙아시아 느낌이 물씬 풍기는 부하라 구역을 형성했다. 귀환을 꿈꾸는 그들의 간절한 소망은 수천 년을 이어 왔다.

현대 이스라엘의 아버지인 헤르츨은 1896년에 『주이시 크로니클』에 기고한 글에서 시온주의의 개념을 다음과 같이 펼쳐 보였다.

「새로운 신념을 소개하는 것이 아니다. 오히려 아주 오래된 신념이다. 혹독한 세월 속에도 이 신념을 소중하게 지켜 낸 사람들만큼이나 오래된, 보편적인 신념으로 내적인 강인함이 있다. 유대인 국가의 복원이 바로 그것이다.」

이에 덧붙여 다음과 같이 주장했다.

● 미시케노 샤나님Mishkenot Sha'ananim

「우리 유대인이 역사의 긴긴밤을 보내며 메시아를 열망하는 꿈을 꾸는 것은 경탄할 만한 일이다. 이제 날이 밝아 오고 있다. 눈을 비벼 잠을 쫓고, 기지개를 켜고, 꿈을 현실로 만들자.」[52]

18개월 뒤, 1897년 바젤$_{Basel}$에서 그 유명한 1차 시온주의자 회의가 열렸다. 헤르츨은 이후 일기에 이렇게 썼다.

「내가 곧 국가다●. 바젤에서 나는 유대인 국가를 건국했다. 오늘 이 일을 크게 소리치면, 모두에게 웃음거리가 될 것이다. 하지만 아마도 5년 후, 아니 50년 후에는 모두가 이 사실을 인정하게 될 것이다.」[53]

새로운 시작

유대인이 전 세계의 학살을 피해 오스만 제국이 통치하는 팔레스타인으로 이주를 시작한 이래, 이주의 물결이 네 차례나 추가로 일어났다. 1896년 무렵, 45,300명의 예루살렘 인구 중에 3/5이 유대인이었다.[54] 예루살렘 시장이었던 유세프 알 칼리디$_{Yousef\ al\text{-}Khalidi}$는 그의 오랜 친구인 프랑스의 최고 랍비 사독 칸$_{Zadok\ Khan}$에게 다음과 같이 편지를 썼다.

「누가 팔레스타인에서 유대인의 권리에 이의를 제기하겠습니까? 역사적으로 그것이 유대인의 나라라는 것은 주님도 알고 계십니다.」[55]

1915년, 향후 유대인 국가의 윤곽이 속속 드러났지만, 팔레스타인

● L'état c'est moi. 짐은 곧 국가다

의 아랍 민족주의는 아직 모습을 드러내지 않았다. 당시 아라비아의 로렌스$_{Lawrence\ of\ Arabia}$는 '아랍인과 그들의 국적에 관한 문제는 텍사스$_{Texas}$에 살면서 바이메탈리즘$_{bimetallism}$, 복본위제● 를 신경 쓰는 것만큼이나 거리가 멀다'라고 썼다. '기독교도나 무슬림도 (예루살렘) 성지를 순례하지만, 유대인은 예루살렘을 자기 민족의 정치적 미래로 바라보았다.」[56]

제1차 세계 대전에서 오스만튀르크는 독일의 편에 섰다. 패전 이후에 오스만 제국은 무너졌고 제국의 거대한 영토는 연합국 열강의 손으로 넘어갔다. 오스만 제국은 영토를 주(빌라예트)$_{vilayet}$로 나눠 통치했는데, 이는 연합국이 영토를 분할하는 토대가 되었다. 중동에서 프랑스령 시리아는 3개 주 — 다마스커스$_{Damascus}$, 알레포$_{Aleppo}$, 베이루트$_{Beirut}$ — 를 할당받았는데, 이곳은 마론파 기독교$_{Maronite}$, 시아파$_{Shia}$, 수니파$_{Sunni}$, 드루즈파$_{Druze}$, 알라위파$_{Alawites}$의 근거지가 되었다. 프랑스는 이후에 이 지역을 시리아와 레바논으로 분리했다. 영국령 이라크는 바그다드$_{Baghdad}$, 바스라$_{Basra}$, 모술$_{Mosul}$의 3개 주에서 비롯됐고 시아파, 수니파 무슬림, 야지디족$_{Yazidi}$, 쿠르드족$_{Kurds}$, 이라크계 유대인을 합쳐 구성되었다. 독립 후 이라크는 영국도 통치에 어려움을 겪었던 것처럼 이라크인이 통치하기에는 버거운 나라였다. 수니파 이슬람과 아랍계 기독교도, 드루즈파$_{Druze}$, 베두인족$_{Bedouin}$, 유대인이 거주하고 있었던 팔레스타인 주는 영국의 위임통치 아래 있었

● 금과 은을 동시에 화폐의 기준으로 삼는 제도

다. 거주민들이 자치 역량을 길러 독립 국가로 탄생할 때까지 영국의 통치를 받았다.

이로써 1917년 대영제국은 십자군 전쟁 이후 700년 만에 예루살렘을 통치하는 최초의 기독교 국가가 되었다. 오랜 세월 염원해 오던 소망이 드디어 실현된 것이었다. 영국 총리 데이비드 로이드 조지 David Lloyd George는 "예루살렘은 영국 사람에게 크리스마스 선물과 같습니다."라는 유명한 말을 남기면서, "우리가 손에 꼭 쥐고 있어야 합니다!"라고 외쳤다.[57] 12월 11일 독일이 이끄는 오스만 군대를 현대의 전쟁터에서 성공한 최후의 기병 작전으로 섬멸시킨 후에, 육군 원수 에드먼드 앨런비 Edmund Allenby는 말에서 내려 예루살렘에 걸어서 입성했다. 영국은 팔레스타인에서 '유대인의 조국'을 위한 지지 성명인, 역사적인 밸푸어 선언 Balfour Declaration으로 러시아 유대인을 볼셰비즘 Bolshevism에서 떼어 놓으려 했다. 이것은 전시 상황에서 열강이 만들어 낸 전형적인 전술적 서약이었기에 많은 부분이 서로 맞지 않았다. 국가 설립을 위한 유대인의 열망이 커지고 아랍인과의 긴장이 고조되면서 위임통치가 쉽지 않았다. 1930년대에 팔레스타인 민족주의가 탄생해 내부적으로 폭력 사태가 발생했다.

그런 다음 바로 제2차 세계 대전이 발발했다. 홀로코스트는 '유대인 국가가 군대를 창설해 다시는 이런 일이 반복되지 않게 하겠다'라는 서약을 이행하는 확고한 계기가 되었다. 원주민이 제국주의의 무력에 신음하는 다른 식민지들과 공동 투쟁하면서 영국에 반란을 일으키는 방식으로, 유대인 민병대는 영국을 팔레스타인 밖으로 축출하기 위해 무장 투쟁 수위를 높였다. 중동과 유럽 전역에서 새롭게 국경선이 확정되자, 1947년 유엔은 이 땅을 유대인 국가와 팔레스타인 국가로 분할하고, 다수 민족이 거주하는 지역을 따라 국경을 설정하기로 합의했다(요르단의 주들은 1년 전에 하심 왕조의 통치 아래 구획이 정리되었다). 이렇게 두 국가 해법에 따라 이스라엘은 영토의 56퍼센트를 차지하고, 팔레스타인은 43퍼센트를 차지하게 되었다. 인구 구성은 복합적이었는데, 50만 명의 아랍인이 이스라엘 측에 속했고, 1만 명의 유대인들은 팔레스타인 땅에서 거주하고 있었다. 영토를 병합하겠다는 야심을 품고 있던 이스라엘의 주변 국가들은 불만을 드러냈다. 1948년 5월 14일 영국이 위임통치 종식을 선언하기 8시간 전, 이스라엘의 초대 총리 다비드 벤구리온(David Ben-Gurion)은 텔아비브 로스차일드 거리에 있는 박물관에서 이스라엘의 독립을 선포했다. 헤르츨이 사망한 지 44년 만에 그의 예상은 현실이 되었다.

  유대인 측에서 유엔의 분할 계획을 받아들였다. 알라위파와 드루즈파에서 많은 불만이 있었지만, 어쨌든 북쪽의 시리아인과 레바논인 모두 분할에 동의했다. 그러나 전쟁 기간에 제3제국(나치)에 협력했고 유대인 말살 계획에 동조했던 예루살렘의 무프티(Mufti)● 아민 알 후세이니(Amin al-Husseini)가 이끄는 팔레스타인 사람은 유대인 국가 설립과 관계된 어떠한 조약도 거부했다. 벤구리온의 연설 후 몇 시간이 채 지나기 전에 후세이니의 주동으로 이집트, 요르단, 이라크, 레바

● 무프티(Mufti): 이슬람법의 해석과 적용에 관련해서 의견을 진술할 수 있는 자격을 가진 이슬람 법학자.

논, 시리아가 신생 유대인 국가를 공격했다. 아랍연맹의 사무총장 압둘 라만 하산 아잠Abdul Rahman Hassan Azzam은 '이것은 몽골 대학살이나 십자군 전쟁처럼 민족 말살과 대학살의 전쟁이 될 것이다'라고 선언했다. 무프티는 성전을 부르짖으며 '유대인을 죽여라! 유대인 모두를 죽여라!'라고 외쳤다.[58] 아이러니하게도, 조지프 스포엘Joseph Spoerl 교수는 '1947-8년 사이 팔레스타인에서 민족 말살 계획은 아랍의 구상이었지, 시온주의자의 구상은 아니었다'라고 언급했다.[59]

생존 투쟁이 뒤따랐다. 최초로 이스라엘을 승인한 스탈린의 도움으로 매우 귀중한 소련의 군사 장비를 동유럽에서 조달받은 유대인 국가는 대부분이 홀로코스트 생존자로 구성된 조직적이고 결의에 찬 전투 부대에 힘입어 공세를 버텨 냈다. 전쟁의 혼란 속에서 약 70만 명의 아랍인이 고향을 등졌다. 사이먼 세벡 몬테피오리Simon Sebag Montefiore는 이렇게 말했다.

"일부는 강제로 추방되었고 또 다른 일부는 훗날 돌아올 수 있다는 희망을 안고 전쟁을 피해 떠났습니다. 대략 절반 정도의 사람들이 고향에 안전하게 남아 아랍계 이스라엘인이 되었고 시온주의 민주국가에서 비유대인 시민이 되었습니다."[60]

역사학자 베니 모리스Benny Morris는 팔레스타인 실향민 문제에 관해 이렇게 서술했다.

「이 문제는 전쟁의 산물이지 이스라엘이나 아랍 측에서 계획한 것이 아니다. 유대인 지휘관이나 정치인의 악의적인 행동에 일부 책임이 있긴 히지만, 아랍 지휘관이나 정치인들의 살못된 명령이나 실패에도 어느 정도 책임이 있다.」[61]

현재 이스라엘에 200만 명이 넘는 아랍계 시민의 존재는 '민족 말살'이라는 주장이 얼마나 왜곡되고 무기화되었는지 잘 보여 주는 사례이다. 팔레스타인 통치 지역에 거주하는 유대인은 단 한 명도 없고 팔레스타인 지역과 맞붙어 사는 유대인 정착촌에는 중무장한 방위시설이 필요하다. 도대체 어디에 민족 말살이 있다는 말인가?

아홉 달에 걸친 교전 끝에 전쟁은 끝났다. 1949년 유엔의 감독 아래 체결된 휴전 협정으로 예루살렘은 분할되었고 구시가지는 유엔이 팔레스타인을 위해 확보한 서안지구_{West Bank}를 병합한 트랜스 요르단_{Transjordan}의 국왕 압둘라 1세의 손에 넘어갔다. 그는 '내가 살아 있는 한 아무도 예루살렘을 빼앗을 수 없다'라고 공표했다. 이 조건에 따라 유대인들은 서쪽 성벽, 올리브 산_{Mount of Olives}의 공동묘지, 키드론 계곡_{Kidron Valley}의 무덤 등에 출입을 허가받았지만, 약속은 지켜지지 않았다. 유대인은 이후 19년 동안 성벽에 접근할 수 없었고 그들의 묘비도 훼손되었다.

어렵사리 평화가 찾아왔고, 망명객이 더 몰려들었다. 전 세계에서 이주자가 도착했는데, 아랍 지역의 거대한 반유대주의 물결에 집을 잃고 추방된 90만 명이 넘는 유대인도 대거 포함되었다. 독립 전쟁 이후 75년이 지난 현재, 이스라엘 유대인의 80퍼센트가 이스라엘에서 태어났고 이스라엘 유대인 인구의 절반은 흑인 또는 중동 지역 출신이며 백인은 소수에 불과하다.[62] 이스라엘은 백인 우월주의와는 거리가 먼, 아주 다양한 민족으로 구성된 나라이다.

이스라엘을 악마화하면서 이스라엘은 다른 나라와 비교해 역사상 유례없는 악의 근원으로 묘사되었다. 그러나 사실 악마화는 당시의 전형적인 수법이었다. 미국, 호주 또는 남미 국가들과는 달리 이스라엘은 영국이 철수한 이후에 국제법에 따라 적법하게 건설된 나라로, 식민 지배를 당한 경험이 없는, 식민주의 시대 이후에 건국된 국가다. 하지만 아쉽게도 20세기와 21세기에 이라크, 시리아, 레바논, 요르단과 함께 팔레스타인과 이스라엘에서 목격된 것은 민족 간 분쟁, 추방, 사회 불안과 같은 전형적인 탈식민지 문제에 시달리는 모습이다. 1980년대 이란-이라크 전쟁에서만 100만 명의 군인이 사망했고, 같은 수의 민간인도 희생되었다. 사실 고대 유대인 서사의 특이점인 홀로코스트와 디아스포라(이산) 규모를 제외하면, 이스라엘의 건국에는 두 가지 예외적인 점이 있다. 첫째는 아랍 인구의 50퍼센트가 이스라엘 안에 남아 완전한 시민이 된 것이다. 두 번째는 여러 혼란에도 불구하고 이스라엘이 이 지역에서 독특한, 강한 경제력을 지닌 자유 민주주의 국가가 된 것이다. 그런데도 유대인은 여전히 후무스$_{hummus}$를 훔쳤다고 비난받는다.

역사직 부당싱

아쿱 레스토랑을 찾은 손님들은 열쇠들로 장식된 벽면을 마주한 자리에서 '복원된' 음식을 접한다. 이 열쇠는 이스라엘의 건국 와중에 고향을 떠난 70만 아랍인의 잃어버린 재산을 의미하며, 이에 대한 반환을 촉구하고 있다. 이는 팔레스타인 사람이 겪은 상실이 어떻게 전 세계에 알려진 역사적 부당성의 강력한 상징으로 변질되었는지를 보여 주는 사례이다. 같은 시기에 유럽과 아시아에서 수백만 명이 고향을 떠나야 했고, 탈식민지라는 혼돈의 시기에 점점 심각해지는 강압과 폭력으로 집과 친척을 잃고 문화를 빼앗겼으며 가족은 뿔뿔이 흩어졌다. 하지만 이들의 이야기는 역사에 묻혔다.

그리스 정교회교도나 인도의 힌두교도, 시크교도, 아르메니아인 또는 1921년 영국의 잔혹한 아일랜드 분리 독립 과정에서 발생한 실향민, 제2차 세계 대전 후에 처칠의 주도로 동유럽에서 추방당한 1,200만의 독일인이 겪은 고난을 누가 애달파하겠는가? 중동의 유대인도 마찬가지다. 유대 음식 비평가인 자일스 코렌Giles Coren은 이렇게 말한다.

"파디 카탄Fadi Kattan이 어떻게 느끼는지 알 것 같아요. 그가 이야기하는 시기에 우리 가족은 브라티슬라바Bratislava●에서 백화점을 소유하고 있었습니다. 하지만 침공이 시작된 후 우리 가족은 떠나야만 했어요. 지금 그걸 다시 찾고 싶지만, 그런 일이 일어날 것 같지는 않습니다. 우리 가족은 고향으로 다시 돌아가지 못했어요. 가족 중 대부분이 가스실에서 질식사하거나 숲으로 끌려가 총살을 당했습니다, 살아남은 일부는 이스라엘/팔레스타인으로 갔습니다(파디, 이 점에 대해서는 정말로 미안해요). 그리고 나머지는 영국에 왔습니다."[63]

● 슬로바키아의 수도

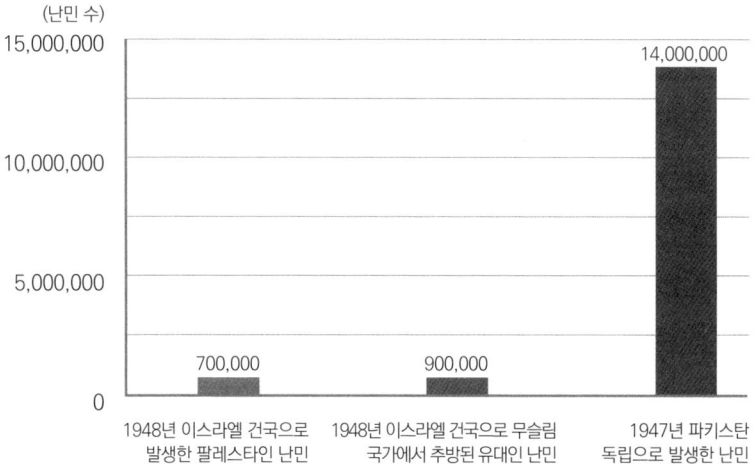

2차 세계 대전 이후 난민

그렇다고 이스라엘의 죄를 비난해서는 안 된다거나 팔레스타인의 부당성을 잊어야 한다는 말은 아니다. 악마화를 단순하게 생각하는 것이 문제다. 이스라엘이 탄생한 시대는 대규모 이주가 보편적으로 일어난 시기였다. 제국주의 시대는 민족 집단이 독립을 요구하는 민족국가의 시대로 대체됐다. 시온주의 같은 전형적인 민족주의 운동이 고조될 때, 스탈린은 시온주의를 단순히 '유대인의 민족주의적 표현'이라고 설명했다.[64] 오스만 제국, 오스트리아-헝가리 제국, 러시아 제국, 독일 제국이 무너졌고, 20세기 초 영국, 프랑스, 미국은 독선적인 방식으로 거주민을 구성하는 민족 집단을 토대로 이후 수십 년 동안 제국들의 영토를 분할했다. 그 결과는 언제나 같았다. 새로운 국경선에 걸쳐 상호 간의 폭력이 빈발했고 소수민족은 대거 추방되었다.

많은 역사가들이 지중해를 따라 고대 문명을 세운 그리스에서 현대 민족국가의 최초 사례를 찾았다. 1820년대 그리스인은 오스만 제국에 반란을 일으켜 정교회 기독교 왕국으로서 현대 그리스의 토대를 세웠다. 그들은 서로 섞여 살았지만, 무슬림은 터키로, 정교회 기독교인은 그리스로 쫓겨났다. 양측에서 학살이 벌어졌고, 1923년 유럽 열강이 2개의 민족으로 분리된 민족국가 수립을 목표로, 이후 인구 교환을 승인했고, 그 결과 최소 200만 명이 민족과 종교에 따라 추방되었다. 1965년 말, 5만 명의 그리스인이 이스탄불에서 추방되었고, 그들의 재산은 '튀르크화$_{\text{Turkification}}$'의 과정에서 몰수되었다. 오늘날까지 양측에는 외국인 혐오의 감정이 남아 있다. 물론 이와 이스라엘의 탄생 과정에서의 차이점이 있지만 비슷한 점도 분명히 있다.

인도와 파키스탄도 이스라엘이 독립하고 나서 몇 달 뒤인 1947년에 독립했다. 이것도 마찬가지로 영국으로부터 분리 독립의 결과였다. 이스라엘 정부가 수립되면서 70만의 팔레스타인 실향민과 뒤이어 90만의 유대인 실향민이 발생했다. 하지만 인도의 분리 독립은 1,400만의 무슬림과 힌두교도들이 추방되는, 인류 역사상 최대 규모의 이주를 기록했다.[65] 이스라엘 독립 전쟁에서 약 16,500명이 사망했지만,[66] 인도와 파키스탄 전쟁의 경우에는 최소 100만 명이 학살당했고, 일부에서는 그 수가 두 배가 넘는다고 추정하고 있다. 현재까지 인도 대륙에서 네 번의 전쟁이 이어졌고 양측에서 방법은 다르지만, 내부의 소수민족을 지속해서 박해하고 있다. 인도에서 힌두 민족주의가 2억 명이 넘는 무슬림 시민을 위협하고 있는 가운데, 파키스탄 이슬람 공화국은 가혹한 이단 처벌법을 유지하며 시아파, 수피교$_{Sufis}$, 힌두교, 아하마디아파$_{Ahmadis}$, 기독교를 탄압하고 있고 여성에 대한 탄압은 이루 말할 수 없다.

이제 인도, 파키스탄 모두 핵보유국이 되었다. 현재 분쟁과 교착 상태가 반복되는 이스라엘과 팔레스타인의 관계 속에서 지난 20년 동안 약 1만 1,000명의 목숨을 잃었고, 카슈미르$_{Kashmir}$에서는 무력 영토 분쟁으로 인해 수만 명이 사망했다. 심지어 카슈미르에는 인도판 파우다$_{Fauda}$●가 활약 중이다. 이스라엘의 인권 상황을 보면 거의 흠잡을 데가 없고 이웃 나라와 비교해도 우수하지만, 파키스탄의 경우에는 광범위하게 퍼진 여성에 대한 폭력, 종교 박해, 노예제도를 포함한 부패와 폭력이 만연한 최악의 상황이다(세계 행복 지수 108위). 하지만 서구 진보주의자가 악마화된 이스라엘을 제외한 파키스탄과 탈식민지 국가를 '존재할 권리'가 없다고 말하는 것을 들어 본 적이 없다. 게다가 이들은 거리 시위, 불매 거부 운동, 국제기구 활동이나 대학가의 시위에서도 표적이 되지 않는다.

유대인이 겪은 역사의 격랑이 어떠했든지 간에, 자신의 땅에서 살고자 하는 이스라엘 유대인의 권리를 부정하는 것은 터무니없는 일이다. 이스라엘과 팔레스타인의 분쟁은 때로는 특이할 만큼 시간의 흐름에 영향을 받지 않는 것처럼 보인다. 초기 시온주의자들은 '정

● 팔레스타인 영토에서 잠복 활동하는 비밀 요원들에 관한 이스라엘 스릴러 영화

착민'의 딱지를 붙이고 시작했지만, 도대체 얼마나 세월이 흘러야 이 딱지를 뗄 수가 있는 것일까? 이 땅에서 태어난 80퍼센트의 이스라엘인이 국가 정체성을 가질 권리가 없다고 어떻게 주장할 수 있을까?[67] 이 지역의 풍부한 유대인 역사와 문화에 대한 존중은 차치하더라도, 전후에 탄생한 다른 신생 국가의 시민에게는 이렇게 배타적인 태도를 보이지 않는다.

다른 이민자에게도 배타적이지 않다. 서구 사회는 세계 각지에서 온 이민자가 출신 국가와 관계없이 여권을 발급받으면 바로 시민으로 받아들이고 고향처럼 편하게 느끼게 하는 열린 태도를 보여 왔다. 인종에 관한 우려를 드러내는 행위는 인종차별주의자로 조롱을 받았다. 2022년 12월, 엘리자베스 2세 여왕의 최측근 수행원이었던 83세의 수잔 허시 여사$_{\text{Lady Susan Hussey}}$는 영국 태생의 자선단체 임원인 응고지 풀라니$_{\text{Ngozi Fulani}}$에게 어느 나라에서 왔느냐고 캐물었다. 그 일로 허시 여사는 사임해야 했다. 극좌파들이 바로 나서서 그녀를 편견으로 가득 찬 사람이라고 비난했다. 그들은 누구든지 어디에서나 살 수 있는 개방된 국경의 원칙을 누구보다 선호하는 사람이다. 하지만 이스라엘의 경우에는 다른 기준을 적용한다.

서구 사회의 이민에 관한 생각과 이스라엘에 대한 관점을 비교하면 알 수 있다. 영국의 싱크 탱크 '영국의 미래$_{\text{British Future}}$'의 이사인 선더 카트왈라$_{\text{Sunder Katwala}}$는 '그들이 어떻게 우리가 되는가?'라고 질문을 던졌다. 그는 '한 세대 내에 완전한 통합' 실현이 최상의 지표라고 밝히면서, '2세대', '3세대' 이민자라는 배타적인 개념에 다소 불편한 감정을 드러냈다. 그는 이렇게 서술했다.

「이민자의 아이, 심지어 손자까지도 여전히 '우리'보다는 '그들'로 인식되는 경우가 많으며, 동등한 시민권이라는 법적인 사실과 그것이 실제로 적용되는 현실에 대한 사회적 인식 사이에서 지속적인 차이를 드러낸다.」[68]

지극히 합리적인 지적이다. 진보주의자는 이스라엘 유대인을 이전에 거쳐 온 세대를 고려하지 않고 그들의 고향에서 영원한 '그들'로 취급한다. 반면에 팔레스타인인은 영원히 '돌아갈 권리'를 부여받은 영원한 '우리'이며, 독특하게 실향민의 지위를 미래 세대에게 물려주고 있다. 유엔에 따르면, 현재 팔레스타인 실향민의 수는 1948년보다 다섯 배나 많다.[69]

팔레스타인의 미래

유배 생활에서 귀환하고자 하는 유대인들의 열망은 수천 년 동안 지속되었다. 그러나 이 의미는 팔레스타인인이 지닌 열망과는 매우 다른 것이다. 역사적으로 유대인은 박해를 받으면서도 자신의 나라를 세우려는 열망을 품었다. 수백 년 동안 시온으로 돌아가려는 열망은 종교와 문화에 국한된 사안이었고, 이스라엘의 재건은 메시아가 오기 전까지 유대인에게 금지된 것이었다. 대신 그들은 베를린에서 바그다드, 알제리에서 저 멀리 러시아 제국에 이르기까지 디아스포라(이산)를 통해 스스로 삶을 개척했다. 때로는 사회에서 인정받기 위해 열심히 노력했고 다른 누구보다 강한 애국심을 가졌다.

영국의 유대인 성인식이나 결혼식에서 영국 국가를 부르는 의식은 1970년에 이르러서야 사라졌지만, 안식일마다 군주를 위한 기도는 여전히 행해지고 있다. 런던 이스트엔드$_{East\ End}$의 오래된 유대인 거주지인 화이트채플$_{Whitechapel}$ 거리에는 영국 국왕 에드워드 7세의 기념비가 세워져 있다. 1912년 제막된 기념비의 하단 표지석에는 '이스트 런던에 거주하는 유대인 주민들의 모금으로 세워졌다'라고 쓰여 있다. 다시 말해, 왕실에 충성심을 보이려고 애쓰는 이민자가 세운 것이다.

하지만 그들에게 진정한 '우리'로 보일 기회는 주어지지 않았다. 스페인 종교 심판, 19세기의 집단 학살이나 홀로코스트의 형태처럼 수용의 시대는 야만적인 박해로 이어졌다. 19세기와 20세기, 폭력에 의해 위축되고 모욕당하고 뿔뿔이 흩어져 고통당하고 방황하는 유대인의 고난은 세계 지도자들의 양심을 무겁게 짓눌렀다. 그 해답은 유대인 스스로 조상의 땅인 팔레스타인에 돌아가는 것이었다. 오스만 제국이 물러난 뒤 진공의 상태였기에 실현 가능성이 있었다.

앞선 수십 년에 걸쳐, 적어도 34개의 영토가 유대인의 안식처로 제시되었다. 우간다, 남미의 일부 지역, 앙골라, 리비아, 이라크, 마다가스카르, 알래스카도 여기에 포함되었다. 이 가운데 일부를 현실로 만들려는 노력이 진행되었다. 소련에서 유대인의 민족적 본능을 포착하려는 움직임이 있었다. 스탈린은 비로비잔$_{Birobidzhan}$과 크림~~Crimea~~, 두 지역 중에 유대인의 '조국'을 세우려고 했다. 하지만 이 지역들은 진정한 소속감을 만들어 내기가 어려워 흐지부지되었다. 1908년 초, 윈스턴 처칠~~Winston Churchill~~은 요르단강과 지중해 사이에 유대인 조국의 '재건'에 공감을 표시했다. 홀로코스트 이후에 유럽의 유대인 인구가 2/3나 사라졌기 때문에 시온주의가 유일한 대안으로 보였다.

팔레스타인인의 이야기는 이와는 상당히 다른 양상이었다. 1947년 유엔의 분리 독립 계획 — 이스라엘 독립 전쟁이 발발하기 전에 발표되었고, 그 전에 팔레스타인에서 단 한 가족도 고향을 떠나지 않았다 — 은 이스라엘 국가 옆에 팔레스타인 국가를 세우는 것이었다. 그러나 아랍인은 유대인 자결권에 대한 증오심으로 팔레스타인 자치의 열망을 팽개치고 분리 독립안을 거절했다. 사실, 현대 팔레스타인 민족주의는 시온주의에 저항해 일어났을 뿐이다. 그들은 서아시아, 북아프리카, 아라비아해의 오만 곶에서 모로코의 북대서양 해안에 이르기까지 500만 제곱마일의 광활한 땅을 차지하는 거대한 아랍 연맹에 속해 있었다. 아랍 세계는 다양성이 풍부했지만, 범(凡)아랍민족주의 운동은 탈식민지 연합으로 중동 지역의 동맹을 지지하면서 1950년대와 60년대에 절정의 인기를 누렸다. 이슬람주의의 압박, 세속주의, 권력 투쟁과 군사적 실패로 결국 그 꿈은 부서졌지만, 범아랍 계열의 바스당~~Ba'ath party~~은 시리아에서 1963년 쿠데타 이후 계속 정권을 쥐었고 사담 후세인의 이라크를 장악하는 등 중동의 여러 국가에서 활발하게 활동하고 있다. 이스라엘 독립 전쟁, 6일 전쟁~~Six~~

Day War, 1973년의 욤 키푸르 전쟁Yom Kippur 등 이스라엘에 맞서 시도된 세 번의 대량 학살 전쟁은 사실 시리아, 레바논, 요르단, 이집트, 이라크의 연합이 일으켰다. 이들은 아랍 공동의 정체성이 지닌 힘을 과시하는 증거였다.

수십 년 동안, 팔레스타인 저항 세력은 아랍 국가들의 입장에 보조를 맞춰 이스라엘을 반대했다. 1967년 수단에서 열린 아랍연맹 회의는 '하르툼Khartoum의 세 가지 거부'로 악명이 높았는데, 이는 이스라엘과의 평화, 협상, 이스라엘의 승인을 거부하는 것이었다. 1995년 유대인 극단주의자가 이스라엘 총리 이츠하크 라빈Yizchak Rabin을 암살하면서 비극적으로 좌절된 오슬로 평화협정Oslo Accords peace agreements과 같은 일화가 있었지만, 아랍연맹의 방식이 팔레스타인 접근 방식을 주도해 왔다. 이스라엘의 외교관 아바 에반Abba Ebban은 이렇게 말한다.

"아랍인들은 절대로 기회를 놓치지 않습니다."[70]

이 어떤 것도 이스라엘을 포함해서 국제적으로 큰 지지를 받는 팔레스타인의 국가 수립에 대한 열망을 경시하려는 것이 아니다. 평화롭고 번영하는 팔레스타인 국가를 보는 것은 멋진 일이다. 그러나 이러한 열망이 1948년을 포함해서 지금까지 여러 차례 이루어질 뻔했지만, 권력층을 장악한 팔레스타인 극단주의자가 그 기회 — 5장의 조작과 왜곡 편에서 자세하게 다뤄질 것이다 — 를 날려 버렸다. 2008년에 또 다른 흥미로운 순간이 있었다. 치열한 협상 끝에 이스라엘 총리 에후드 올메르트Ehud Olmert는 뜻밖의 제안을 내놓았다. 그 내용은 이렇다.

「서안지구의 94퍼센트를 차지하는 팔레스타인에 나머지 6퍼센트의 이스라엘 땅을 넘긴다. 동예루살렘을 팔레스타인 정부 관할로 두고, 팔레스타인 수도로 정한다. 이스라엘은 예루살렘 구시가지에서 철수하며, 국제기구의 관할하에 둔다. 서안지구와 가자지구를 터널로 연결해 팔레스타인 영토의 연속성을 보장한다. 이스라엘은 5년 동안 매년 천 명의 팔레스타인 실향민을 받아들이고, 나머지에 대해서는 경제적으로 보상한다.」

상상하기 어려울 정도로 너그러운 제안이었지만, 지도력 부재의 혼란 속에서 마무드 아바스$_{\text{Mahmoud Abbas}}$는 이 제안을 거절했다.

이듬해 올메르트 총리는 『워싱턴 포스트』에 '팔레스타인이 내 제안을 거절하며 협상에서 발을 빼고 결정을 피한 이유를 알아볼 필요가 있다'라는 내용의 글을 기고했다.[71] 앞으로 살펴보겠지만, 팔레스타인 민족주의가 국가 수립에 대한 열망보다 유대인 증오에 더 크게 몰두하고 있다는 결론을 내릴 수밖에 없다.

당신도 그렇게 한다

주변에 상당히 거친 이웃 나라들이 존재하지만, 이스라엘의 정부 수립 이후의 성과는 다른 자유 민주주의 국가와 비교해도 괜찮은 수준이다. 세계에서 가장 문명화되고 관용적인 사회 중 하나인 영국도 이면에는 깊은 그림자가 드리워져 있다. 그 목록에는 1919년 수만 명의 평화 시위대를 무차별 총격으로 쓰러뜨린 암리차르Amritsar 학살과 제2차 세계 대전 후 50만 명의 말레이시아인의 집을 파괴하고 '뉴 빌리지New Villages'라는 요새화된 수용소에 집단 억류한 사건도 포함된다. 2022년 아프가니스탄에서 영국 공군의 폭격으로 적어도 64명의 아이가 사망했는데, 이는 과거에 알려진 것보다 네 배나 많은 숫자였다.[72] 이 사건은 영국에서 아침 뉴스에 보도되었지만, 저녁 뉴스 게시판에서는 자취를 감췄다. 영국이 아닌 이스라엘의 폭격으로 팔레스타인 사람이 죽었다면 어떤 반응이 나왔을지 궁금하다.

마찬가지로 미국도 세계에서 가장 자유로운 나라들 가운데 하나지만 절대 완벽하지 않다. 한 세기에 걸친 건국 과정에서 5,600만 명이라는 충격적인 숫자의 원주민이 학살되었다. 유니버시티 칼리지 런던University College London, UCL이 최근 실시한 연구에서 이 학살로 인해 프랑스 영토 크기의 농경지가 버려져 숲이 되었고, 그 결과 이산화탄소 배출량을 줄이고 지구의 온도를 낮췄다는 흥미로운 결과가 나왔다.[73] 노예제도와 인종주의의 시대가 뒤를 이었고, 1945년 미국은 분쟁에서 핵무기를 사용한 지구상의 유일한 나라로 히로시마와 나가사키에서 20만 명 이상의 사람들을 죽였다. 수십만 명의 목숨을 앗아 간 2003년의 이라크 침공으로 아부 그라이브Abu Ghraib 교도소, 물고문, 특별 심문, 관타나모 수용소Guantanamo Bay 등이 인기 검색어가 되었다. 미국이 주도한 아프가니스탄 전쟁이 2021년 굴욕적으로 막을 내릴 때까지, 미국 워싱턴주의 올림피아Olympia시나 스코틀랜드의 인버네스~Inverness~시의 인구와 같은 숫자의 아프가니스탄 민간인이 희생되었다. 하지만 미국이 아닌 이스라엘은 정착민 식민주의, 인종주의, 인종 청소, 영토 강탈로 늘 비난받으며 '존재할 권리'가 없다는 말을 듣는다.

이런 이중 잣대를 지적하는 것은 말꼬리를 잡거나 책임을 전가하려는 것이 아니다. 이스라엘을 악마화하는 방식을 보여 주려는 것이다. 어느 나라의 역사에서든, 잔인함, 정복, 악행의 모습을 찾을 수 있다. 하지만 그에 비해 유대인이 저지른 행위는 소소한 수준이다. 19세기로 바뀔 무렵 프랑스군은 자파~Jaffa~●에서 어머니들의 시체 옆에서 소녀들을 강간했다.[74] 1936년 스페인 내전에서 수십만 명이 조직적인 숙청과 집단 폭력에 학살당했고 고문과 강간이 일상적으로 일어났다. '유대인-프리메이슨-볼셰비키' 음모에 대항하는 '성전~holy war~'으로 폭력을 재구성한 프랑코의 군대는 악명 높은 반유대주의 위조문서인 『시온 장로 의정서』를 퍼뜨렸다. 1947년 유엔이 이스라엘 국가 수립을 승인했을 무렵, 인도네시아 식민지 주둔 네덜란드군이 431명의 라와그드~Rawagede~ 마을 주민을 모아 참혹하게 살해했다. 유엔은 이 사건을 '고의적이고 무자비한' 학살이라고 규정했다. 1951년 텔아비브에 증권거래소가 처음 개장했을 무렵, 그린란드에 주둔 중인 덴마크군이 그린란드 아이들을 '덴마크식'으로 교화시키기 위해 덴마크로 강제 이송했다. 20세기 전체를 통해 잔인한 폭력과 추방은

● 지중해에 접한 항구 도시. 현재는 텔아비브(Tel-Aviv)에 속해 있다.

새로운 민족국가의 탄생을 특징짓는 요소였다.

1950년대 홀로코스트 생존자와 아랍이나 무슬림 국가에서 온 유대인 실향민의 유입으로 이스라엘의 인구가 200만 명으로 확대될 무렵, 영국군은 케냐의 키쿠유$_{Kikuyu}$ 주민에게 혹독한 고문을 자행했다. 깨진 유리병, 총구, 칼, 뱀, 해충, 뜨거운 달걀을 사용해 여성과 남성 모두를 강간했고 희생자를 랜드로버$_{Land\ Rovers}$ 차량에 끌고 다니며, 채찍질하고 불태우고 칼로 난자하며 대규모 교수형과 즉결 처형을 자행했다. 1967년 이스라엘에서 6일 전쟁이 발발했을 때, 미국은 베트남을 초토화하기 위해 롤링썬더$_{Rolling\ thunder}$ 작전을 실행했지만, 이듬해 밝혀진 결과는 군인이 아닌 민간인 18만 명의 몰살이었다. 1973년 이스라엘이 전멸의 위기까지 몰렸던 욤 키푸르 전쟁에서 필사적으로 싸우고 있는 동안, 칠레에서 피노체트$_{Pinochet}$는 권력을 잡고 '죽음의 캐러밴$_{caravan\ of\ death}$' 부대를 보내 전국을 공포에 떨게 했다. 결론은 피할 수 없다. 이스라엘에 대한 일부 과민 반응을 동일한 수준으로 모든 나라에 적용한다면, 우리는 모든 일에 과민 반응을 보일 수밖에 없다.

중간에 갇히다

현재 이스라엘이 직면한 안보 문제는 비교할 만한 다른 서구 민주주의 국가가 직면한 문제를 능가한다. 이스라엘을 파멸하기 위해 전력을 쏟고 있는 존재에 이스라엘은 둘러싸여 있다. 국경 북부의 헤즈볼라_Hezbollah_는 15만 기의 미사일을 포함해 어떤 단일 국가보다 많은 무기를 보유하고 있다. 시리아는 이란 군대와 용병으로 채워져 있다. 국경의 서쪽은 여러 무장 단체들의 본거지이며 하마스_Hamas_ 테러 집단이 관할하고 있는 가자지구와 맞닿아 있다. 국경의 동쪽 측면은 문제가 끊이지 않는 부패한 지역인 팔레스타인 자치 영토로 인권 유린, 테러 조직, 부족 갈등, 공공서비스의 부재로 혼란을 겪고 있다. 국경 남쪽은 무법 지대인 시나이 사막_Sinai desert_이다. 좀 더 멀리에는 이란이 있다. 이란은 교리에 따라 유대인 국가 청산에 전념하고 있고 이스라엘 국경 지역 일대의 테러리스트 네트워크를 지원하며 핵무기 보유국 직전까지 와 있다.

2022년에만 이스라엘은 5,000번 이상의 테러 공격을 받았는데, 돌멩이 투척에서 칼부림, 총격, 폭탄 공격까지 다양하다. 만약 뉴저지_New Jersey_를 통째로 들어 이스라엘 땅으로 옮긴다면, 미군이 (이스라엘군보다) 민간인의 피해를 더 줄일 수 있을까? 만약 웨일스_Wales_가 시리아나 레바논, 가자지구 옆에 있다면 영국군도 그러지 않을까? 프랑스도 마찬가지지 않을까? 아일랜드 무장 단체 IRA로부터 테러 공격을 받았을 때, 영국은 잔혹하게 응징했다. 그리고 국가 존망의 절체절명의 시간이었던 제2차 세계 대선 시기에 영국 국교회 주교들 이외에 드레스덴_Dresden_에 대한 야만적인 폭격에 반대한 사람은 거의 없었다.[75] 만약 캐나다가 디트로이트에 로켓포를 쏜다거나 독립한 스코틀랜드가 영국에 미사일을 발사한다면, 상대편의 인명 손실이 일어나도 시민은 군사적인 대응을 촉구할 것이다. 사실, 최근 분쟁에서 이스라엘군의 군인 대 민간인 사망자 비율이 영국군이나 미군보다 훨씬 낮은 수준임을 고려할 때, 아마 상대편의 민간인 인명 손실은 더 클 것이다.[76] 그렇지만 이스라엘 혐오의 영향으로 미디어는 항상 이스라엘의 신중하게 고려된 정당방위 행위를 공격으로 간주해 보도하고 있고, 이스라엘이 당한 공격은 가볍게 취급한다.

예를 들어, 2023년 5월 BBC가 이스라엘과 이슬람 지하드 사이의 갈등을 어떻게 보도했는지 살펴보자. 월드 뉴스에서 진행자는 이렇게 말했다.

"현재 팔레스타인 정부 관계자는 이스라엘군의 야간 공격으로 서안지구 점령지 인근 제닌(Jenin)에서 두 명의 청년이 사망했다고 밝혔습니다. 이는 이스라엘이 무장 세력 지도자를 표적으로 가자지구를 공습한 지 몇 시간 만에 발생한 일입니다. 10명의 민간인을 포함하여 총 15명이 사망했습니다. 벤야민 네타냐후 이스라엘 총리는 팔레스타인 무장 세력에게 어떠한 보복 행위도 참혹한 응징을 피할 수 없을 것이라고 경고했습니다."

진행자는 이어서 『예루살렘 포스트』의 라하브 하르코프(Lahav Harkov) 기자에게 이스라엘의 공격 시기가 중요한지를 물었다. 그녀는 명쾌하게 답변했다.

"중요합니다. 진행자께서 서두에 빠뜨린 세부 사항이 있습니다. 그 내용은 이런데요. 밤사이에 총을 맞은 두 명의 팔레스타인 청년이 이스라엘 군인에게 총격을 가했고 이스라엘 군인들은 이에 대응 사격을 했어요. 가자지구 공습은 팔레스타인 이슬람 지하드가 이스라엘의 민간인 거주지를 향해 102발의 로켓포를 발사한 이후 이루어졌습니다. 이후 이스라엘은 일주일 정도 시간을 두고 작전을 준비했고 정보력을 동원해 보복 공격을 진행했습니다. 보복 공격의 과정이지만 국제법에도 합당합니다. 왜냐하면 그들이 민간인을 쐈고 이스라엘은 민간인 공격을 실행한 무장 단체의 테러리스트에게 총격을 가한 것이기 때문입니다."[77]

이것은 사실에 대한 타당한 해석으로 이스라엘 혐오를 포괄적으로 반박한 것이다. 그러나 아쉽게도 하르코프 같은 논평가는 너무나 드물다.

유대인 국가를 둘러싸고 벌어지는 악마화 작업은 과장이 아니며, 유대인 국가에 대한 대중의 인식에도 부정적인 영향을 미쳤다. 이스라엘은 어느 나라도 따르지 않는 규정에 근거한 국제 질서를 준수하지 않는다고 비난받는다. 이스라엘은 현재 아무도 준수하지 않는 기준, 특히 중동 지역에서 지켜지지도 않는 기준에 미달한다며 곱절의 비난을 받는다. 다른 나라와 마찬가지로 이스라엘도 긍정적인 면과 부정적인 면이 존재한다. 그리고 나라마다 우호적인 시각을 가진 사람들이 있는 것처럼, 이스라엘에 우호적인 시각을 가진 사람들도 있다. 하지만 다른 나라와 달리 이스라엘은 유독 증오의 표적이 되고 있다.

두 가지의 낡은 방식

반유대주의는 두 가지의 동일한 과정을 항상 거쳤다. 유대인은 기독교나 무슬림 사회의 묵인 아래 존재했고 유대인을 파멸하고자 하는 결의로 자연스럽게 그들을 악마화했다. 그 사례로, 나치 정권은 세상의 모든 재앙을 유대인 탓으로 돌리는 선동으로 유대인을 향한 적개심을 고조시켰다. 이를 통해 최종 해결책(유대인 집단학살)$_{\text{Final Solution}}$의 토대를 마련했다.

첫 번째는 악마화, 다음은 파괴였다. 그러나 이 두 가지 과정에도 다양한 방법이 있었는데, 반유대주의가 유행하는 추세와 보조를 맞췄기 때문이었다. 프랑스 혁명이 마무리될 무렵인 1791년, 프랑스의 유대인은 완전한 평등과 시민권을 부여받았다. 그리스도를 죽인 자들이기에 추방당해 죽어 마땅하며 기독교인의 피를 마신다는 중세의 편견을 뒤로하고 역사상 최초로 해방되었다. 기생충은 새로운 숙주에 적응해 생존하는 특성이 있다. 19세기 무렵 로스차일드 가문이 유대인 권력의 숨겨진 손이라는 음모론이 고개를 들었고, 유대인은 언론, 주식 시장, 전쟁을 통해 새로운 자유세계를 부패시키는 주범으로 비난받았다.

1894년, 우려가 현실로 바뀌었다. 유대계 프랑스 육군 장교 알프레드 드레퓌스$_{\text{Alfred Dreyfus}}$는 포병 기술 군사 기밀을 독일에 넘겼다는 혐의로 기소당했고 비공개로 열린 군사법원에서 반역죄로 유죄 판결을 받았다. 드레퓌스의 치욕은 사람들의 구경거리가 되었다. 군중의 야유 속에서 제복의 견장이 뜯겨 나가고 그의 검이 부러졌다. 치욕을 당하면서도, 그는 이렇게 외쳤다.

"맹세합니다. 저는 결백합니다. 군에 부끄러운 짓을 하지 않았습니다. 프랑스 만세! 육군 만세!"

불운한 이 장교는 남미의 프랑스령 기아나$_{Guiana}$에 있는 악마섬$_{Devil's\ Island}$ 수용소로 보내졌다. 물론 이 유대인 장교는 정말 결백했다. 진짜 범인은 범행을 인정한 페르디낭 발쟁 에스테라지$_{Ferdinand\ Walsin\ Esterhazy}$라는 장교였다.[78] 소설가 에밀 졸라$_{Emil\ Zola}$는 『나는 고발한다$_{J'accuse}$』라는 제목의, 대통령에게 보내는 공개서한에서 분노를 표현했는데 그 때문에 명예훼손 혐의로 유죄 판결을 받았다. 이후에 보복으로 질식사당했다는 이야기도 있다.

부끄럽게도 이런 오심이 프랑스 최고위 지도층에도 알려졌지만, 그들은 가능한 한 오래 이를 은폐했다. 드레퓌스는 대중의 격렬한 항의 끝에 결국 7년 만에 무죄로 풀려났다. 드레퓌스가 유대인이고, 유대인은 배신자로 보였기 때문에 유죄를 받았다는 사실이 뉴스를 채웠다.[79] 프랑스는 둘로 갈라졌다. 오래된 반유대주의가 이렇게 모습을 드러냈다. 이 사건은 헤르츨에게 중대한 영향을 미쳤다. 기자로서 이 사건을 보도하면서 유대인에게 처음으로 해방을 안겨 준 파리의 군중이 '**유대인을 죽여라**$_{Mort\ aux\ Juifs}$'라고 외치는 모습을 목격했다. 세백 몬티피오리$_{Sebag\ Montefiore}$는 이렇게 기술했다.

「그는 이 사건으로 동화$_{assimilation}$는 실패했을 뿐만 아니라 반유대주의를 더 부추겼다고 확신했다. 심지어 그는 언젠가 독일에서도 반유대주의가 합법화될 것으로 예상했고 유대인은 자신의 나라가 없이는 절대로 안전할 수 없다는 결론을 내렸다.」[80]

그러나 시온주의의 창시자는 유대인 희생양이 풀려나는 것을 보지 못한 채 1904년 심장마비로 세상을 떠났다.

드레퓌스 사건은 잘 알려진 대로, 허위 조작된 사실로 인해 억울하게 유죄 판결을 받은 악명 높은 사례였다. 하지만 이것은 반유대주의의 2단계 과정의 현대적인 모습이었다. 유대인은 악마화되었고, 유대인에 관한 조작된 증거와 기소는 대중의 상상에서 비롯된 편견이었다. 이스라엘 혐오에 관해서도 동일한 역학이 적용된다. 이스라엘이 만약 인종차별 정권이라면, 존재할 권리가 있을까? 그리고 이스라엘이 민족 말살에 관여했다면, 버림받아야 하지 않을까? 나치 독일과 같은 행위를 이스라엘이 저질렀다면, 똑같은 패배를 당해야 하지 않을까?

러시아 제국의 마지막 수십 년 동안, 유대인 혐오는 옛것과 새것이 혼재되어 출현했다. 그러나 악마화와 파괴의 단계는 명확히 구별되었다. 1881년 알렉산드르 2세가 폭탄에 의해 끔찍하게 암살당했을 때, 유대인은 신과 같은 차르$_{tsar}$를 살해했다는 비난을 받았다. 러시아 제국 전역에서 500만 명의 유대인이 전근대적인 살인과 윤간을 당했는데도 유대인 상인에게 경제 불황의 책임이 있다는, 보다 현대적인 음모론이 힘을 얻었다. 새로 즉위한 황제 알렉산드르 3세는 지독한 반유대주의자였다. 즉위한 지 1년 후인, 1882년 반유대인 법을 도입해 대규모 박해와 학살의 파장을 일으켰다. 그 효력은 자신과 같은 편견을 지닌 아들, 니콜라이 2세•에 의해 유지되었다. 『시온 장로 의정서』는 니콜라이 2세 재위 기간에 처음 나왔고, 극우 민족주의 신문 『즈나먀$_{Znamya}$』에 연재되었다. 1917년 혁명군에 의해 가택연금 상태였던 니콜라이 2세는 이 위조된 문서를 가족 앞에서 큰소리로 읽기도 했다. 시대가 유대계 러시아인을 완전히 바꿔 놓았다. 많은 이가 공산주의자가 되었고, 수백만 명이 미국과 영국으로 이주했으며, 약 4만 5,000명이 시온주의를 받아들여 팔레스타인으로 들어갔다.

이 두 단계의 과정은 오랫동안 이어져 온 사례였지만, 시대나 사회에 따라 다양하게 적용되었다. 독일식 접근은 기존의 반유대주의 서사에 유사 과학, 음모론, 미신이라는 독성 물질을 적당히 혼합해서 각색했다.

그 시작은 비인간화였다. 1940년에 제작된 선전 영화 《불멸의 유대인$_{The\ Eternal\ Jew}$》은 전형적인 사례였다. 영화에서 해설자는 이렇게 말한다.

"쥐가 출몰하면 사람의 물건과 식량을 축내서 엉망이 됩니다. 쥐는 이런 식으로 페스트, 나병, 장티푸스, 콜레라, 이질 등의 질병을 퍼뜨립니다. 쥐는 교활하고 비겁하고 잔인하며 큰 무리를 지어 서식합니다. 동물들 가운데 쥐는 은밀하게 지하에 숨은 파괴의 근원을 상징합니다 — 사람들 가운데 유대인이 바로 그렇습니다."[81]

• 1894년 제위에 올랐지만 1917년 공산주의자들에 의해 폐위당했다.

유대인 **열등 인종**Untermenschen 설은 해악을 끼치지만 동시에 아주 강력하다는 중세 이후의 친숙한 결론에 도달했다. 해설자는 이렇게 이어 갔다.

"20세기 초 유대인은 세계금융시장의 길목에 자리 잡고 국제적인 영향력을 행사했습니다. 전 세계 인구의 1퍼센트밖에 되지 않지만, 그들이 가진 자본의 힘으로 세계 주식 시장, 세계 여론, 세계 정치를 공포에 떨게 합니다."[82]

히틀러도 언급했듯이, 그 목적은 '유대 금융에 독일 노동력을 예속' 시키는 것이었다.[83] 2008년 작가 크리스토퍼 히친스Christopher Hitchens 는 당시 유대인에 관한 흔한 농담 중 하나는 억압받는 유대인이 나치 선전 매체인 『슈투르머Der Stürmer』를 읽는 모습을 흉내 내는 것이라고 말했다. 그 이유가 뭐냐고 묻자 그는 이렇게 묘사했다.

"슈투르머를 읽는데, 드디어 좋은 소식이 들리네요. 우리 유대인이 전 세계를 지배하는 것 같아요!"[84]

이런 **열등한 인종**이 그들의 힘을 독일의 멸망과 모든 선을 파괴하는 데 사용했다. 이것이 악마화의 다음 단계였다. 『슈투르머』는 사설에서 **'유대인은 우리에게 재앙이다'**[85]라는 구호를 실었다. 한 발 더 나가, 나치의 일반적인 서사는 제2차 세계 대전의 책임을 유대인에 돌리는 것이었다. 1942년에 나온 강렬한 선전용 포스터에는 **'연합군의 배후에 유대인이 있다**behind the enemy powers: the Jew'라는 문구와 함께 사악한 유대인이 영국, 미국, 소련의 국기 뒤에 숨어 있는 모습을 담았다.[86] (이런 사상은 지울 수 없는 인상을 남겼다. 2006년 영화배우 멜 깁슨Mel Gibson은 음주운전으로 경찰에 체포되었을 때 '빌어먹을 유대인. 세계의 모든 전쟁은 유대인 때문에 일어났다'라며 저주를 퍼부었다)[87]

배후에 유대인이 있다: 강대국(영국, 미국, 소련)을 배후에서 조종하는 유대인 자본가를 묘사

독일 대중은 최종 단계를 위해 결의를 다졌다. 수년간의 악마화 끝에, 그들은 히틀러의 악명 높은 표현처럼, '유럽에서 유대 인종의 멸종'을 받아들일 준비가 되었다.[88] 1941년 요제프 괴벨스Joseph Goebbels는 기고문에서 이렇게 밝혔다.

「유대인에게 가혹할 수도 있지만, 마땅히 받아들여야 할 운명이다. 이 상황에 연민이나 후회는 부질없다.」[89]

아무도 놀라지 않았다. 선량한 아리안 인종이 이렇게 위험하고 악랄한 유대인을 어떻게 상종할 수 있겠는가?

문어발 로비

이러한 인종적, 종교적 반유대주의의 구조는 보통 이스라엘 혐오의 정치적 수단으로 온전히 전이되었다. 이스라엘은 사악하다, 그래서 뿌리 뽑아야 한다는 것이 일관된 기본 주제였다. 악마화는 파멸을 요구한다. 20세기의 반유대주의뿐만 아니라 중세의 피의 비방$_{\text{blood libel}}$● ─ 1144년 잉글랜드에서 시작되어 유럽, 러시아, 중동 전역에 퍼졌다 ─ 에 영향을 받아 현재 이스라엘 사람은 팔레스타인 아이를 살해해 장기를 매매한다는 비난을 받고 있으며, 이슬람 사원의 설교나 학교의 교과서에서 '원숭이나 돼지의 자손'으로 비인격화된다.[90] 예수를 팔아넘긴 유다와 그가 받은 30닢의 은화는 유대인 고리대금업자, 세계 금융을 주무르는 유대인 은행가, 정치인을 매수하는 시온주의자의 상징이 되었다. 탐욕스러운 유대인이 다른 민족의 땅을 노리는 이스라엘인이 되었다. 11세기 기독교 세계에서 널리 퍼진, 뿔, 발굽, 꼬리가 있는 유대인에 대한 묘사는 이스라엘인을 현대판 악마인 나치로 묘사하는 데 반영되었다. 이 낡고 오래된 비유는 이스라엘 혐오가

● 피의 비방$_{\text{Blood libel}}$: 중세 시대에 퍼진 유대인에 관한 잘못된 소문으로 유대인이 기독교도 아이들을 잡아 살해한 후 빵으로 만든다고 했다.

완전하게 자리 잡은 여러 문화에 깊게 각인되었다.

온라인에 유포된 많은 이스라엘 혐오 만화 가운데 이스라엘 문어가 미국 국회의사당이나 자유의 여신상을 움켜쥔 모습을 묘사한 것이 있다. 이는 세계를 움켜쥔 문어로 유대인을 묘사한 나치의 만화에서 유래된 것이 분명하다. 마찬가지로 현재 이스라엘 혐오론자가 서방 정부를 손바닥에서 조종하는 '시온주의자 로비$_{\text{Zionist lobby}}$'를 말하는 방식은 유대인이 국제 금융과 정치를 배후에서 조종한다는 나치의 주장에서 분명한 전례를 찾을 수 있다. 강경 좌파인 전 노동당 의원 크리스 윌리엄슨$_{\text{Chris Williamson}}$은 2019년 총선에서 제러미 코빈의 노동당이 참패한 이유를 이렇게 설명했다.

"어느 적대적인 외국 정부가 코빈이 이끄는 노동당이 정권을 잡는 것을 막기 위해 이스라엘 외교관들이 '권력 증강$_{\text{power multiplier}}$'이라 부르는 영국 내 자산(지지자)을 동원했다."[91]

세계를 움켜쥔 유대인: 유대인을 혐오스러운 문어로 묘사

이스라엘 혐오의 음모론적 열광은 종종 '시온주의자'라는 단어의 도입만으로도 낡은 반유대주의와 구별할 수 있다. 2021년 브리스틀대학Bristol University에서 해고된 좌파 사회학 교수인 데이비드 밀러David Miller는 학생들에게 영국 내 유대인 단체의 도표를 보여 주며 그들이 '시온주의자' 지배 네트워크를 형성했다고 주장했다. 그는 유대교 회당과 학교에 경비원을 배치하는 자선단체인 공동체 안전 위원회Community Security Trust를 '영국에서 어느 적대적인 정부를 위해 운영

되는 조직'이라며 예를 들어 설명했고 '이것은 명백하게 외국에 의한 불법적인 영향력 행사'라고 강조했다.[92]

그는 해고되었지만, 징계를 받지는 않았다. 그는 자신이 해고된 것은 '어느 적대적인 국가의 지시에 따라 나를 감시한 압력 행사'의 결과였고 "영국의 이스라엘 지지자들이 이슬람 혐오를 가르치지 않은 대학의 협력으로 더욱 대담해졌다."라고 불만을 터뜨렸다. 밀러는 작별 인사에서 "이제 브리스틀대학은 무슬림, 아랍 또는 팔레스타인 학생들에게 안전하지 않습니다."라고 말했다.[93] 그는 제러미 코빈도 출연했던 이란 국영 텔레비전에 관련 전문가로 고정 출연하고 있다.[94]

늘 그렇듯이, 증거를 조금만 살펴봐도 악마화가 작동하고 있는 것을 알 수 있다. '시온주의자 로비'를 살펴보자. 물론 이스라엘에도 로비스트가 있지만 다른 국가와 기업, 이익 단체도 수백 명의 로비스트를 활용하고 있다. 이들 대부분이 이스라엘보다 로비에 많은 돈을 쓰고 있다. 비영리 단체 오픈시크릿츠$_{OpenSecrets}$가 발표한 자료에 따르면,[95] 지난 3년간 미국에서 로비에 가장 많은 돈을 쓴 상위 10개국에 이스라엘은 포함되지 않았다. 이스라엘의 명단을 확인하려면 조사 기간을 과거로 더 늘려야 한다. 2016년과 2022년 사이의 자료를 살펴보면, 1위는 중국으로 놀랍게도 2억 9천 300만 달러를 지출했나. 2위는 일본, 3위는 한국, 4위 카타르, 5위는 2억 1천 400만 달러를 쏟아부은 태평양의 마셜제도였다. 6위는 아랍에미리트로 1억 7천 500만 달러를 썼고 러시아가 7위로 뒤를 이었다. 이스라엘은 8위로 1억 6천 200만 달러를 썼는데, 지출은 주로 2017년과 2018년에 집중되었다. 마지막 두 자리는 사우디아라비아와 아일랜드로 각각 1억 5천 900만 달러와 1억 3천 900만 달러를 지출했다. 정치판에서 일해 본 사람이라면 누구라도 다양한 로비스트를 만나 봤을 것이다. 잘 알려진 로비스트 친구는 나를 만날 때마다 특정 아랍 석유 부국의 이익을 우아하게 밀어붙였다. 그러나 이스라엘과 관련된 경우에서만 이런 장면은 음흉한 음모론으로 비친다.

또 다른 놀라운 유사점은 세계 대전의 책임을 유대인에게 돌리는 유대인에 대한 악마화 — 나치의 주장뿐만 아니라 초기 『시온 장로 의정서』와 반유대주의 기반을 둔 프랑스와 독일의 반유대주의 문학에서도 보인다 — 는 이스라엘 혐오의 어휘로 해석되기도 한다. 최근에 유대인을 이스라엘로 이주시키기 위해 시온주의자가 우크라이나 전쟁의 배후에 있다는 이야기가 있었다. 여러 트윗에서 반이스라엘 운동가인 수잔 아불하와 Susan Abulhawa 는 유대인 국가로 피난을 떠나는 우크라이나인을 '백인 우월주의 식민주의자'라고 표현했다.[96]

이스라엘이 세계 여러 나라의 정부를 주무르고 팔레스타인 아이의 장기를 매매하고 인종차별과 학살을 자행하며 우크라이나에서 전쟁을 일으킨다는 악마화의 서사가 확고하게 자리를 잡자, 이스라엘을 제거하기 위한 지원을 받는 것은 어렵지 않았다. 그러나 지금 21세기에 이러한 해결책은 사회정의의 언어로 포장되었다. '강에서 바다까지 팔레스타인은 자유로울 것이다'라는 유명한 찬가는 저항과 해방의 구호가 되었는데, 요르단강과 지중해 사이에 자리를 잡은 이스라엘의 소멸을 요구한다. 그리고 겉으로는 공평해 보이는 '1국가 해법$_{\text{One state solution}}$'에 대한 요구는 유대인 국가를 없애기 위한 암호로 활용되고 있다.

오늘날 서구 사회에서 유대인 말살을 공개적으로 언급하는 것은 용납되지 않는다. 그러나 현재 교묘한 말장난으로 이스라엘을 악마화하고 도덕적 정당성을 가장해 이스라엘의 멸망을 요구하는 것은 용인되는 실정이다. 사실 이런 주장에 빠져든 사람은 어떤 나라가 '존재할 권리가 없다'라고 비난받는 상황에는 당연히 관심이 없다.

4장

무기화,
이스라엘 혐오의
두 번째 특징

유대인과 그들의 조국에 대한 증오를 조장하는
트로이 목마로 사회정의 운동을 활용한다.

좌파의 이름으로

　반유대주의는 종교적이든, 세속적이든 항상 한 사회의 지배 신념을 트로이의 목마로 삼아 유대인을 공격하는 능력을 지녔다. 공산주의는 유대인을 국제자본주의의 대리인으로 몰아붙였고 자본주의는 그들을 공산주의자로 깎아내렸다. 기독교는 수 세기에 걸쳐 수없이 많은 집단 학살을 저질렀다. 1506년 리스본에서 4,000여 명에 달하는 유대인이 학살당해 그 시체가 교회 앞에서 불태워졌고 1946년 헝가리와 폴란드에서는 유대인이 기독교도 아이를 잡아 마쪼$_{matzo}$●와 소시지로 만든다는 헛된 소문으로 인해 홀로코스트 생존자가 집단 폭행을 당하기도 했다.¹ 1066년 그라나다 대학살에서 현재 무슬림의 잔학 행위에 이르기까지 역사적으로 유대인은 이슬람의 주도 아래 여러 차례 죽임을 당했다. 나치 독일의 의사들이 20세기 과학의 진보를 이용해 유대인이 열등한 종족임을 '입증'하고자 유대인의 코와 머리를 캘리퍼스$_{calipers}$로 측정하고 아우슈비츠$_{Auschwitz}$에서 유대인 쌍둥이를 대상으로 끔찍한 실험을 자행하며 이를 무기화했다.

　최근 역사에서 반유대 인종주의의 가장 참혹한 사례인 홀로코스트

● 유대인이 유월절에 먹는 누룩 없이 만든 빵(무교병).

는 서구에서 나치 방식의 반유대주의에 대한 신뢰를 떨어뜨렸다. 종교가 쇠퇴하면서 증오심이 다시 한번 꿈틀거렸고, 이번에는 정체성 정치의 비유와 언어를 채택해 사회정의라는 명분의 에너지로 활용했다. 이스라엘이 식민주의자, 제국주의자, 인종주의자가 수립한 나라가 아님에도, 이스라엘은 최근 유행하는 반식민주의, 반제국주의, 반인종주의 운동의 최우선 표적이 되었다. 이런 식의 짜맞추기로 새로운 반유대주의자는 선한 사람을 가장해 우파가 인종주의의 유일한 본거지라고 주장한다. 영국의 학자 데이비드 허쉬$_{David\ Hirsh}$는 이렇게 썼다.

「현재 반유대주의는 파악하기가 어렵다. 왜냐하면 나치의 제복을 입고 있거나 공개적으로 유대인에 대한 증오심과 공포를 드러내지 않기 때문이다. 사실, 대부분의 유대인보다 유대인 증오의 교훈을 잘 알고 있으며 그들과 달리 자신은 반인종주의의 전통에 서 있다고 말한다. 반유대주의는 유대인을 '지배자'에 자리에 놓고 유대인에 대해 적대적인 주장을 펼치는 사람들을 '피지배자'의 위치에 놓는다.」[2]

이러한 이념적인 줄타기로 제러미 코빈은 2017년 홀로코스트 추모일에 참석해 방명록에 서명했지만, 홀로코스트 추모일을 '대학살 추모일$_{Genocide\ Memorial\ Day}$'[3]로 개명해 홀로코스트의 의미를 희석하려는 움직임에 지지를 표명했다. 그는 자신이 주최한 홀로코스트 추모 행사에서 이스라엘을 나치와 비교하며[5] 현대의 유대인 살해자인 하마스$_{Hamas}$와 헤즈볼라$_{Hezbollah}$를 그의 '친구'라고 불렀다.[6] 시인 보들레르는 이렇게 표현했다.

「악마가 저지른 가장 큰 속임수는 자신이 존재하지 않는다고 세상을 속이는 것이다.」[7]

물론 낡은 반유대주의가 사라졌다는 의미는 아니다. 많은 그늘진 구석에서 변하지 않는 속성의 바이러스가 계속해서 퍼지고 있다. 프랑스, 독일, 미국처럼 우익 포퓰리즘이 강력한 세력을 형성하고 있는 곳에서 반유대인 편견은 정치적으로 보수 진영에 자리 잡았다. 어둠의 세력이 큐어넌$_{QAnon}$과 프라우드 보이스$_{Proud\ Boys}$와 같은 운동으로 꿈틀거리고 있다. 2018년 피츠버그에서 일어난 생명의 나무$_{Tree\ of\ Life}$ 유대교 회당 총격 사건은 이런 편견이 얼마나 치명적인 결과를 초래하는지를 보여 주는 단적인 사례였다.[8] 오래된 형태의 유대인 증오도 여전히 존재한다. 가톨릭교회에서 파문당한 리처드 넬슨 윌리엄슨$_{Richard\ Nelson\ Williamson}$ 주교는 2023년 1월, 이란 텔레비전 방송과의 인터뷰에서 중세에나 나올 법한 언어를 사용했다. 그는 이렇게 말했다.

"유대인은 마귀로부터 권력을 부여받았습니다. 전능하신 하느님은 그들이 하는 일을 허락하시지만, 그들에게 권력을 잡고 정부를 지배하는 방법을 알려 준 것은 마귀입니다."[9]

이러한 형태의 반유대주의는 종교적 증오, 외국인 혐오, 극우 민족주의라는 익숙한 언어와 연관되어 있기 때문에 쉽게 파악할 수 있다. ('유대인은 우리를 대체하지 못한다'라는 미국 백인 우월주의 구호를 만든 사람은 심지어 '시온주의자'라는 단어를 꺼내지도 않았다)[10] 반면에 좀 더 자의식이 강한 좌파의 경우에는 반유대주의를 이스라엘 혐오로 위장하는 경향이 있다. 이런 돌연변이는 오래된 변종보다 더 빠르게 퍼져 나간다. 미디어와 세계 금융을 지배하는 탐욕스러운 유대인에 관한 이야기에 이미 익숙한 일부 극우 선동가도 이런 어휘를 쓰기 시작했다. 2023년 6월 미국의 신(新)나치 단체인 '고임 방어 연맹$_{\text{Goyim Defence League}}$'의 회원이 제3제국 철모와 위장복을 입고 이스라엘 국기를 불태우고 총을 쏘며 나치식으로 경례하는 사진이 유포되었다. 새로운 병리 현상이 사회의 모든 영역에서 이전의 오래된 형태를 대체하고 있다.

특히 좌파에 속한 유대인조차 반유대주의가 이스라엘에 관한 보수적 언행으로 자신을 감추면 이를 파악하기가 어려울 수 있다. 어린 시절 '생명의 나무' 유대교 회당에 다녔던 『뉴욕타임스』 기자 바리 와이스$_{\text{Bari Weiss}}$는 이렇게 말했다.

"미국 유대인은 정치적 우파의 반유대주의에 훨씬 더 민감하게 반응해요. 이는 히틀러에서 비롯된 오래된 영향이긴 하지만, 미국 유대인이 좌파 진영에 더욱 친밀감을 느끼고 있기 때문이기도 합니다."[11]

왼쪽 오른쪽 다시 왼쪽

진보 운동과 반유대주의 사이의 시너지는 오래전으로 거슬러 올라간다. 사실, 영국의 풍자 비평가, 연대기 작가이자 정치인으로, 초기 좌익 인사 가운데 한 명인 윌리엄 코빗$_{\text{William Cobbett}}$의 삶에서 볼 수 있듯이 이런 일은 오래전부터 시작됐다.

1763년 런던 남쪽 서리$_{\text{Surrey}}$에서 태어난 코빗은 가난한 사람들의 대변자로 유명했고, 그의 저서 『전원 풍경Rural Rides』은 절판된 적이 없었다. 그는 이념적으로 특이한 사람이었지만 산업혁명이 한창일 때 노동자의 권리를 위해 로비하고 선거권 확대 운동을 하면서 약자의 입장을 확고하게 옹호했다. 그는 이후에 카를 마르크스Karl Marx나 마이클 풋Michael Foot 같은 좌파 학자의 영웅이 되었다. 코빗과 제러미 코빈이 서로 잘 어울렸으리라는 건 말할 필요도 없다. 빅토리아 시대 사람의 기본적인 세계관은 부패한 정치인, 투기꾼, 장사치, 동인도 회사 상인과 정치경제학자 등이 모두 사라질 수 있다면, 다시 한 번 영국이 평화롭고 행복해질 수 있다는 것이었다. 2세기가 흐른 뒤, 제러미 코빈은 '탈세자, 악덕 지주, 나쁜 경영자, 환경오염 기업들'을 비판하고 끊임없는 경제 성장 추구에 의문을 제기했다.[12]

이사야 벌린 경Sir Isaiah Berlin이 말했던 것처럼, 만약 누군가가 필요 이상으로 유대인을 증오하는 반유대주의자이고 게다가 나중에 뛰어난 언론인이나 활동가가 되었다면 ― 전기에 드러난 사실을 고의로 무시하고, 오로지 그를 '가난한 사람의 친구'라고 보더라도[13] ― 코빗은 광적인 반유대주의자가 맞다(그는 흑인, 스코틀랜드인, 외국인 대부분을 싫어했다). 이 19세기의 억압받는 자의 대변자는 유대인이 금융의 배후에 있다는 음모론으로 낡은 유대주의를 희석하는 전형적인 모습을 보여 주었고, 현재까지도 이 사상은 신보 운동의 토대가 되었다. 그것만으로 충분하지 않은 듯, 그의 신념은 다음 세기에 아우슈비츠에서 완전히 표출된 새로운 반유대주의 첫걸음과 맞닿아 있다.

코빗의 편견은 전통적인 방식으로 공개적으로 표출되었다. 그는 이렇게 썼다.

「내가 유대인을 싫어하는 것은 우리 선조도 그렇게 했기 때문이다. 종교적이라고 일컫는 악명 높은 의식의 본질 속에 무언가 혐오스러운 점이 있다.」

1823년 그는 유대인이 예전보다 나은 대우를 받는 것에 대해 불만을 토로하는 글을 쓰기도 했다 (에드워드 1세는 유대인에게 추방령을 내려 강제로 배지를 달게 하고 일요일에는 집 밖으로 출입을 금지시켰다). 또한 그는 '유대인은 개 JEW DOG'라는 비속어를 대문자로 쓰며 비난했다.[14] 그는 아주 매정하게 "진정한 기독교 국가라면 유대인의 매장을 거부하고 바다에 던져 버려야 한다."라고 주장했다.[15] 그는 중세의 유대인 박해를 옹호했고 젊은 시절에 유대인에게 사과와 흙더미를 던진 것을 자랑스럽게 이야기했다.[16]

그러나 그의 편견은 갈수록 정교해졌고 유대인이 그들의 목적을 위해 노동자와 귀족 모두를 세뇌하고 영국에 저항하는 의제를 만드는 등, 금융, 언론, 사회의 배후조종자라고 믿었다. 투기자, 상업자본, 잉여 인간을 쓸어버리는 것은 그에게 유대인을 쓸어버리는 것을 의미했다. 그의 글 가운데 가장 중요한 한 문장 뒤에는 '유대인 독점'에 관한 그의 신념이 있다. 1805년 주간지 『정치 기록 Political Register』의 음모론적인 기사에서 그는 '국가를 망치는 시스템'을 비판했다.

자연, 이성, 헌법, 국민의 이익에 의해 고안되어 고귀하고 재능 있는 사람들과 광범위한 국가 서비스에 봉사하는 시스템이 막돼먹고

저열한 졸부와 아첨꾼에게 찬탈당했다. 고대 귀족과 교회가 만든 시스템도 무너졌고 왕국의 귀족이 만든 시스템도 거의 사라졌다. 그들을 부양할 수단도 세무 당국의 손을 거쳐 세입자, 노동자, 유대인에게 전달되었다.[17]

그는 이후에 발생한 농업 위기의 원인이 런던 시티City of London의 '유대인 자금'에 있다고 비난했다.[18]

당시 코빗의 태도는 놀랍게도 유럽의 새로운 반유대주의 출현을 예고했다. 1984년 미국의 역사학자 존 W 오즈번John W. Osborne은 이렇게 진단했다.

"코빗의 인기가 영국과 같은 반응을 보이는 곳은 독일이었다. 19세기 말까지 새로운 자유주의, 유물론적 기계 문명을 증오하는 다양한 주장이 펼쳐졌다. 반유대주의적이고 농촌을 기반으로 의회와 정당을 의심하며, 자본주의, 도시, '진보'를 싫어하는, 역사 속의 음모론을 신봉하는 자들과 독일의 민족주의자들은 이상적이었던 과거를 되찾기 위해 경멸스러운 현재를 파괴하려고 했다."[19]

초기 좌파였던 코빗의 모습에서 히틀러주의Hitlerism의 특징을 찾아볼 수 있다.

슈뢰딩거의 유대인•

서양의 정치 문화는 최근 수십 년 동안 변화를 거듭했다. 전통적으로 보수주의는 개인의 자유, 낮은 세금, 작은 정부, 이민, 법과 질서에 관심을 가졌고 반면에 진보주의는 전형적으로 공정성, 공공서비스, 복지제도, 국제 연대, 단체 교섭에 집중했다. 하지만 현재는 좌파가 새로운 현안의 수립을 주도하고 있다. 민족과 정체성, 다양성과 포용성, 식민주의, 노예제, 성평등, 트랜스젠더 권리에 관한 관심이 기하급수적으로 성장하고 있고, 특히 명문대 출신 사이에서 큰 관심을 받고 있다. 반면에 우파는 '워키즘$_{wokism}$•'에 반대하며 대응한다.

식민지 백인 우월주의자에 대한 투쟁으로 잘못 인식된 팔레스타인 사람의 고난은 문화 전쟁에서 최고의 상황을 맞았다. 현실 속 악당을 만들기 위해, 이스라엘 혐오론자는 유대인의 천적을 만들어 냈고 그 명분은 이제 자유주의 사회에 진입할 수 있을 만큼 강력해졌다. 설령 이스라엘 친구가 골수 사회주의자라고 해도 진보주의자에게 진심으로 환영받는 것은 상상하기 어렵다.

만약 이것이 팔레스타인 사람을 걱정하는 것이라면, 아사드 정권이 시리아 남동부의 팔레스타인 난민촌에 드럼통 폭탄$_{barrel\ bomb}$을 떨어

● 유대인을 의제에 따라 입맛대로 분류하는 행위를 빗대는 말. 1935년 오스트리아의 물리학자 에르빈 슈뢰딩거$_{Erwin\ Schrödinger}$의 유명한 사고실험인 '슈뢰딩거의 고양이'에서 비롯되었다. 양자역학의 중첩 상태를 증명하기 위한 실험으로 상자 속에 고양이와 독극물을 넣었을 때, 고양이가 독극물을 먹었을 경우와 그러지 않은 경우를 가정해 상자를 열어서 확인하기 전까지는 고양이는 죽어 있을 수도, 살아 있을 수도 있다는 중첩 상태를 설명.

● 보수 진영이 진보 진영의 인종 및 성평등 추구를 '깨어 있는 척한다'며 조롱하는 말

뜨릴 때나 하마스가 가자지구의 시민들을 '자의적으로 구금, 고문하고 학대하며 시위대를 과잉 진압'(앰네스티 국제본부의 언급)할 때,[20] 항의의 목소리를 내야 했다. 이스라엘이 가자지구의 테러리스트 본거지를 공격했을 때, 수만 명의 사람이 런던과 뉴욕에서 항의 시위를 벌였지만, 아사드가 야르무크$_{Yarmouk}$에 있는 팔레스타인 정착촌을 공격했을 때는 아무 일도 없었다. 예멘에서 이라크까지 이슬람 세계 곳곳에서 잔학 행위가 빈번하게 일어났지만, 아무런 주의를 끌지 못했다. 진보주의자는 유대인이 살상하지 않는 한, 죽은 무슬림에 관해서는 크게 분노하지 않는다는 결론을 내릴 수밖에 없다.

 정체성 정치$_{identity\ politics}$의 새로운 세상에서 피해 의식은 이념적 프리즘을 통해 보인다. 약자는 무한한 에너지로 보호받지만, 적절한 약자일 경우에 한한다. 예를 들어, 티그레이 사람들$_{Tigrayans}$을 위한 항의 시위로 에너지를 낭비할 필요가 없다. 왜냐하면 가해자와 피해자가 모두 에티오피아 사람이기 때문에, 구조적 인종차별에 대한 투쟁으로 발전하지 못한다. 또한 살해당한 이스라엘 사람에 대해서도 슬퍼할 필요가 없는데 그들이 대충 백인의 범주에 들기 때문이다. 이는 팔레스타인 사람의 고난은 신성시되는 데 반해, 로힝야$_{Rohingya}$ 학살에서 이란의 민주주의 운동가 박해와 같은 불의는 거의 알려지지 않고 지나치는 이유이기도 하다. 문화 전쟁에서 미얀마, 이란, 중국 혹은 북한 정권에 대한 저항 운동은 주목받지 못한다. 다시 말해 팔레스타인 사람에 관한 것이 아닌, 그 가해자에 대한 저항을 의미한다. 아마 힘 있는 특권 세력을 지칭하는 것일 텐데, 바로 유대인이다.

영국에서 일어난 팔레스타인 지지 운동의 한 영상은 이렇게 요약된다. 어느 중년 여성이 확성기를 들고 힘겹게 외친다.

"맨체스터에는 '맨체스터는 저항 운동을 지지합니다'라는 현수막이 걸려 있습니다. 해결책은 단 하나뿐입니다. 바로 인티파다● 혁명입니다. 하지만 종종 활동가들은 이를 기피합니다. 팔레스타인인이 폭력을 사용하는 것은 유감이지만, 이스라엘과 관련해서 평화로운 해결책은 없습니다."[21]

두 번의 인티파다(민중 봉기) 혹은 폭동으로 수천 명의 무고한 목숨이 희생되었는데, 팔레스타인 무장 조직이 연이은 폭격, 로켓포 공격, 민간인 사살을 자행했고 이에 맞서 이스라엘은 보병, 전차, 공중 공격으로 테러 진압 작전을 실행했다. 첫 번째는 1987년 이스라엘 국가전복을 목표로 한, 이집트 무슬림 형제단$_{\text{Muslim Brotherhood}}$의 하부 조직인 지하드 단체 하마스가 탄생하면서 권력 공백이 생겼다. 하마스가 유대인과 아랍인 사이를 이간질하면서 더 이상 함께 일하거나 서로 왕래할 수 없게 되었다. 두 번째는 하마스가 이스라엘의 버스에서 벌인 여러 번의 끔찍한 자살 테러로 평화 협상의 신뢰가 깨졌다. 이스라엘은 우경화되었고 팔레스타인 진영도 분열되었다.

이 지역에 사는 평범한 시민은 평화를 기원하고 있지만, 맨체스터에 사는 어떤 여성은 유대인 살해와 새로운 폭력의 소용돌이를 주장하고 있다. 이것은 보스턴의 활동가가 런던에 아일랜드 무장단체$_{\text{IRA}}$

● 인티파다(intifada): 민중 봉기 혁명

의 폭탄 테러와 벨파스트 협정(성 금요일 협정)Good Friday Agreement의 파기를 요구하는 것과 같다. 맨체스터의 그 여성이 지원하는 팔레스타인 연대 운동Palestinian Solidarity Campaign 조직이 영국의 15개 거대 노동조합과 연계된 것은 우연이 아니다.[22] 확실히 이것은 팔레스타인인의 생명에 대한 연민보다는 이념의 표출에 가까웠다.

모든 것이 인종에 관한 문제

현재 좌파가 처한 상황을 되짚어 보면 한심해 보인다. 영국의 '시온주의자'는 '영국식 반어법'을 이해하지 못한다는 제러미 코빈의 악명 높은 발언 — 내가 기자로서 취재한 중요한 사건 가운데 하나 — 에서부터 마치 중세 유대인이 지닌 마법처럼, 이스라엘이 자신의 '악행'을 감추기 위해 세상에 최면을 걸었다는 미국 여성 하원의원 일란 오마르Ilhan Omar의 주장, 이란이 주최한 토크쇼에서 스페인의 좌파 정치인 파블로 이글레시아스 투리온Pablo Iglesias Turrión의 '친이스라엘 로비'의 영향력에 관한 논쟁,[23] 테살로니키Thessaloniki의 홀로코스트 추모탑에 팔레스타인 희생자의 사진을 붙인 그리스 노동조합원 등 수없이 많은 사례에 이르기까지 이러한 편견은 진보주의자의 민낯을 그대로 보여 준다. 이런 종류의 편견은 무슬림 세계에 만연한 증오와 겹쳐진다. 정치의 말굽•을 예로 들면, 때로는 극우와도 겹칠 때가 있

● 정치의 말굽(horseshoe of politics): 정치의 '말굽 이론'은 정치 스펙트럼이 직선이 아니라 말굽과 비슷하며, 극좌와 극우가 서로를 향해 구부러져 있고 정치적 중심보다는 서로 공통점

는데, 노동당에서 반유대주의 논쟁이 절정일 때 전 영국 국민당 대표인 닉 그리핀Nick Griffin이 제러미 코빈을 지지하기도 했다.[24]

이는 주로 급진적인 인종 이념이 진보 진영으로 유입된 것에서 비롯되었다. 민권 운동 초기에 유대인 공동체는 마틴 루터 킹Martin Luther King 목사와 함께 연대했다. 그 결과 유대교 회당들이 백인우월주의 단체 KKK(쿠 클럭스 클랜)Ku Klux Klan의 공격을 받았다. 인디애나주에서 발생한 폭력 사건에 관한 저항의 상징이 된 빌리 홀리데이Billie Holiday의 노래 〈이상한 열매Strange Fruit〉는 유대인 고교 교사 아벨 미로폴Abel Meeropol이 작사 작곡했다. 1956년 윔블던 테니스 대회에서 유대계 영국인 테니스 선수 안젤라 벅스턴Angela Buxton은 미국 흑인 테니스 스타 앨시아 깁슨Althea Gibson과 함께 인종차별에 맞서 경기에 출전해 여자 복식에서 우승했다. 이런 친화력에는 시온주의적 측면도 있었다. 이스라엘의 첫 번째 여성 총리인 골다 메이어Golda Meir는 회고록에서 '우리 유대인은 아프리카인들이 수 세기 동안 겪었던 고통의 기억을 함께 나눌 수 있다'라고 언급했다. 이에 앞서 그녀는 헤르츨 자신도 이렇게 맹세했다고 회상했다.

"제가 유대인의 구원을 목격하게 된다면, 동포들이여, 저는 아프리카인의 구원을 돕고 싶습니다."[25]

연대는 상호적이다. 1966년 마틴 루터 킹 목사는 철의 장막 뒤에서 박해받는 유대인을 위한 정의를 요구했다. 그는 "유대인으로서 유대

이 더 많다는 개념. 이 이론은 프랑스의 철학자이자 소설가인 작가 장 피에르 페이의 2002년 저서 『이데올로기의 세기Le Siècle des idéologies』에서 비롯되었다.

문화와 종교적 경험을 누릴 기회가 없어진다는 것은 유대인 개인에게는 심각한 제약입니다. 흑인은 이러한 문제들을 잘 이해하고 공감하고 있습니다."라고 말했다. 그는 타협하지 않는 일관된 태도로 "유대 역사와 문화는 내가 유대인이든, 기독교인이든 아님 무슬림이든 간에 모든 이의 유산입니다."라고 덧붙였다. 그는 이렇게 마무리했다.

"소련에 있는 유대인 형제들의 종교적, 영적인 삶이 소멸 위기에 처했는데 우리가 가만히 옆에서 구경만 할 수는 없습니다. 남들이 고난을 겪고 있는데 가만히 앉아 있는 것은 연약한 거북이처럼 불명예를 안고 사는 것입니다."[26]

흑인 해방 운동의 핵심 인사로 전투적인 맬컴 엑스$_{Malcolm\ X}$가 마틴 루터 킹 목사를 대신하게 되었지만, 이 연대에는 제약이 있었다. 맬컴 엑스는 힘 있는 유대인과 연계하려 했고 반유대주의로 방향을 틀기도 했다. 그는 인생 내내 이스라엘을 규탄하고 유대인을 백인 지배 인종으로 묘사하며, 그가 명명한 '시온주의자 달러주의$_{Zionist\text{-}Dollarism}$'를 공격했다. 그는 원색적인 편견으로 채워진 자서전에서 유대인과 민권 운동 사이의 연대감에 경멸을 쏟아 냈다. 그는 이렇게 썼다.

「사실 너무나 많은 유대인이 미국 흑인의 친구라고 자처하며 위선을 떨고 있다. 나는 흑인 민권 운동에서 유대인을 모든 백인 가운데 가장 적극적이고, 강경하고 자금력 있는 '지도자'이며 '자유주의자'로 인정했다. 그러나 동시에 나는 유대인이 매우 신중하고 전략적인 이유로 이런 역할을 맡는다는 것을 알게 되었다. 미국에서 흑인에게 편견이 집중될수록, 유대인에 대한 백인의 편견은 다른 곳으로 시선

을 향하게 된다.」²⁷

　1960년대와 70년대 미국의 급진적인 인종주의 사상은 서구 세계 전역으로 퍼져 강력한 정치 이념으로 발전했다. 1970년 미국의 심리학자 파트리샤 비돌 패드바~Patricia Bidol-Padva~가 소개한 개념으로 사회 정의 운동의 배후 철학인 비판적 인종 이론~Critical Race Theory~이 '인종차별은 편견에 권력을 더한 것이다'²⁸라고 주장하기 때문에 백인은 인종차별을 경험할 수 없다고 가르친다. 불만의 계층 구조가 생겨났고 그 정점에 흑인이 있었다. 아르메니아인, 루마니아인, 유대인 같은 비흑인 소수민족은 흑인보다 더 자주 표적이 되더라도, 명백하게 피해자는 아니었다. 그리고 수 세기 동안 뿌리 깊은 반유대주의가 이스라엘에 달라붙으면서 정체성 정치의 신봉자는 수백만 명이 인종으로 인해 살해당해야 했던 생생한 기억을 지닌 유대인을 백인 지배자의 범주에 넣는 것을 어쩔 수 없이 받아들였다. 나치의 이념은 유대인을 인종적으로 열등하다고 명시적으로 규정했지만, 2022년 우피 골드버그~Whoopi Goldberg~는 텔레비전 토론에서 홀로코스트는 '두 집단의 백인'이 관련된 것이기 때문에 '인종에 관한 것이 아니다'라는 논리를 펴면서 터무니없는 결론으로 몰아갔다.²⁹

　이와 유사한 사례로 2023년 4월, 영국 하원의원 다이앤 애보트~Diane Abbott~는 『옵서버~Observer~』에 '유대인은 빨간 머리처럼 약간의 차이가 있는 백인일 뿐'이라며 인종차별을 당하지 않았다는 주장을 기고한 뒤에 노동당으로부터 징계를 받았다. 그녀가 신속하게 견책을 받은 것은 그나마 다행이었다. 그러나 그녀가 2,000년 세월의 반유대주의를 쉽게 무시하고 홀로코스트조차 망각한 것처럼 보이는 것과 좌파 계열의 『옵서버』가 이러한 주장을 주저 없이 실었다는 사실은, 좌파가 이념을 종종 현실처럼 받아들인다는 것을 보여 준다. 또한 미국의 정체성 정치가 영국과 서구 세계 전체에 얼마나 만연하고 있는지도 보여 준다.

어느 세대의 정치 구호

제러미 코빈이 정치 인생의 절정에 올랐을 때 영국 대학생의 2/3 이상이 그를 지지했다.[30] 늙은 사회주의자가 영국 유권자의 선택을 받지 못한 지 몇 년이 지났지만, 그가 전형적으로 보여 준 문화적 변화의 유산은 현재까지 여전히 남아 있다. 그는 냉전 시대에 핵무기 군축 운동•과 마르크스주의 운동의 주변부에서 성장한 노회한 좌파의 거물로 노동당 대표가 되었다. 그는 영국 공산당 선언에 동조한 『모닝스타Morning Star』 신문의 칼럼니스트로 오랫동안 일했다. 또한 런던 주재 소련 대사관에서부터 소련의 관영 통신사인 소비에트정보국Sovinformburo이 발행하는 선전 신문 『소비에트 위클리』까지 그의 인맥이 닿았다. 그의 정치적 입장은 성인이 된 이후 내내 변함이 없었지만, 그의 정치적 기반은 영국의 급진 진보주의자와 디지털 세대 청년이었다. 코빈의 선거 운동은 옛날 방식의 집회와 지지자의 최신 온

• 핵무기 군축 운동: CND(Campaign for Nuclear Disarmament)

라인 행동주의를 조합해 몇 년간 순조롭게 진행되었다. 2017년 제러미 코빈이 위랄 라이브 락 페스티벌$_{Wirral\ Live\ rock\ festival}$ 무대에 모습을 드러냈을 때였다. 대부분이 그의 나이의 1/3밖에 되지 않는 수천 명의 청년이 "우와! 제러미 코빈이다."를 외치며, 급진적인 '청년 반란$_{youthquake}$'을 일으켰다. 『가디언』은 이를 '어느 한 세대의 정치적 구호'라고 강렬하게 묘사했다.[31] 그러나 이 운동의 기성세대나 청년 세대 모두 이스라엘 혐오에 젖어 있었다.

이런 현상은 대서양 맞은편에서 자신을 '민주적 사회주의자'라고 소개하고 급진적 좌파 개혁을 내세우며 대선 후보로 출마한 버니 샌더스$_{Bernie\ Sanders}$의 모습에 그대로 반영되었다. 2020년 경선에서 그는 냉전에 대한 기억은 없지만 2008년 금융 위기의 영향을 크게 체감하고 있는 30세 이하 민주당원 대다수의 지지를 얻었다.[32] 2019년 코빈과 '연대'를 한 샌더스는 그의 선거 운동 관계자의 직설적인 표현으로 인해 이스라엘 혐오에 대해 우려를 불러일으켰다.[33] 이스라엘에 관한 그의 입장은 민주당의 주류보다 훨씬 더 왼쪽에 있었다. 이스라엘의 행동에 따라 군사 지원을 한다고 언급했고 벤야민 네타냐후를 '인종차별주의자'로 공격했다.[34]

과격한 반시온주의자로 이스라엘 반대 운동을 지원한 린다 사수르$_{Linda\ Sarsour}$ 같은 정치인과 카리스마, 진보주의 원칙, 이스라엘 혐오로 뭉친 젊은 강경 좌파 민주당 정치인의 모임인 '스쿼드$_{Squad}$'가 샌더스의 유산을 이어 갔다. 코빈과 샌더스는 정치 무대에서 물러나고 있지만, 디지털이 주도하는 물결 위에서 그들을 떠받쳤던 전통적 사회주의와 정체성 정치의 결합은 사라지지 않았다. 전통적인 마르크스주의자가 권력을 지닌 자본가와 억압받는 노동자 간의 투쟁으로 사회를 바라보았다면, 정체성 정치의 젊은 추종자는 기득권을 가진 인종과 힘없는 소수 인종과의 투쟁으로 바라보았다. 여기에서 공통분모는 피해 의식이다. 두 세대 모두 자신이 싫어하는 모든 것을 이스라엘에 투영하고 있다.

중동의 유일한 민주주의 국가를 싫어하는 사람들이, 세계를 참혹한 죽음과 파괴로 몰아넣은 러시아, 이란, 시리아의 살인 정권의 독재 정치에는 동정심을 품고 있다. 코빈은 러시아의 잔학 행위에 유화적인 태도를 보여 푸틴의 '유용한 바보$_{useful idiot}$'로 잘 알려졌고, 나토에 반대하며[35] 푸틴의 군대가 우크라이나를 침공하는 시기에 뉴욕에서 열린 러시아 홍보 행사에서 연설하기도 했다.[36] 그는 잔혹한 이란 혁명을 기리는 기념행사에 참석해 이란의 신권 정치를 '악마화'하는 것에 우려를 표했고 이란 국영 텔레비전에도 자주 출연했다.[37] 2023년 3월에 발표된 자료에 따르면, 2011년 시리아 내전으로 60만에 달하는 사람들이 죽었는데[38] 그 가운데 30만 7,000명은 민간인이었다.[39] 미국이 주도한 이라크 침공으로 2003년에서 2006년까지 60만 1,000명이 참혹하게 죽었다. 2021년의 통계와 비교하면, 이스라엘의 독립 이후 75년의 기간 동안 총 8만 6,000명의 아랍인이 분쟁으로 사망했다.[40] 하지만 미국과 서방 세계 전역을 순회하는 코빈과 그의 동료의 분노는 주로 유대인 국가로 향했다. 심지어 죽음의 수용소기 없는, 중동에서 유일한 민주주의 국가를 히틀러의 제3제국과 늘 비교했다.

이는 많은 좌파가 유대인 국가에 쏟아 내는 아주 고약한 비방 가운데 하나일 뿐이다. 분명히 잘못된 일이다. 이스라엘에도 불의와 갈등이 있지만, 팔레스타인 인구는 1948년에 100만 명 이하에서 현재 500만 명 이상으로 증가했다. 이스라엘이 대량 학살을 시도했다면 이런 결과가 나오지 못했을 것이다. 이런 주장을 하는 사람은 이상하게도 르완다Rwanda, 다르푸르Darfur, 보스니아Bosnia, 캄보디아Cambodia는 물론 홀로코스트의 희생자들에게 주는 모욕감을 전혀 인식하지 못한다. 많은 사람이 모인 자리에서 유대인이 당했던 범죄를 유대인 자신이 저지르고 있다며 비난하는 것은 이스라엘 혐오의 가장 불쾌한 모습 중의 하나다. 그러나 비교의 전략적 가치는 확실하다. 나치즘은 서구 세계의 거의 모든 사람이 동의하는 최악의 악행 중 하나이고 홀로코스트는 정치의 모든 영역에서 비난하는 최악의 범죄 가운데 하나이다. 이스라엘을 나치의 제3제국과 같은 부류로 묶어 두 정권이 똑같은 운명을 맞을 것이라고 암시하는 것뿐만 아니라 유대인을 지배자로 묘사하는 데서는 시적 정의의 섬뜩함을 느끼게 된다. 이스라엘 사람을 나치로 우스꽝스럽게 묘사한 만화들이 넘쳐난다. 자신의 주장에 도취한 일부 이스라엘 혐오주의자는 유대인이 아랍인을 학살했다고 비난하면서 홀로코스트를 경시하거나 부정한다.

이러한 주장은 상황을 더욱 꼬이게 한다. BBC 방송에서 유대인 국가는 '원주민에게서 탈취한 것'을 제외하고는 고유한 문화가 없다고 언급한 출연자도 있었다.[41] 모사드$_{Mossad}$•는 홍해$_{Red Sea}$에 상어를 풀어 독일인 할머니를 죽였다는 비난을 받았다.[42] 엘리자베스 2세 여왕의 즉위 70주년 기념행사 기간에, 랭커셔$_{Lancashire}$주의 넬슨$_{Nelson}$ — 인구 2만 9,000명의 오래된 제분소가 있는 마을로 예루살렘에서는 3,000마일 이상 떨어져 있다 — 시의회에서 영국의 유니언잭$_{Union Jack}$을 대신해 팔레스타인 국기를 게양했다.[43] 어떤 민주주의 국가도 이런 식으로 표적이 되지는 않는다. 독재 국가의 경우에도 마찬가지다.

상황이 이러해도 이스라엘을 비판하는 좌파는 반유대주의에 대한 비난이 팔레스타인 지지 목소리를 잠재우기 위한 수단일 뿐이라고 주장한다. 일부에서는 제러미 코빈이 '하나의 특정 인종의 남성들'[44]이 유럽 금융을 지배한다는 주장에 동조하는 글을 쓰고 약자를 위해 과감하게 목소리를 냈기 때문에 조직적인 중상모략의 피해를 봤다고 주장하기도 한다. 소설가 하워드 제이컵슨$_{Howard Jacobson}$은 이렇게 응수했다.

"반시온주의와 반유대주의를 융합해서는 안 된다고 말하는 사람들은 이스라엘을 비난하기 위해 중세 시대의 유대인 혐오 언어를 사용하는 것을 그만두어야 합니다."[45]

● 모사드(Mossad): 이스라엘 정보국

크나큰 실수

2022년, 한 해 전의 가자지구 분쟁을 그린 영화 『5월의 열한 번째 날』Eleven Days in May이 개봉되었다. 케이트 윈슬렛Kate Winslet이 내레이션을 맡은 이 영화는 이스라엘에 대한 위협은 외면하면서 매우 감성적인 접근으로 60명의 팔레스타인 청년의 죽음을 조명했다. 하지만 얼마 지나지 않아 사람들은 사실 전달이 정확하지 않다는 것을 알았다. 윈슬렛은 예루살렘에서 보안부대가 '플라스틱 물병'에 맞고 가자지구에서 겨우 일곱 발의 로켓포가 발사된 다음, 이스라엘이 '폭탄과 미사일을 장착한 전투기'를 출격시켰다고 읽어 나갔다. 사실 이스라엘은 76발의 로켓포가 민간인을 향해 무차별적으로 발사된 다음 하마스에 대응해 군사 작전을 실행했다. 영화에서는 잇따른 분쟁 기간에 4,360발의 로켓포가 이스라엘을 향해서 발사된 것과 13명의 이스라엘인이 목숨을 잃은 것에 관해서는 전혀 언급하지 않았다. 게다가 영화에 등장하는 팔레스타인 청년 사망자 중에 일곱 명은 사실 하마스의 가자지구 로켓 오폭으로 인해 끔찍하게 죽었고 그 외의 미성년자 무장 요원도 성인 요원과 함께 공격을 개시하다가 사망했다. 모든 것이 짜 맞춰지기 시작했다.[46]

어떻게 이런 일이 일어날 수 있을까? 진실은 이렇다. 영국의 유명 감독인 마이클 윈터바텀Michael Winterbottom은 영화 제작에 필요한 현장 답사를 하지 않았다. 대신에 그는 가자지구 출신 모하메드 사와프Mohammed Sawwaf에게 현장 자료를 의존했다. 여기에서부터 이야기가 각색되었다. 소셜미디어에서 공동 연출자로 알려진 사와프는 민간인을 표적으로 한 로켓포 발사에 기뻐했고 '바다에서부터 강까지$_{\text{from the sea to the river}}$', 팔레스타인 지도를 확대해야 한다고 언급했는데, 이는 이스라엘의 해체를 의미한다. 더욱 우려스러운 사실은 하마스가 그에게 '시온주의자 서사에 대응'한 공로로 상을 수여했다는 것이다. 이 영화가 전적으로 공정하지 않은 것은 당연한 일이었다.

여기에 또 다른 의문이 제기된다. 어떻게 윈슬렛과 윈터바텀이 이렇게 명확한 선전 계획에 무기로 활용되었을까? 논란이 제기되자 여배우는 몰랐다며 변명했다.

"제가 영화에 참여한 것이 세계에서 가장 비극적이고 복잡한 분쟁에 옳고 그름의 입장을 취하는 것이라고는 전혀 생각해 보지 않았습니다.."

또한 윈슬렛은 이렇게 말했다.

"전쟁은 모든 면에서 비극입니다. 분쟁 속에서 아이들은 자신의 목소리를 낼 수가 없어요. 저는 단지 아이들을 대변해 주고 싶었을 뿐입니다."[47]

여배우의 의도는 이해할 수 있지만, 정말 너무 순진했다. 녹음실에서 영화의 명백한 허위 주장을 읽으면서도, 그녀는 편향적인 영화에서 어떠한 경고음도 듣지 못했다. 뭔가 잘못되었나고 느끼시 못했다. 아니면 정말 옳다고 느꼈을 수도 있다.

하마스에 의해 자신도 모르는 사이에 새로운 무기로 활용된 진보주의지는 윈슬렛이 치음은 이니었다. 2021년 하마스와의 분쟁이 격화되었을 때, 미국의 진보 성향의 신문 『뉴욕타임스』는 64명의 팔레스타인 청년 희생자를 애도하는 기사를 1면에 실었다(이 신문은 같은 시기에 발생한 쿠르드족에 대한 터키의 잔혹한 공격이나 영국 공군의 이라크에 대한 '대대적인 공습'으로 인한 많은 민간인 사상자에 관해서는 중량감 있게 보도하지 않았다). '그들은 아직 아이들이다'라는 제목으로, 1면은 희생당한 청년들의 비통한 사진으로 도배되었다. 유서 깊은 신문인 '그레이 레이디$_{\text{Gray Lady}}$(『뉴욕타임스』의 별칭)'는 기사에서 '그들은 의사, 예술가, 지도자가 되기를 원했다'라고 독자들에게 보도했다. 하지만 또다시 부정확한 사실이 드러났다. 윈슬렛이 참여한 영화에서와 마찬가지로 『뉴욕타임스』가 보도한 희생자 가운데 최소 10명이 가자지구에 떨어진 하마스가 쏜 로켓포에 희생되었고 최소 두 명은 공격에 참여했던 것으로 바로 밝혀졌다. 『뉴욕타임스』는 이것만으로는 충분하지 않은 듯, 희생자 가운데 한 명으로 착각한 나머지, 6년 전 신원 미상의 소녀가 카피예$_{\text{kaffiyeh}}$●를 두른 사진을 올리기도 했다.[48] 겉으로 보기에는 이스라엘 혐오 주장에 빠진, 미국에서 가장 인정받는 기자들이 저널리즘의 기본적인 기준도 무시한 것으로 보였다.

  이와 관련한 다양한 사례 가운데 2002년에 놀랄 만한 사건이 발생했다. 유월절 기간에 네타니아$_{\text{Netanya}}$ 호텔에서 일어난 자살 테러로 유대인 민간인 30명이 살해당하자, 이스라엘군은 서안지구 제닌

● 카피예(kaffiyeh): 아랍인이 머리에 두르는 사각형의 천

$_{Jenin}$시의 테러리스트를 범인으로 지목했고 치열한 전투가 벌어졌다. 영국 언론들은 분노를 쏟아 냈다. 『인디펜던트』는 '이스라엘이 2주간 은폐했던 무시무시한 전쟁 범죄가 결국 드러났다'라며 비난의 수위를 높였다. 『인디펜던트』의 특파원 필 리브스$_{Phil\ Reeves}$는 '이스라엘 군인들이 반파된 건물 아래에 30구의 시체 더미를 쌓았고 작업이 완료되자 건물을 부수고 시체 더미를 덮어 버렸다. 그런 다음 탱크로 주변을 평탄하게 만들었다'라는 내용의 기사를 유일한 목격자 카말 아니스$_{Kamal\ Anis}$의 증언을 토대로 썼다. 『데일리 텔레그래프』도 같은 이야기를 기사화했다. 『가디언』은 53명의 팔레스타인인과 23명의 이스라엘인이 사망한 제닌$_{Jenin}$에서의 군사 작전을 거의 3,000명이 사망한 9/11 참사와 비교하며 독자의 감정을 자극하는 기사를 내보냈다. 『더타임스』의 특파원 재닌 디 지오바니$_{Janine\ di\ Giovanni}$도 다른 신문과 마찬가지로 이렇게 혹평했다. '10년 이상의 전장 취재에서 거의 본 적 없을 정도의 심각한 파괴와 사람의 삶에 대한 모욕을 목격했다.' 그러나 그녀를 포함해 그 어떤 사람도 목격한 것이 없다. '심각한 파괴'는 일어나지 않았기 때문이다. 이에 대해 어떠한 사과 표시도 없었다.[49]

미디어 속의 하마스

소셜미디어의 시대에 가짜 뉴스는 모든 방향에서 늘 날아든다. 어느 이탈리아 사람이 페이스북에 올린, 희귀 피부질환인 스터지웨버 증후군Sturge-Weber syndrome으로 고통받는 아기의 사진에 이스라엘인의 잔혹성의 증거라는 잘못된 딱지를 붙였고[50] 팔레스타인인이 의료 실습 과정에서 인공혈액을 사용하고 얼굴에 화장하는 트위터 영상이 언론을 속이려는 정교한 시도의 증거로 잘못 보도되기도 했다.[51] 그러나 페이스북과 트위터의 내용이 『뉴욕타임스』, 『더타임스』 또는 『데일리 텔레그래프』와 같이 신뢰나 무게감을 주지 못하는 것처럼, 익명의 소셜미디어 계정들이 케이트 윈슬렛을 대표할 수 없다.

세계에서 가장 유명한 자유주의 신문과 세계에서 가장 잘 알려진 여배우 중 한 명만이 무기로 활용된 것은 아니다. 슈퍼모델 벨라 하디드Bella Hadid는 '이스라엘이 팔레스타인 정착촌을 침범해 노령의 여성을 포함한 아홉 명을 학살했다'라고 주장했다. 사실 이 급습은 반테러 작전이었고 사망자 중 일곱 명은 하마스와 이슬람 지하드 전사였다.[52] 그리고 예루살렘에서 두 명을 살해하고 난동을 부린 살인범이 경찰의 대응으로 사망한 것을 마치 이스라엘 경찰이 팔레스타인인을 쏜 것이 문제의 원인인 것처럼 보도한 '예루살렘 공격으로 두 명이 사망한 뒤 팔레스타인인 총격 사망'이라는 BBC 뉴스의 헤드라인을 누가 잊을 수 있겠는가?[53] 사실 이스라엘 혐오 선동은 큰 영향력을 지니고 있다. 공정하다고 알려진 BBC에도 영향력 행사하는 등 이스라엘 혐오 선동은 널리 퍼져 있다. 때로는 미묘한 뉘앙스를 지니지만 의도는 확연히 드러난다. 언론인과 유명인 가운데 의도적으로 편향적인 태도를 보인 사람은 거의 없을 것이다. 하지만 그들은 자신만의 추측으로 공정성과 일관된 방향성을 유지하지 못했다.

이스라엘 혐오론에 감염된 사람들은 이스라엘에 관한 긍정적인 소식에 의심의 눈길을 보낸다. 『가디언』의 유대인 국가에 관한 기사에 딸린 짧은 댓글을 보면 이들이 다른 나라보다 유대인 국가에 훨씬 더 부정적이라는 것을 알 수 있다. 활동가들은 이스라엘이 분쟁을 '눈가림$_{whitewashing}$'한다고 비난하며 이스라엘이 하는 일마다 시비를 건다. 사이클 대회를 주최하면 '스포츠워싱$_{sportswashing}$'[54], 환경적 대의와 식단을 홍보하면 '그린워싱$_{greenwashing}$'[55] 혹은 '비건워싱$_{veganwashing}$'[56], 성소수자 행사를 개최하면 '핑크워싱$_{pinkwashing}$'[57], 여성 인권을 홍보하면 '퍼플워싱$_{purplewashing}$'[58], 심지어 와인을 생산해도 '와인워싱$_{winewashing}$'[59]이라고 비난한다. 만약 이스라엘 사람이 스포츠 행사를 개최하지 못하고, 동성애자나 여성의 권리를 옹호하지 못하고 지구를 보호하지도, 채식도 안 하고, 와인도 생산할 수도 없다면, 그들은 대체 무얼 하며 시간을 보내란 말인가? 다양한 형태의 '워싱$_{washing}$' 목록을 구글에서 검색해 보면, 증오가 화면을 가득 채울 것이다. 이스라엘 혐오자의 상상 속에서, 이스라엘은 자신만의 문화와 역사, 놀이와 음식, 도덕성과 부도덕성, 빛과 그림자가 모여 있는 현실적인 나라가 아닌 오로지 억압적이고 인종차별적인 독재 국가로 존재해야 한다.

오래된 반유대주의가 재포장되어 쉽게 알아볼 수 있는 이스라엘 혐오$_{Israelophobia}$가 되었다. 단지 자신의 삶을 사는 유대인을 향한 이런 혐오는 수 세기 동안 흔한 일이었다. 1948년 실존주의 철학자 장 폴

사르트르Jean Paul Sartre는 '반유대주의자에 따르면 유대인은 유대인이라는 이유만으로 전적으로 나쁜 존재로 간주된다'라고 썼다.

그에게 미덕이 있다면, 그것도 그의 것이기에 악덕으로 변하고, 그가 행하는 일에는 반드시 오명이 따른다. 다리를 건설한다 해도 그가 유대인이기 때문에, 그 다리는 시종일관 좋지 않다. 유대인과 기독교인이 똑같은 행동을 해도 두 가지 경우의 다른 의미가 있다. 유대인은 그가 만지는 모든 것을 내가 모르는 형편없는 품질로 오염시키는데…. 엄밀히 말하자면, 유대인은 그가 숨 쉬는 공기까지도 오염시킨다.[60]

이 모든 것을 살펴보면, 테러 집단들은 사회정의 운동의 언어와 주제를 트로이의 목마로 활용하여 자유주의자를 유인해 그들의 명분을 확장하고 있다. 2023년 1월 독일의 진보 성향의 공영방송인 도이치 벨레Deutsche Welle는 하마스의 대변인, 하젬 카셈Hazem Qassem과의 인터뷰를 마치 존경받는 정치 평론가인 것처럼 방송에 내보냈다가 사과해야 했다.[61] 당시 이스라엘 총리인 베냐민 네타냐후는 몇몇 극단 종교 세력과 극우 세력을 포함한 연합정부를 구성했지만, 이스라엘 내부와 전 세계 유대인 공동체는 실망감을 표현했다. 하마스의 대변인은 이러한 갈등을 이용했다. 그는 수백만의 독일 시청자에게 이스라엘의 새로운 정부는 '이전에는 결코 없었던 테러리스트, 파시스트, 인종차별적 정부'라고 말했다. 그래서 지금 하마스가 테러리즘, 파시즘, 인종차별주의에 일말의 관심이라도 보이고 있는가? 이런 모순이 정말 놀라웠다. 이슬람 독재 정권의 관료가 자유주의 유행어를 무기 삼아 민주주의를 더럽히는 것은 뻔뻔함의 극치였다. 게다가 더욱 놀라운 사실은 독일의 공영방송이 테러리스트 집단의 대변인을 진지하게 받아들인 것이다. 서구 자유주의자와 이슬람 광신도 사이에서 교차 수정이 실시간으로 이루어졌다.

지구상에서 가장 광신적이고 인종차별적인 이슬람 단체들과 연합한 서구 진보주의자들의 볼썽사나운 장면은 강경 좌파의 특성이 되었다. 사망한 테러리스트에게 헌화한 제러미 코빈의 모습에서 잘 드러난다. 다른 상황이라면 샤리아법$_{Sharia\ law}$을 강요하고 총살과 자살 공격을 자행하고 동성애자를 처형하고 자국민을 투옥하고 고문하는 정권은 좌파 진영으로부터 전면적인 비난을 받을 것이다. 하지만 그들이 유대인에 맞서 대립할 때는 그렇지 않다.

다 같은 백인

역사는 이스라엘이 진보주의 활동가가 매우 싫어하는 백인 제국주의 지배자의 전형을 따르지 않는다는 것을 보여 준다. 이스라엘 건국의 아버지들이 식민주의 시대에 살았고 많은 사람이 영국과 유럽 제국 건설자의 가부장적인 태도를 많이 공유했지만, 그 유사성은 거기까지였다. 예를 들어 영국은 조상 대대로 인도에 대한 영유권을 주장하지 않았다. 영국인은 박해받는 실향민이 아니었다. 끌려와서 죽도록 일하고 총살당하고 가스실에서 죽고 세계 역사에서 전례가 없는 최악의 대학살 속에 생체 실험의 대상이 되지도 않았다. 또한 영국인은 낯선 타향에서 자신의 문화를 지키며 고향 땅으로 돌아가려는 열망으로 2,000년의 세월을 견디지도 않았다. 대영제국의 건설자는 시온주의자가 그랬던 것처럼, 다른 정착민과 땅을 공유하지도 않았고 그들을 지배했을 뿐이었다. 영국의 식민 지배 범죄는 그 규모와 보복성 모두에서 초라한 행색의 유대인 개척자의 최악의 행위를 가리고도 남았다.

사실, 팔레스타인에서 영국의 위임통치군대와 싸운 유대인 무장단체는 자신을 식민 지배자를 축출하려는 원주민으로 인식했다. 유대인만 그런 것은 아니었다. 1946년 유대인 저항 단체의 일원이 영국군에 잡혀 모욕적인 식민지 형벌인 채찍질을 당했는데, 그의 동료가 두 명의 영국군 장교를 납치해 똑같은 형벌을 가했다. 이는 대영제국의 굴레 속에서 사는 전 세계 사람에게 사기를 북돋아 주었다. '우리는 아일랜드인, 미국인, 캐나다인, 러시아인, 프랑스인으로부터 축하를 받았다'라며 이스라엘 총리 메나헴 베긴Menachem Begin은 무장단체의 수장이었던 시절을 회고했다.

"전 세계의 우리 유대인 형제들이 허리를 곧게 폈다. 수 세대에 걸쳐 채찍질의 모욕을 당한 끝에, 우리의 존엄성과 자존심을 회복할 수 있는 순간을 맞이했다. 오랜 기간 채찍질에 익숙했던 아프리카 흑인과 중국인 노동자도 고개를 들고 기쁜 마음으로 감사를 표했다."[62]

한 프랑스 신문은 겁먹은 영국 군인이 철모로 엉덩이를 감싸는 만화를 게재하기도 했다.

그러나 요즘 명분을 필요로 하는 진보주의 활동가에게 선택의 폭은 좁아졌다. 서양 제국들이 몰락하면서 서구 사회에서 동성연애가 광범위하게 용인되었고 성과 인종 평등을 위한 주요 논쟁에서 승리를 거뒀다. 소수자에 관한 편견microaggressions, 성별 정체성 왜곡misgendering 또는 화장실 사용 차별에 반대하는 운동을 한다고 해서, 로자 파크스Rosa Parks, 마하트마 간디Mahatma Gandhi 또는 에멀린 팽크허스트Emmeline Pankhurst가 되는 것은 아니다. 하지만 이스라엘을 백인 우월주의자, 인종차별적 식민지 권력, 유대인 금융가와 시온주의자 로비를 합쳐 놓은 오래된 가설로 외눈박이 눈으로 흘겨보고 악마화했으며 이를 위해 싸울 만한 대의명분을 만들었다.

교묘하게 위장한 반유대주의는 억압적인 권력 체계를 타파하려는 좌파의 관심을 끌었다. 그러나 정체성 정치의 세계에서 유대인은 인종차별과 희생자의 전당에서 쉽사리 자리를 차지하지 못한다. 가문으로 이어져 내려온 유대인 혈통은 강한 인종적 요소이지만(상당 부분이 유전으로 결정된다), 누구라도 종교적 대화로 합류할 수 있기에, 그 경계는 허술했다. 유대인은 백인일까? 유대인 가운데 적어도 20퍼센트 정도, 이스라엘 국민의 대략 절반 정도는 중동과 북아프리카 셰이며[63] 심지어 나치는 백인의 외모를 지닌 유대인조자도 아리안족과 정반대의 존재로 여겼다. 유대인에게 특권의식이 있을까? 한편으로 유대인은 인류 역사상 최악의 학살을 겪었고, 특히 백인으로 분류된 유럽의 유대인도 힉살딩했다. 이스라엘 건국으로 팔레스타인인보다 더 많은 유대인 난민이 발생했으며 영국 내무부의 자료에 따르면 현재 영국에서 유대인은 다른 민족 집단보다 다섯 배나 높은 증오 범죄의 표적이 되고 있다.[64] 다른 한편으로 중국이나 인도의 재외 교포처럼, 해외 거주 유대인도 대부분 중산층으로 가족 간의 강한 결속력과 교육에 대한 열의를 지녔고, 이는 꽤 높은 수준의 부를 이룰 수 있게 했다. 게다가 부유하고 강력한 권력을 지닌 유대인이 국제 정세를 움직인다는 반유대주의적 편견은 이스라엘이 당찬 약자에서 지역 강대국으로 성장하게 되자 더욱 기승을 부리게 되었다.

　유대인을 백인 혹은 비(非)백인, 특권층 혹은 억압받는 자들로 분류하지 못했기 때문에 위의 모든 것이 인종차별 반대 운동가들을 곤경에 빠뜨렸다. 그래서 그들은 관점을 단순화하고 왜곡해 유대인을 백인과 특권층으로 부풀렸다. 사실, 백인이라는 단어가 부정적인 의미를 내포하는 요즘, 유대인은 백인보다 더한 백인으로 자리 잡게 되어 다시 한번 그들만의 특별한 범주로 분류되고 있다. 2018년 뉴욕 크라운 하이츠Crown Heights에 있는 비영리 흑인 지역 단체인 흑인운동센터Black Movement Center의 상임이사인 마크 윈스턴 그리피스Mark Winston Griffith는 '유대인은 거의 초(超)백인hyper-whiteness의 한 형태'라고 말했다.[65] 악마화가 파괴를 정당화하는 2단계의 구조에 따라, 그리피스는 유대인이 브루클린 거리에서 공격받는 이유를 반유대주의보다는 초(超)백인hyper-whiteness의 의미를 더해 설명했다.

　흑인의 생명도 소중하다Black Lives Matter, BLM 시위 기간에, #유대인 특권#Jewishprivilege이라는 트위터 해시태그를 퍼뜨리며 유대인을 백인 지배자의 일원으로 몰아넣으려는 시도는 유대인이 자신의 가족이 겪었던 박해에 관한 이야기를 트위터에 올리면서 무산되었다. 하지만 여러 차례의 '흑인의 생명도 소중하다$_{BLM}$' 시위가 이스라엘 혐오와 유대인 증오로 걷잡을 수 없이 빠져드는 것을 막을 수는 없었다. 2014년 초, 미국 미주리주의 퍼거슨$_{Ferguson}$시에서 발생한 흑인 총격 사망으로 인한 소요 기간에 시위대는 '퍼거슨에서 팔레스타인까지, 점령은 범죄다'라는 구호를 외쳤고[66] '퍼거슨이 팔레스타인이다'라고 적힌 플래카드를 들었다.[67] 2020년 조지 플로이드$_{George\ Floyd}$가 살해당한 뒤에 유대인 상점이 파괴되었고 유대교 회당은 '팔레스타인에 자유를', '이스라엘은 꺼져라'와 같은 낙서로 뒤덮였다. 나치로부터 헝가리의 유대인을 구출한 스웨덴 외교관의 동상이 반유대주의 구호로 훼손되었고[68] 이스라엘이 인종 차별하는 미국 경찰을 훈련시킨다는 비열한 음모론이 고개를 들었다. 한 세기 전, 프랑스에서 드레퓌스$_{Dreyfus}$ 사건으로 시위가 벌어졌던 거리를 가득 채운 '흑인의 생명도 소중하다$_{BLM}$' 시위는 반유대주의 구호로 바뀌었다. 이내 거리는 '더러운 유대인'이라는 외침으로 온통 뒤덮였다.[69] 간단히 말해, 유대인을 비(非)백인, 백인 또는 초(超)백인, 특권층 또는 지배자, 식민 지배자 또는 피지배자로 분류하는 것은 슈뢰딩거의 유대인$_{Schrodinger's\ Jew}$처럼 의제에 따라 라벨을 달리 붙이는 문제가 되었다.[70] 사회 정의 운동의 경우, 그 의제는 그들의 국가에 대해서 늘 적대적이다.

 소련은 전통적인 반유대주의를 금지했지만, '반시온주의'라는 형태의 증오가 난무했다. 마찬가지로 사회 정의 운동의 마지막 끔수는 운동가들이 편견을 정치적 정당성으로 포장해 반유대주의에 동조하면서도 때론 이를 부인할 수 있게 한다는 점이다. 유대인을 없애 버려야 한다는 말은 금기시되지만, '강에서 바다까지' 팔레스타인인의 자유에 대한 요구는 세련된 미덕의 의미를 담고 있다. 언어에 담긴 의미는 중요하다. 1945년 조지 오웰George Orwell은 『영국의 반유대주의Antisemitism in Britain』라는 수필에서, 어느 '젊은 지식인, 공산주의자 혹은 공산주의자에 가까운 사람'의 발언을 이렇게 회고했다.

「그래요, 저는 유대인을 좋아하지 않습니다. 저는 이 사실을 결코 숨긴 적이 없습니다. 그들을 인정할 수 없어요. 그렇지만 저는 반유대주의자는 아닙니다.」[71]

거의 80년의 세월이 흘렀지만, 놀랍게도 이런 모순적인 상황은 거의 변하지 않았다.

정체를 숨기다

그러나 달라진 점은 정치적으로 소외된 유대인이 이스라엘 혐오를 부추기는 데 악용될 수 있다는 사실이다. 반유대주의가 인종에 뿌리를 두었던 과거에 이런 일이 일어나기란 어려웠다. 자신이 지울 수 없는 편견의 표적이 되기 때문에 반유대주의자가 되기란 굉장히 어려운 일이다. 하지만 오래된 편견이 현대의 지정학적 문제와 섞이면서 유대인은 이스라엘과 거리를 두며 표적이 되는 것을 피해야 한다는 압박감을 느꼈다. 물론 이는 팔레스타인 사람이 겪는 곤경에 관한 것이 아니라 유대인 국가의 유대인에 관한 문제였기에 실제로 큰 영향은 없었다. 야보틴스키$_{Jabotinsky}$는 이렇게 언급했다.

"모든 것이 우리 탓이기 때문에 우리가 미움받는 것이 아니라, 우리가 사랑받지 못하기 때문에 모든 것은 우리 탓이 된다."[72]

반유대주의에 대한 논의에서 이스라엘에 초점을 맞추는 것이 일부 유대인 진보주의자에게 안도감을 주었다. 이스라엘을 비판하고 강경 좌파의 견해에 동조하면서 유대인 정체성에 자부심을 느끼면서 정치권에 적응할 수 있기 때문이었다. 사실 유대인이 운동에서 자신의 가치가 있다고 생각해 비유대인 동료보다 고개를 더 높이 치켜들고 다녔다.

제러미 코빈이 당권을 장악하던 시절, 급진적 유대인 활동 단체가 낡은 사회주의의 기치를 내걸고 집회를 했을 때 이러한 모습이 나타났다. 유명한 인권 운동가인 케네스 로스$_{Kenneth\ Roth}$ ― 그의 아버지는 나치의 박해를 피한 유대인 난민이었다 ― 는 자신을 방어하는 데 앞장섰던 사람들 가운데 하나였다. 로스는 특히 충격적인 말로 유대인 국가를 비판했고 거부 운동을 벌였다. 그가 『뉴욕 선$_{New\ York\ Sun}$』에 보낸 편지는 논란이 되었다. 그는 편지에 이렇게 썼다.

「눈에 눈 ― 또는 너 정확하게 이 경우에는 눈 하나에 스무 개의 눈 ― 이 원시시대의 도덕이었을지 모르지만, 국제 인도법의 도덕은 아니다.」

『뉴욕 선』은 이 발언을 문제 삼으며 맞대응했다.

「유대 종교 자체를 비방하는 그 무지함에 경악을 금할 수 없다. 유대교가 현대의 도덕성과 양립할 수 없는 '원시적인' 종교라고 비방하는 것은 대부분 반유대주의에서 비롯된 것이다.」[73]

이스라엘의 건국에 앞서, 시온주의자의 계획이 잘못되었다는 논쟁이 있었다. 양쪽으로 파벌이 나뉘었다. 이제 국가는 현실이지만, 반시온주의자의 입장은 '존재할 권리'를 약화시켜 살아 있는 국가를 파괴하는 것이었다. 그럼 900만 명의 이스라엘 사람은 어디로 가야 하나? 바다로 들어가야 하나? 여성이 낙태하는 것과 다 큰 아이를 죽이는 것은 전혀 다른 문제다. 아무도 살아 있는 사람의 존재할 권리에 의문을 제기하지 않는다. 그런 의미에서 아무도 이스라엘을 제외한 나라의 존재할 권리에 의문을 제기하지 않는다. 심지어 미국이나 호주 또는 남아프리카 공화국의 토대가 완전한 식민주의, 인종청소, 대학살을 포함했음에도 말이다.

온건 좌파 유대인 사이에서 흔히 볼 수 있는 비시온주의non-Zionism는 반시온주의anti-Zionism와는 다른 개념이다. 하지만 이스라엘에 대한 혐오의 감정은 타인의 인정을 받고자 하는 유대인에게 영향을 미칠 수 있다. 그들은 이런 말로 시작한다.

"이스라엘의 문제이지, 저의 문제가 아닙니다."

이는 '이스라엘 때문에 제게 문제가 생기는 것을 원치 않습니다'라는 의미이다. 그리고 괴롭힘을 당하는 남학생이 남들보다 먼저 자신을 비하하는 것처럼, 결국에는 자신의 조국을 비난한다. 많은 사람이 이를 편견의 세상에서 인정받기 위해 치러야 할 대가라고 생각해 호응할 것 같아 우울해진다. 유대인 배우 스티븐 프라이~Stephen Fry~는 반유대주의에 관한 최근 인터뷰에서 이렇게 말했다.

"저는 이스라엘인이 아니기 때문에 팔레스타인 사람이 얼마나 부당한 대우를 받는지, 서안지구 정착촌이 얼마나 싫은지 끊임없이 설명해야 할 필요가 없습니다. 유대인이 아닌 영국인 친구들이 푸틴이 백인이라는 이유만으로 사과하지는 않잖아요."[74]

프라이의 발언은 팔레스타인인을 억압하고 그들의 땅을 강탈한 유대인 국가를 떠올리며 푸틴의 러시아와 비교한다. 물론 '서안지구 정착촌'에 대해 못마땅하게 여기는 것은 전적으로 옳지만, 조국이 불공정하게 비방과 공격을 받게 될 때 이를 옹호하는 소리를 내는 것이 옳지 않을까? 이스라엘의 가혹한 악행에 대한 자신의 결백을 주장함으로써, 프라이가 한 일은 가혹함을 인정하는 것뿐이었다. 그 결과, 그는 반유대주의에 관한 인터뷰에서 오늘날 가장 흔한 형태의 반유대주의인 이스라엘 혐오~Israelophobia~에 반대하는 발언 대신 이스라엘과 푸틴을 비교함으로써 이를 정당화하는 혼란스러운 상황에 빠졌다.

이 인터뷰는 2022년 데이비드 바디엘~David Baddiel~이 진행했다. 베스트셀러 『유대인은 해당되지 않는다~Jews Don't Count~』의 저자가 논쟁을 회피한다고 비난할 수는 없다. 그러나 비판 세력을 달래기 위해 그는 이스라엘과는 아무런 관련이 없다고 호소했다. 그는 자신의 책에 이렇게 썼다.

「나는 이스라엘에 대해서 다른 나라 이상의 관심이 없는데, 그렇지 않다고 생각하는 것은 인종차별이다.」

또한 이렇게 덧붙였다.

「이스라엘이 부끄러운 행동을 많이 하지 않았다는 건 아니다. 하지만 중요한 건 나는 그러한 행위에 책임이 없으며 내가 일말의 책임을 느껴야 한다고 생각하는 것 또한 인종차별적 행태이다.」[75]

바디엘도 프라이처럼 이스라엘이 존중받을 만한 부분에 관해서는 어떠한 옹호도 하지 않았다. 하지만 그의 경우엔 상당히 전략적이다. 유대인 국가를 증오하는 사람의 표적이 되면, 그 공세를 피하려고, '저는 어리석은 이스라엘에 관해 전혀 관심이 없습니다. 하지만 반유대주의에는 관심이 있습니다'라는 식으로 간단히 대응했다.[76] 그는 책에서 좀 더 과격하게 표현했다. '염병할 이스라엘.'[77] 이는 일부 유대인 사회에서 반발을 불러일으켰지만, 그가 이스라엘 혐오자의 표적이 되는 것을 피하는 방법이었다. 그는 내게 이렇게 말했다.

"'반유대주의에 불평하는 건가요? 당신이 이스라엘의 하수인이기 때문입니다'라는 헛소리가 진보 좌파의 논리를 뒷받침하고 있어요. 유대인이 할 수 없는 반유대주의에 관한 이야기를 할 수 있는 건 저만의 핵심 무기입니다."

이유야 어찌 되었든, 유대인 대부분의 마음을 사로잡았던 이스라엘은 바디엘의 마음을 깊이 어루만져 주지는 못했다. 대신에 그의 유대인 정체성은 디아스포라 경험에 중심을 뒀다. 그는 이렇게 썼다.

「나는 영국인이다 — 하지만 유대인이다. 나의 유대인 정체성은 그루초 막스$_{\text{Groucho Marx}}$•, 래리 데이비드$_{\text{Larry David}}$•, 사라 실버만$_{\text{Sarah Silverman}}$•, 필립 로스$_{\text{Philip Roth}}$•, 《사인펠트$_{\text{Seinfeld}}$》, 솔 벨로$_{\text{Saul Bellow}}$•[35], 절인 청어와 1973년 크리클우드$_{\text{Cricklewood}}$에서의 유월절$_{\text{Passovers}}$, 나치의 박해를 피해 떠나온 어머니와 유대인 초등학교에서 머리에 썼던 야물커$_{\text{yarmulke}}$와 관련 있다 — 그리고 3,000마일 밖에 떨어진 중동의 어느 국가와는 아무것도 연관된 것이 없다.」[78]

그는 이스라엘의 문화에 냉담했다.

「이스라엘인은 내가 생각하는 유대인의 의미와는 맞지 않아 유대인 같지 않다. 그들은 너무 가부장적이고 거칠고 공격적이고 오만하며 불안이나 죄책감이 없다. 그래서 내가 보기에 그들은 전혀 유대인처럼 느껴지지 않는다.」[79]

이 구절을 읽다 보면, 마치 바디엘이 영국에서 3,000마일이나 떨어져 있는 이스라엘을 대신해 4,000마일이나 떨어진 미국을 새로운 약속의 땅으로 인식하고 있는 것 같은 느낌이 든다. 그의 정체성에 일부 영국적인 모습이 남아 있긴 하지만, 그의 롤모델은 모두 미국인이

● 그루초 막스(1890~1977): 미국의 영화배우. 막스 브라더스로 활동하면서 15편의 영화에 출연해 이름을 알렸다. 코주부 안경의 유래가 된 인물이다.
● 래리 데이비드(1947): 미국의 코미디언, 작가, 배우. NBC 시트콤 《사인펠트》로 에미상을 두 차례나 수상했다.
● 사라 실버만(1970): 미국의 코미디언, 배우. NBC의 《새터데이 나이트 라이브》 출연
● 필립 로스(1933~2018): 미국의 소설가. 주요 작품으로 『굿바이 콜럼버스』, 『미국의 목가』 등이 있다. 1998년 퓰리처상을 수상했다.
● 솔 벨루(1915~2005): 미국의 소설가. 주요 작품으로 『오기 마치의 모험』, 『비의 왕 헨더슨』, 『훔볼트의 선물』 등이 있다. 1976년 노벨문학상을 수상했다.

었다. 영국에는 유대인 코미디언과 지식인이 많지 않기 때문에 미국에서 태어난 바디엘은 아마도 미국 유대인 코미디언과 지식인을 존경했을 것이다. 하지만 내게 그의 유대인 정체성은 기반이 취약해 보였다.

유대인은 350년 전에 처음으로 미국에 도착했지만, 이스라엘은 적어도 그리스도가 탄생하기 천 년 전부터 유대인의 고향이었다. 예루살렘에서 약 13마일 떨어진 벳세메스_{Beit Shemesh} 인근의 엘라 요새_{Elah Fortress} 고대 유적지에서 기원전 11세기에 작성된, 가장 오래된 히브리어 문서가 발견되었다. 이 중요성을 쉽사리 제쳐 둘 수는 없다. 예루살렘의 서쪽 성벽은 어떠한가? 또는 사페드_{Safed}의 푸른 유대교 회당은 어떤가? 수백 명의 유대인이 로마군에게 항복하지 않고 자살을 택했던 마사다_{Masada}의 헤롯 궁전의 유적은 어떠한가? 그렇다면 현대 이스라엘까지 생생하게 뻗어 나온 강렬하고 다면적인 화려한 유대 문명은 또 어떠한가?

자기 민족의 역사에서 매번 감동을 느낄 수는 없다. 아마 이탈리아 사람은 콜로세움을 보면서도 무심하게 지나칠 것이다(교양 없는 사람의 수가 그리 많지는 않겠지만…). 그러나 유대인이 이스라엘의 시민이든 아니든 혹은 그것을 느끼든 아니든 간에 이스라엘과 아주 오랜 세월 동안 유대감을 형성해 왔다는 것은 분명한 진실이다. 정체성은 주관적인 경험 그 이상이다. 이것을 거부하는 것은 3,000년이 넘는 자신의 문화를 저버리는 일이다.

이를 잘 알고 있기에 아랍의 지도자들은 이스라엘의 역사에 대해 오랫동안 전면적인 선전전을 펼쳤다. 고고학은 극도로 정치적인 문제가 되었다. 2000년에 열린 캠프 데이비드~Camp David~ 정상 회담에서 팔레스타인 정부 수반 야세르 아라파트~Yasser Arafat~는 클린턴 대통령에게 예루살렘의 성전산~Temple Mount~에는 유대교 성전이 결코 없었다고 주장하며 역사적 수정주의에 빠져 일장 연설을 했다. 그는 '거기에는 아무것도 없었다'라는 억지 주장을 펼쳤다. 그의 후계자인 마무드 압바스~Mahmoud Abbas~도 '솔로몬 신전도 예루살렘이 아닌 나블루스~Nablus~에 있었다'[80]라면서 성지에 대한 이스라엘의 영유권 주장을 약화시키기 위해 허위 사실을 유포했다. 2023년 3월, 그는 유엔에서 이렇게 말했다.

"그들은 알아크사~al-Aqsa~ 지하를 파는 등, 온 곳을 다 파헤쳤지만, 아무것도 찾지 못했다."

이런 허위 사실은 사우디아라비아의 『알 자지라~Al Jazirah~』 신문에서부터 아랍에미리트에서 열린 국제회의에 이르기까지 아랍 세계 전역에 확산되었다. 특히 이슬람 성향이 강한 중동의 대학들에서 이런 내용을 가르치고 있다.

다양한 거짓말이 등장하기 시작했다. 사우디아라비아의 이맘 모하메드 이븐 사우드 이슬람 대학교~Imam Mohammad Ibn Saud Islamic University~의 힌 역시학 교수는 솔로몬 왕이 모하메드보다 1,500년 전에 태어났음에도 솔로몬 왕의 신전이 사실은 이슬람 사원이었다는 주장을 담은 논문을 발표했다.[81] 심지어 서구의 언론에도 보도되었다. 2003년 『타임』지는 성전산~Temple Mount~에 관해 '유대인이 솔로몬과 헤롯이

제1성전과 제2성전을 지었던 곳이라 믿는' 구역이라고 보도했다.[82] 정치학자이며 『뉴욕타임스』의 베스트셀러 작가인 도리 골드Dore Gold 는 이렇게 회상했다.

"아라파트의 노력으로 불과 3년 만에 미국의 유력 주간지가 예루살렘 성전의 존재를 역사적 사실이라기보다 종교적 신념과 결부된, 논쟁의 여지가 있는 문제로 다루도록 설득해 냈어요. 아라파트는 역사적 진실을 바꾸려고 했습니다."[83]

팔레스타인 정부 관계자들은 이런 계획을 실천하기 위해 예수가 팔레스타인 사람이었고 모세가 이슬람교도이며 팔레스타인의 황야는 유대인 이주자가 사막의 기적을 만들기 전에도 비옥했다는 주장을 펼쳤다. 이러한 서사들이 또다시 서구의 진보주의자와 국제기구에 먹혀들어 갔다. 2016년 이스라엘은 유대인의 역사를 왜곡하며 예루살렘의 유대 성지에서 이슬람 용어만 사용하게 한 결의안이 통과되자 유네스코를 탈퇴했다.[84] 유대인 정체성이 역사적 진실에 뿌리를 두었기에 이를 파괴하려는 자들이 역사적 진실 공방을 목적으로 삼고 뛰어들었다.

유대인이 '거칠고 공격적이고 자신만만한' 사람이 되지 못할 이유는 없다. 신체적 약점과 우수한 뇌를 가진 유대인에 대한 인식은 비교적 최근의 디아스포라 과정에서 발전되었다. 예민하고 툴툴대지만, 재치 있는 우디 앨런Woody Allen은 그리스도교 이전 구약 시대의 활력 넘치는 히브리인과 닮은 점이 거의 없다. 골리앗을 무찌른 다윗왕은 분명 야보틴스키 같은 시온주의자에게 더 큰 친밀감을 느꼈을 것이다. 1911년 야보틴스키는 이렇게 썼다.

「현재와 미래의 모든 비난, 책망, 의혹, 비방, 규탄에 대꾸할 시간은 이미 지났다. 팔짱을 끼고 큰 소리로 명확하고 냉정하고 침착하게 대답하라, '지옥에나 떨어져라!'」

「우리가 누구길래 그들에게 변명하고 그들이 누구길래 우리를 심문하는가? 형량이 이미 정해진 모두를 대상으로 한 모의재판의 목적은 무엇인가?」

우리는 다윗 왕이 돌팔매를 들고 고개를 끄덕이는 모습을 쉽게 상상할 수 있다.[85] 사실, 반유대주의에 대한 바디엘의 과장된 언행을 고려하면, 나는 그의 행동이 자신감 없는 미국의 지식인(육체적이 아닌 정신적으로)보다는 이스라엘 사람에 좀 더 가깝다고 생각한다.

어쩌면 시온주의자의 관점은 그가 좋아하는 코미디의 유형을 무디게 만들었을지도 모른다. 현대 이스라엘의 창시자들은 현대 히브리어와 강인한 이스라엘 성격을 포함한 새로운 유대인 문화를 창조하면서 유대인 코미디를 재정의하고자 했다. 헤르츨은 이렇게 썼다.

「우리가 서로를 조롱하는 어리석은 방식은 수 세기 동안 억압받으며 길들어 버린 우리의 노예근성의 산물이다. 자유민은 자신을 비하하지 않으며, 아무도 그를 비웃지 못한다.」[86]

자신을 비웃는 것은 디아스포라 유대인 유머의 주요 요소 가운데 하나다. 이스라엘에 대한 바디엘의 냉담한 마음 한편에 이런 유머가 놓여 있을까? 아니면 그에게 이스라엘인이 문화적으로 너무 멀게 느껴지는 것은 아닐까? 우리를 증오하는 사람과 맞서 싸우는 것은 존경받을 만한 일이다. 모두가 알다시피, 바디엘도 싸울 만큼 충분히 싸웠다. 하지만 내 생각에 그의 전략의 단점은 그가 치열한 전쟁터를 떠났다는 것이다. 『유대인은 해당되지 않는다$_{\text{Jews Don't Count}}$』는 반유대주의에 따끔한 일침을 가했지만, 바디엘이 이스라엘 혐오에도 맞섰으면 어땠을까 하는 생각을 해 본다.

언어 사용에 신중하다

말에는 힘이 있다. 이스라엘 혐오에 관해서 반유대주의의 트로이 목마처럼 사회 정의 용어를 사용하는 것은 오랜 편견을 주류 사회의 입맛에 맞추는 것이다. 더 이상 유대인을 비난할 수 없는 사람은 이제 시온주의자를 비난한다. 유대인이 지배한다고 말할 수는 없지만, 시온주의자가 식민 지배를 하고 있다며 마음껏 조롱한다. 유대인의 잔혹성이 아닌 이스라엘의 인종 청소에 대해 비난하고, 유대인이 기독교도 아이들을 살해하는 피의 비방$_{\text{blood libel}}$이 아닌, BBC가 보도한 것처럼[87] "이스라엘군이 아이들을 살해하고 희희낙락한다."라고 비난한다. 유대인의 우월성이 아니라 백인 우월주의와 인종차별주의를 비난하고 유대인 꼭두각시 조종자가 아닌 이스라엘의 로비를 비난한다. 하워드 제이컵슨$_{\text{Howard Jacobson}}$은 이렇게 언급했다.

"약탈하고 아이들을 살해하는 식민주의자라는 반시온주의자의 선동은 이스라엘 군인이 서안지구를 순찰하기 오래전부터 분리주의자,

약탈자, 흡혈귀라고 2,000년 전의 유대인을 증오하던 것과 똑같습니다. 동일한 비난과 캐리커처가 퍼졌고 이번에는 Z(시온주의자)로 시작하는 단어가 J(유대인)로 시작하는 단어를 대체하게 된 것뿐이었습니다."[88]

아렌트가 기록한 것처럼,[89] 제3제국의 문서는 추방, 멸종, 총살 또는 살해라는 표현을 거의 쓰지 않았다. 대신에 '**최종해결책**the final solution, Endlösung', '**특별 대우**special treatment, Sonderbehandlung', '**철수**evacuation, Aussiedlung', '**재정착**resettlement, Umsiedlung', '**동쪽에서의 노동**labour in the East, Arbeitseinsatz im Osten'이라고 표현했다. 유대인 남성, 여성, 아이들의 제거에 책임이 있는 SS 친위대는 엄격한 '**언어 규정**'을 따랐고 이러한 완곡어법으로 평범한 사람도 대의라는 명분 아래 가장 타락한 범죄를 저지르는 데 쉽게 가담할 수 있었다.

사회 정의 운동과 나치를 비교하려는 것이 아니다. 하지만 용어를 무기화하려는 시도는 종교 지도자와 선거 전략가에서 경영 컨설턴트에 이르기까지 광범위한 지지층을 확보하고 있으며 최악의 상황에는 사회적 강압과 살인의 도구로 활용되기도 한다. 언론인 앤드루 닐Andrew Neil은 이렇게 주장했다.

"왜 사소하고 무의미하고 심지어 한심하게 여겨질 수 있는 활용법의 변화를 주장하며 언어에 집착할까요? 이는 언어를 통제하면, 정체성 정치의 새로운 시대에서 토론을 장악하는 데 큰 도움이 되기 때문입니다."[90]

현새 사람들이 가장 많이 하는 말 중 하나는 "아, 하시반 서는 그런 말을 하면 안 돼요."라는 말이다. 이는 언론의 자유를 중시하는 사회에서 성별, 인종 정치, 중동과 같은 주제에 대한 합리적이고 정직한 의견은 허용되지 않는다는 것을 의미한다. 이런 자기 검열적 태도는 휴게실, 바, 카페, 기차역, 거실 주위에서 불안할 정도로 자주 들린다. 때로는 걱정하는 친척으로부터 "너 그런 식으로 말하면 안 돼."라든가 아니면 조금 과격한 친척으로부터 "우리는 그렇게 말하면 안 돼."라는 말을 듣는다. 대부분의 사람이 동의하더라도 지금은 금기시되는 무해한 의견을 말하는 사람은 종종 긴장한 듯 움찔하고, 누가 듣고 있는지 잠깐 주위를 둘러보고, 잠시 침묵한 다음 진지한 표정으로 동의하는 전형적인 반응을 취한다. 2021년 유고브YouGov● 는 영국에서 10명 가운데 거의 여섯 명이 '타인들로부터 비판이나 부정적인 반응에 대한 두려움'으로 자신의 정치적, 사회적 견해를 숨긴다는 연구 결과를 발표했다.[91] 1644년 존 밀턴John Milton이 그랬던 것처럼, 저항하고 싶은 유혹도 있다. '무엇보다도 양심에 따라 자유롭게 인식하고 말하고 맘껏 논쟁할 수 있는 자유를 달라.'[92] 유대인 국가를 지지하는 사람들은 확실히 이런 것에 익숙하다.

이스라엘 혐오를 포함한 새로운 통설과 그 언어적 체계 속에서 진정한 추종자는 얼마 되지 않지만, 그들의 영향력은 강력하다. 연구자들이 급진적 '진보주의 활동가'라고 이름 붙인 이들 — 그들의 행동주의는 거리보다는 이사회, 운영 기구와 온라인에서 더욱 빈번하게

● 유고브(YouGov): 영국의 인터넷 기반의 시장 조사와 데이터 분석 전문 기업.

이뤄진다 — 은 영국 인구의 13퍼센트밖에 안 되지만, 과도한 권한을 행사한다.[93] 이는 서구 사회 전체에서 일반적인 상황이다. 그들은 부유하고 교육 수준이 높고 수도나 대학이 위치한 연구 도시에 살며 사회에서 가장 영향력 있는 자리를 차지하고 있다. 그들의 시각은 특히 급진적 — 또는 철학자 존 그레이John Gray가 언급한 것처럼 '초(超)자유주의적hyper-liberal' — 이며 상당히 독선적이고 종교적으로도 독실하다.[94] 그들은 자신이 이끄는 조직에서부터 자신이 지지하는 대의에 이르기까지 영향력이 미치는 모든 통로를 통해 자신의 견해를 사회에 확산하기 위해 부단히 노력한다. 런던 킹스칼리지대학King's College London에서 진행한 연구에 따르면, 진보주의 활동가들은 소셜미디어에 자신의 정치적 신념을 강요할 가능성이 다른 사람들보다 여섯 배나 높은 것으로 나타났다.[95] 이런 방식으로 그들은 문화의 파수꾼을 자임한다. 특히 소수자들의 권리 수호에 열정적인데, 흑인 생명도 중요하다Black Lives Matter와 같은 단체를 압도적으로 지지하며 서양의 역사와 문화를 폄하하는 경향도 있다.

이러한 진보적인 여론 형성자의 영향력은 막강하다. 이들은 점차 주요 기관을 장악하면서 우리 문화를 형성하고 사람들의 생각에 영향을 미치고 있다. 모든 사회 집단 중에서 이스라엘이 가장 구조적으로 인종차별적이라고 생각하는 사람이 많다. 이스라엘 혐오가 진보 운동의 신념 가운데 두드러진 위치를 차지하고 있기 때문에, 학교 교과 과정에 '탈식민지' 관련 내용이 포함되고, 특정 강연자가 '취소'되거나, 이름표에 성별을 드러내는 대명사가 추가되는 상황이라면 유대인과 이스라엘에 대한 편견도 늘 따라다닌다.

 2017년 시카고의 동성애자 행사인 다이크 행진$_{\text{Dyke March}}$에서 다윗의 별로 장식한 무지개 깃발을 흔든 한 유대인 여성이 쫓겨났다.[96] 아이러니하게도 '포용과 다양성'이라는 정책을 홍보하는 행사 조직위원회는 이 상황을 '사람들이 불안하게 느꼈기 때문'이라고 설명했다. 시카고 다이크 행진의 페이스북 페이지에 잇따라 올라온 글들은 '자유주의 가치를 가장한 반유대주의'의 사례라고 항의했다. 이것은 시작일 뿐이다. 편협함은 또 다른 편협함을 낳는다. 뒤이어 샌프란시스코[97]와 밴쿠버[98]에서 열린 다이크 행진에서 페미니스트 레즈비언들이 '포용성'의 명분으로 위협당하고 쫓겨났다. 유대인 언론인인 해들리 프리먼$_{\text{Hadley Freeman}}$이 자유주의 신문 『가디언』을 그만둔 뒤에 증언했듯이, 페미니스트에 대한 괴롭힘은 종종 급진 좌파들의 이스라엘 혐오와 관련이 있다.[99]

'인종차별' 비난

 이스라엘을 압제자라고 말하는 것이 당연시되고 심지어 의무화되면서, 이스라엘이 최악의 범죄를 저지른 국가라는 주장이 논쟁의 여지 없이 받아들여지고 있다. 국제 앰네스티$_{\text{Amnesty International}}$와 같은 단체들은 이러한 노력에 많은 자원을 쏟아붓는다. '인종차별$_{\text{apartheid}}$'이라는 단어를 적절하게 사용해서 이를 이스라엘과 연계시키려는 그들의 활동에는 대량 우편물 발송, 거리 시위, 공식 보도, 소셜미디어 집중 공세가 포함되었다.[100] 그 논리는 간단했다. 바로 홍보의 논리였다.

'인종차별' 혐의는 이스라엘에 사용한 주요 무기 중의 하나였으며 좀 더 자세히 검증할 필요가 있다. 물론 이런 시스템의 가장 확실한 예시는 가혹한 인종차별을 법에 명시한 남아프리카 공화국이었다. 1949년 흑인과 백인 사이의 결혼 금지를 시작으로, 백인에게 최고의 학군, 주거지, 수영장, 해변, 화장실, 교통수단을 배정하는 법을 만들면서 절정을 이루었다. 반면 오염된 산업 단지와 가난한 마을에 몰리게 된 흑인은 최저 임금으로 생활하며 자녀를 비좁고 낙후된 학교에 보냈다. 괴롭힘, 체포, 구타, 고문이 일상적으로 일어났다.

이 시대에는 공공연한 야만적 행위에서 일상적인 모욕까지 모든 것이 만연해 있었다. 1960년 경찰이 흑인 인권 운동을 제한하는 비인도적인 법에 항의하는 69명의 흑인들을 잔혹하게 사살했다. 백인 아이를 돌보는 흑인 유모는 교회에서 백인 아이와 함께 앉을 수 없었다. 혼혈아로 요하네스버그$_{Johannesburg}$의 흑인 거주 지역에서 성장한 코미디언 트레버 노아$_{Trevor\ Noah}$는 어린 시절을 이렇게 회상했다.

"제가 (백인) 아버지와 함께 있을 수 있는 시간은 집 안에서뿐이었어요. 그리고 우리가 외출할 때면 아버지는 긴 건너편에서 우리랑 떨어져서 걸어야 했습니다."

그의 아버지의 하얀 피부 때문에, 흑인 아내와 함께 있는 것은 위험했다.

"어머니는 제 손을 잡거나 안았지만, 경찰이 나타나면 저를 내려놓고 모르는 사람인 척했어야 했죠."

흑인 주민이 '인종차별'에 저항해 봉기를 일으키자 그가 사는 흑인 거주 지역에서도 소요 상황이 지속되었다.

"거리 행진이나 시위가 늘 벌어졌고 진압당하는 일도 있었습니다. 할머니 댁에서 놀고 있을 때, 총격, 비명, 최루탄 가스 터지는 소리를 듣기도 했었죠."[101]

미국의 짐 크로우 법$_{\text{Jim Crow laws}}$●에도 비슷한 사례가 발견된다. 1960년대까지 인종 분리 법안이 여러 주에서 시행되었다. 미국 흑인들은 기차, 학교, 공공서비스 심지어 휴게실에서도 열악한 환경을 견뎌야 했다. 우리는 중동의 아랍 국가들이 자국 내 유대인을 전부 추방하고 끔찍한 인종차별을 자행하며 차별적인 법안을 제정하는 등, 인종차별의 수식어를 두고 경쟁하는 것을 보고 있다. 이 지역은 시리아의 알라위파$_{\text{Alawites}}$나 바레인의 수니파$_{\text{Sunnis}}$처럼 소수의 지배 집단이 다수를 억압하는 사례가 비일비재하다.

이스라엘은 지금껏 이런 적이 없었다. 2018년 유대인 특성을 반영한 민족 국가법$_{\text{Nation State Law}}$을 둘러싼 논란이 있었지만, 이스라엘의 법령집에 인종차별이 포함되었다는 주장은 터무니없다. 오히려 인종차별과는 거리가 멀다. 이스라엘에 인종차별이 일부 존재하지만, 소수집단은 법적으로 평등하며 일부는 최상위층까지 올라섰다. 1959년

● 남북전쟁 이후 미국 남부 11개 주에서 제정한 공공장소에서의 흑백 분리를 강제한 법안.

전투에서 한쪽 팔을 잃었지만, 정예 셰이크 대대$_{\text{Shaked battalion}}$를 지휘한 전쟁 영웅 아모스 야르코니$_{\text{Amos Yarkoni}}$를 포함한 여섯 명의 아랍계 시민이 이스라엘의 최고 무공 훈장인 수훈 훈장을 받았다. 2022년 5월, 이스라엘 대법원은 최초로 아랍계 무슬림인 칼리드 카붑$_{\text{Khaled Kabub}}$(이전에 '아랍-이스라엘계'가 차지했던 자리로 모두가 기독교인이었다)을 대법관으로 임명했다.[102] 이스라엘의 국가대표 축구팀의 주전 명단에는 유대계보다 아랍계가 더 많다.[103] 2023년 3월 최초의 체르케스계 무슬림$_{\text{Circassian Muslim}}$ • 주장인 비브라스 나쵸$_{\text{Bibras Natcho}}$의 마지막 은퇴 경기를 축하하며 동료 선수들이 헹가래를 쳤다.[104] 아랍계는 외교관으로도 활약하고 있다. 여덟 살까지 전통 천막에서 살며 양을 키우며 성장한 이스마일 칼디$_{\text{Ismail Khaldi}}$는 2020년 이스라엘 최초의 베두인족$_{\text{Bedouin}}$ 출신 대사가 되었다. 아랍계 이스라엘인인 요세프 하다드$_{\text{Yoseph Haddad}}$는 2006년 레바논 전쟁에 보병으로 참전해 헤즈볼라의 미사일 공격에 다리 한쪽을 대부분 잃었다. 부상에서 회복한 후 연설가와 활동가로 활약하며, 소셜미디어에 이스라엘 혐오론의 오류를 밝히고 있다.

서안지구에서는 좀 더 복잡하다. 가장 중요한 차이는 이 지역의 아랍인은 팔레스타인 자치 정부의 시민이고 팔레스타인 법의 적용을 받는다(이스라엘인에게 토지 내각은 금시되었고 위반하년 '무기싱역과 강제노동'의 처벌을 받는다)는 점이다.[105] 하지만 그들은 검문소

● 체르케스인: 러시아 남부 북(北)캅카스 지역과 흑해 연안에 거주하던 민족.

를 포함한 이스라엘의 군사 장비에 노출되어 있고 이스라엘과의 국경은 장벽으로 막혀 있다. 불안한 상황에 대한 두려움으로 대규모 모임이 갑자기 취소되는 등 일상생활에도 지장을 받고 있다.

이스라엘의 시각에서 이는 제도적인 인종차별이 아니라 보안상의 문제로 정당화된다. 이 지역에서 테러 위협은 오랫동안 상당히 심각했다. 2000년 10월과 2003년 7월 사이, 보안 장벽의 제1구간 공사가 진행 중일 때 서안지구 북쪽의 테러리스트들이 자행한 35건의 자살 폭탄 테러로 156명의 이스라엘 민간인이 사망했다. 장벽의 제1구간이 완공되자, 이듬해에는 그 숫자가 단 세 건으로 줄어들었다.[106] 나머지 구간도 완공되면서, 자살 폭탄 테러는 사실상 사라졌다.

검문소 점검

불법적인 보안 조치 아래 사는 모욕감을 경시하지 말아야 한다. 최악의 사례는 1994년 극단주의자 바루크 골드스타인(Baruch Goldstein)이 29명의 무슬림을 학살한 사건 이후, 유대인 거주지를 보호하기 위해 서안지구 내 헤브론(Hebron)의 주요 도로인 팔레스타인로(路)를 영구 폐쇄한 것이다. 닫힌 상점에 광신적인 히브리어 낙서가 쓰여 있었고 아랍 시장에는 이스라엘 극단주의자가 오물을 투척하는 것을 막기 위해 상점 위에 그물이 쳐져 있었다. 아브라함(Abraham), 이삭(Issac), 야곱(Jacob), 이들의 부인인 사라(Sarah), 리브가(Rebecca), 레아(Leah)의 무덤이 있는 이 도시는 이스라엘이 건국되기 훨씬 오래전부터 반목과 투쟁의 역사가 있었다. 1929년 유대인이 음모를 꾸민다는 허위 정보에 선동당한 아랍인의 폭력 행위에 70여 명의 유대인이 학살당했다. 이후에 유대인 거주지가 사라져, 1967년까지 **유대인 정화구역**•으로 남아 있었다. 현재 유대인이 이곳에서 평화롭게 살기 위해선 강력한 보안 조치가 필요하다. '정착민$_{settlers}$'은 나의 정치적 관심사가 아니지만, 나는 팔레스타인인의 토지를 강탈하거나 그들을 희생시키는 행위에 반대하는 주류의 편에 있다. 하지만 고대 유대인에 관한 역사가 풍부하게 남아 있는 서안지구에서 유대인의 존재를 반대하는 것은 인종차별의 냄새를 물씬 풍긴다는 것을 인정해야 한다.

1947년 유엔의 이스라엘-팔레스타인 분리안으로 일부 아랍인이 이스라엘의 시민이 되었던 것처럼, 팔레스타인 영토에도 다수의 유대인이 살게 되었다. 그렇지만 현재 팔레스타인 정부는 유대인에게 토지를 파는 아랍인에게 가혹한 처벌을 가하며 유대인의 거주권 취득을 금지하고 있다. 현재 서구 사회 전체에서 자유주의자는 이러한 인종차별적 정책을 지지하고 있다. 그들은 파키스탄에서 힌두교도를 금지하는 법안에 찬성하지 않을 것이다. 즉, 영국에서 무슬림 또는 미국에서 멕시코인을 금지하는 것에 찬성하지 않을 것이다. 그러나 유대인의 조상과 연관이 있는 팔레스타인 구역에서 유대인을 금지하는 것을 어떻게 정당화할 수 있을까? 이 상황은 많은 사람이 생

• 유대인 정화구역(유덴라인, Judenrein)' 나치 독일이 홀로코스트 기간에 유대인이 학살당해 없어진 지역을 일컫는 말.

각하는 것보다 좀 더 복잡하고 미묘하다. 나는 서안지구에서 어떤 일이 벌어지는지 직접 확인하고 싶었다. 검문소와 군인들이 있었지만, 일반 유대인 '정착자'들은 슈퍼마켓에서 팔레스타인 친구들, 지인과 어울리며 지냈다. 에프랏$_\text{Efrat}$ '정착촌' 거주자인 영국 태생의 랍비 레오 디$_\text{Leo Dee}$는 2023년 4월 테러 공격에서 부인과 두 딸을 잃었다. 한 팔레스타인 남성이 사망한 부인의 신장을 기증받았고, 유족인 랍비와 포옹하는 사진을 찍었다. 테러와 불안의 그림자가 있는 헤브론에서도 이스라엘 군인들이 팔레스타인 청소년들과 잡담하며 노는 모습을 목격할 수 있었다.

많은 사람들이 이러한 보안 시설을 축소해야 한다고 주장하고 있다. 이스라엘 지식인 미카 굿맨$_\text{Micah Goodman}$이 '분쟁 축소'라고 부른 접근 방식이다.[107] 목숨이 위태로운 상황에서 이것은 중대한 결정이다. 어쨌든, 팔레스타인인이 인종 때문이 아니라 국적이나 보안 위협 때문에 이스라엘인과 다른 처우를 받는 것은 사실이다. 이스라엘 극단주의자에게 괴롭힘을 당하거나 이스라엘 군인과 충돌하는 것은 심각한 문제로 이스라엘 주류 사회에서 비난받을 일이고 법정에서 적절하게 다뤄져야 할 일이다. 2023년 팔레스타인 테러 공격 이후 유대인 강경 세력의 보복 행위가 극에 달했는데, 유대인 주류 사회에는 이에 혐오감을 드러냈다. 이런 상황이 볼썽사납고 실망스럽지만, 남아프리카 공화국의 인종차별이나 미국의 인종 분리 시대와는 비교도 되지 않는다.

'이스라엘 인종차별'의 허위 사실을 밝히는 최선의 방법은 증거보다 의혹이 많다는 점을 지적하는 것이다. 이런 비방은 서안지구에 이스라엘 정착민이 한 명도 없던 1967년 이전부터 유포되었다. 1963년 초, 아랍연맹의 런던 소식지인 『아랍 전망Arab Outlook』은 '이스라엘 인종차별'을 언급하며 유대인 국가에 대한 경제 제재를 정당화하는 장문의 논설을 실었다.[108] 게다가 정확히 '점령' 2년 전인 1965년 팔레스타인 해방기구PLO에서 발간한 『팔레스타인의 시온주의 식민지Zionist Colonialism in Palestine』라는 책자에서 저자 파이즈 사예Fayez Sayegh는 이렇게 주장했다.

「시온주의자 정착민 국가는 아시아와 아프리카의 여러 백인 정착민 국가의 인종주의 정권에서 모든 것을 배웠다. 인종차별을 시행하는 남아프리카 공화국의 지도자들은 그들의 죄를 당당하게 인정하지만, 팔레스타인의 시온주의 인종차별주의자는 애써 결백을 주장한다.」[109]

하지만 점령은 없었다. 이것은 없는 범죄를 만들어 내는 판결과도 같았다. 이스라엘의 비판자는 이스라엘이 어떤 일을 하기도 전에 이미 이스라엘을 유죄로 판단하고 정죄했다. 조작과 왜곡에 관한 다음 장에서 살펴보겠지만, 이런 비방은 소련의 선전가가 만들었고 남아프리카 공화국에 대한 저항 운동에 친숙한 팔레스타인식 사고방식과 서구 좌파의 사고방식 모두에 단단히 박혀 있었다. 장 폴 사르트르Jean Paul Satre의 어록에는 이런 문구가 있다.

「만약 유대인이 존재하지 않았다고 해도, 반유대주의자는 유대인을 만들어 냈을 것이다.」[110]

유엔으로부터 가자지구 분쟁에서 이스라엘의 인권법 위반 가능성을 조사하라는 지시를 받은 남아프리카 공화국의 전직 판사 리처드 골드스톤_{Richard Goldstone}은 '인종차별_{apartheid}'이라는 용어를 전면적으로 거부했다. 그는 『뉴욕타임스』에 이런 내용의 글을 기고했다.

'인종차별'은 광범위한 의미를 지니고 있으며, 그 용어의 사용은 1994년 이전의 남아프리카 공화국의 상황을 떠올리게 한다. 이스라엘에 대한 불공정하고 부정확한 비방은 평화협상을 진전시키기보다 지연시키고 있다. 나는 남아프리카 공화국의 혐오스러운 인종차별정책의 잔인함을 너무 잘 안다. 그런 정책 아래 흑인으로 규정된 인간은 투표할 권리도 없고 정치인이 될 수도 없고 '백인'의 화장실이나 해변을 이용할 수 없으며, 백인과 결혼할 수도 없고 백인 거주 지역에 살 수도 없으며 심지어 '출입증'이 없으면 들어갈 수조차 없다. 흑인이 자동차 사고로 심각한 부상을 입어도 '흑인' 병원으로 그를 신속히 이송해 줄 '흑인' 구급차가 없으면 거리에서 피를 흘리다 죽는다. '백인' 병원은 흑인의 목숨을 구하는 것이 금지되었다. 두 국가에 평화가 올 때까지, 아니면 적어도 이스라엘 시민이 서안지구나 가자지구의 공격 위협에 처해 있는 한, 이스라엘은 팔레스타인인이 억압받는다고 느낄지라도 도로 차단과 유사한 조치를 필수적인 자기방어 차원에서 시행할 것이다. '인종차별'이라는 공격적인 비유가 소환되면 극심한 대립, 주장과 반박이 더욱 공고해질 뿐이다.

특히 '제도적 인종차별'에 민감한 국제 앰네스티의 고위 임원들조차 신중하게 작성된 '이스라엘의 인종차별정책' 보고서를 거부했다. 이스라엘 앰네스티 지부의 사무국장 몰리 말레커Molly Malekar는 '엄청난 충격'이라고 부르며 이런 비방에 이의를 제기했다.[111] 그녀는 이렇게 말했다.

"이스라엘의 팔레스타인 시민에 대한 차별이 있지만, 그들은 권리를 보장받고 있고 일부는 중요한 직책을 맡고 있어요. 그들은 변화를 위해 적극적으로 노력하고 영향력을 행사하고 있습니다. 이러한 노력을 인정하고 격려해야 합니다."

앰네스티의 인사 담당 임원인 탈 구아리Tal Gur-Arye는 페이스북에 다음과 같은 글을 올렸다.

「이러한 상황이 인종차별에 해당한다는 주장은 다른 나라에 거주하는 팔레스타인인의 상황을 고려했을 때 국제법, 학계, 시민 사회에서도 인정받지 못하고 있다. 우리 팀은 이 보고서의 초안 작성이나 결론과 권고에 관여하지 않았다.」[112]

홀로코스트처럼 인종차별정책은 정치적 견해와 상관없이 누구나 잘못되었다고 비난할 수 있는 사안이다. 따라서 유대인 국가의 인종차별에 대한 비난은 매우 강력한 전술이었다. 남아프리카 공화국의 인종차별 정권을 실각시키는 데 도움이 되었기 때문에, 활동가들이 이스라엘에도 똑같은 꼬리표를 붙이려고 많은 힘을 쏟았다. 영국의 학자 데이브 리치Dave Rich는 이렇게 썼다.

「[60년대 활동가들은] 인종차별 반대 운동을 단순하게 동네 슈퍼마켓에서 어떤 오렌지를 골라 담을까 선택하는 것처럼 누구나 관심을 두는 인권 문제나 도덕적 대의명분으로 효과적으로 홍보했다. 좌파는 이 운동과 관련된 사람들에게 즉각적으로 도덕적 권위를 부여했다. 팔레스타인 지지 운동은 이와 유사한 지원이나 영향력 또는 도덕적 비중을 누린 적이 없지만, 새로운 인종차별 반대 운동으로 차별화하면서 그러한 지위를 얻을 수 있었다.」[113]

활동가들이 전개한 전략은 명확하다. 홍보 물량 공세는 불편한 진실 같은 곤란한 문제를 덮기 위해 활용되는데, '이스라엘의 인종차별 정책'이라는 엄청난 양의 온라인 선전물이 이를 설명해 준다. 이는 가장 원초적인 본능을 자극하는 반인종주의의 트로이 목마라 할 수 있다. 이런 자료들은 상당히 모순적이다. 수백 년 동안 유대인은 인종차별을 생생하게 겪었다. 하지만 지금 이 활동가들은 반유대 인종차별의 역사를 이용해 역으로 유대인을 인종차별주의자로 몰아세우고 있다.

점령이라 말할 수 있는가?

'점령'이라는 평범한 단어는 복잡하고 미묘한 상황을 단순화한다. 널리 알려지지 않은 역사도 많은 것을 말해 준다. 1948년 이스라엘 탄생 이후 전쟁이 일어나자, 2년 전에 영국으로부터 독립한 요르단은 400년 동안 오스만 제국의 영토였던 서안지구를 점령하고 병합했다. 요르단은 1967년 이스라엘이 아랍의 침공에 맞서 싸워 결국에 승리한 6일 전쟁Six Day War이 끝날 때까지 이 영토를 보유했다. 특히 구약 시대 성지 주변으로 유대인 정착촌이 속속 들어섰고 황무지가 펼쳐진 2,000제곱마일에 달하는 지역에 이스라엘과 팔레스타인 정착촌이 줄줄이 이어졌다. 이 지역에 적용된 도시계획법은 이전 오스만 제국의 법령과 1920년에서 1948년까지 존재했던 영국 위임통치에서 제정된 규정들을 모아 이뤄졌지만, 유대인 정착촌은 이스라엘 법령을 따랐다. 1988년 요르단은 서안지구의 영유권을 포기했고 1994년 '냉랭한 평화'가 될 운명의 관계인 이스라엘과 아랍 국가들 가운데 이집트 다음인 두 번째로 조약을 체결했다.

같은 해 오슬로 협정Oslo Accords agreements으로 이 지역은 A, B, C로 불리는 세 구역으로 나뉘었다. C 구역은 이스라엘이 관할했지만 나머지 두 구역은 팔레스타인 자치 정부가 관할했고 팔레스타인 사람 대부분의 거주지가 되었다. 이스라엘이 관할하지 않는 구역에 이스라엘인이 출입하게 되면 폭행당할 우려가 있기에 경고가 내려졌다. A 구역과 B 구역에는 팔레스타인 자체의 보안 체계와 경찰, 기관과 법령이 있다. 팔레스타인은 외교 관계를 맺고 있으며 **피다이(전사)**Fida'i로 불리는 국가(國歌)가 있고 아랍의 언어와 문화가 번성하고 있다. 요약하면 팔레스타인은 이스라엘과 평화 협정을 유보하며 아직 국가로 인정받고 있지 못하지만, 자체적으로 국정을 운영한다. 무국적 지역이 혼란스럽다는 사실을 부인할 수는 없다. 그러나 '점령'이라는 단어에서 떠오르는 인상이 항상 일치하는 것은 아니다.

가감 없이 순진힌 상대로 팔레스디인과 비교하기 위해, 1951년 이후로 오랫동안 폭압적인 중국에 점령당하고 있는 티베트를 생각해 보자. 현재 베이징의 공산당 정부는 공권력으로 티베트를 완전히 장악해 직접 통치하고 있으며, 세금 징수에서 여행 허가에 이르기까지 모든 행정을 관장하고 있다. 각 주는 권위주의 원칙에 따라 운영되며, 감시, 고문, 재판 없는 수감이 실제로 일어나고 있다. '분리주의' 혐의로 기소되면 사형을 당할 수도 있다. 티베트의 언어와 문화는 불법이며 티베트의 국가적 정체성을 표현하려는 시도는 진압당한다. 심지어 달라이 라마$_{Dalai\ Lama}$의 생일을 축하하거나 핸드폰에 티베트 국기 사진이 저장되어 있어도 범죄자가 된다. 국가와 국기는 금지되며 티베트 언어는 중국어에 밀려 사라지고 있다. 티베트에 중국인 이주자가 몰려들어 티베트인은 자신의 나라에서 소수민족으로 밀려났다. 특히 90만 명에 달하는 티베트 어린이들을 가족에서 떼어 내 강제로 식민 기숙학교에서 교육하며 애국주의 세뇌를 시키는 중국 정부의 소름 끼치는 행동은 푸틴이 젊은 우크라이나인을 납치하는 전조가 되었다.

 이스라엘 혐오로 인해, 많은 사람이 복잡한 상황을 고려하기에 앞서 서안지구의 상황이 티베트의 상황과 비슷하다고 생각하고 있다. '점령'이라는 용어가 적절한지 아닌지는 간단한 문제가 아니다. 이 주제에 관해 많은 이야기가 오고 갈 수 있지만, 그런 논의는 이 책이 다루는 범위를 넘어선다. 나의 목적은 법적 세부 사항에 집중하는 것이 아니라, 일반적인 인식과 편견에 집중하는 것이다. '인종차별'이라는 용어처럼, '점령'이라는 단어를 사용하는 것은 전략적 이점이 있는데, 2단계의 구조에 따라 악마화된 유대인을 살해하는 것을 '저항'의 형태로 형상화한다. 모두 알다시피, 언어는 힘이다. 이스라엘에 관해서 미묘한 어감은 사라지고 우리의 어휘 자체가 이스라엘을 파괴하는 무기가 된다.

미래의 지도자들

현재 진보적 사상은 언론계에서 학계에 이르기까지 서구 사회 전반에 엘리트들이 장악한 모든 기관에 깊숙이 스며들었다. 영국에서 진보적 사상은 노동당에 강력한 영향력을 행사하고 있고 워싱턴의 민주당원 사이에도 널리 퍼져 있다. 진보적 사상이 반인종주의에 초점을 두고 있지만, 사회 정의 운동 자체에도 편견이 있다는 사실은 크나큰 모순이다.

2023년 1월 영국 전국대학생협의회$_{NUS}$에 대한 조사에서 유대인이 교내에서 일상적으로 괴롭힘과 위협에 시달리는 것으로 밝혀졌다.[114] 이들은 시온주의 앞잡이로 조롱당하고 키파$_{kippot}$를 썼다는 이유로 따돌림을 당하고, '팔레스타인에 자유를' 달라는 야유를 받고 따가운 시선, 악의적인 비난과 댓글에 시달렸다. NUS의 개인 명부 양식에서 다른 종교들은 선택 목록에 있는데 '유대교'는 선택 목록에서 항상 빠진 것도 실수가 아니라고 보고서는 밝혔다. 이 모든 괴롭힘은 이스라엘과 관련되어 있고, 활동가들은 팔레스타인을 지지하는 유대인을 표면에 내세워 활용하고 있다. 그리고 인종 기반의 정체성 정치로 명백하게 무기화되었다.

보고서에 따르면, 선출된 NUS 간부들은 '탈식민지 운동'에 지지를 표명하고 같은 공간에서 운동을 진행하는 유대인 단체에 팔레스타인 지지 활동가들을 꽂으려는 정치적 의도가 있었다. NUS는 공식 성명에서 대학가의 반유대주의 급증을 '이스라엘의 폭력 행위' 탓으로 돌렸다. 보고서를 읽어 보면, NUS가 이스라엘에 대한 비판에 숨어서 반유대주의 편집증에 사로잡혔다고 해도 과언이 아닐 정도다.

한 가지 흥미로운 사례는 흑인 학부생들이 유대인 학생회가 실시하는 유대인 차별에 대한 주의를 환기하는 반유대주의 인식 교육에 반대한 것이다. 보고서는 "몇몇 흑인 여성 학생회 간부들이 비공식적으로 동료에게 학생 운동에서 반유대주의의 사례 대부분이 유색인종 여성과 관련이 있다는 사실에 매우 불편함을 느꼈다고 말했다."라고 밝혔다. 백인 유대인들이 흑인 여성들을 위협해 이스라엘에 대한 비판을 억제하려 반유대주의 교육을 활용했다는 의미였다. 하지만 조사 결과, 유색인종 여성과 관련된 사례는 단 한 건에 불과해 이러한 주장은 '근거 없음'으로 밝혀졌다.

이런 주장이 악의적으로 제기된 것인지 아니면 확증 편향에 의한 착각인지는 알려지지 않았지만, 분명한 것은 이 주장이 너무 쉽게 확대되었다는 점이다. 보고서에 따르면 흑인 여성 간부들의 불만을 제대로 조사하지 않은 것은 이스라엘/팔레스타인과 관련이 전혀 없기에 반유대주의에 대한 불만을 진지하게 받아들이지 않거나 진실하지 않다고 판단하는 편견이 있음을 시사하고 있다. 다시 말해, 이스라엘이 관련되어 있으면, 사람들은 색안경을 끼고 바라본다.

현재의 학생들이 미래의 지도자가 된다. 그리고 그들은 사회 정의 운동의 대열에서 한 축을 담당한다. 명문 대학의 학위와 강한 신념으로 무장한 그들은 사회에서 가장 중요한 기관에 자리를 잡고 대부분의 국민을 냉담하게 만드는 급진적 정체성 정치를 밀어붙인다. 이스라엘 혐오는 그들의 네트워크를 통해 확산되어 새로운 정설로 자리 잡았다. 대부분의 사람들이 선전 선동을 분별하는 데 필요한 중동의 역사나 지정학에 대한 특별한 지식이 없기 때문에 유대인 국가에 대한 부정적인 견해에 쉽게 동화된다. 이런 방식으로 허용된 반유대주의는 각급 학교, 대학교, 좌파 미디어, 박물관, 미술관, 출판사, 헤드헌터, 광고회사, 영화사, 진보 성향의 소셜미디어 기업들을 통해 주류 사회에 스며든다. 평범한 사람들은 성별, 성, 인종, 노예제도, 식민주의, 팔레스타인에 대한 제한된 신념을 받아들이지 않으면 공개적으로 비판받거나 '배제'당할 위험이 있다는 압박을 늘 받는다. 이 방정식에서 패자는 항상 똑같다. 유행에 맞지 않는 의견을 가진 사람과 유대인이다.

이스라엘이 죄를 짓지 않았다고 생각하는 사람은 아무도 없다. 하지만 그렇지 않은 나라를 찾을 수 있을까? 연구를 신행하면서 나는 1952년 말라야 비상사태$_{\text{Malayan Emergency}}$ 기간에 완전 군장을 하고 참수된 머리를 의기양양하게 들고 있는 40명의 영국 해병 특전사의 사진을 발견했다(당시에 이 사진은 보도 금지였다). 약 1만 2,000명이 학살당한 이 사태는 당시 피로 물든, 수많은 영국의 전장 가운데 하나일 뿐으로 유대인 국가의 탄생에 따른 충돌로 인해 조용히 묻혔다. 이 사태가 발생하기 4년 전, 아랍-이스라엘 전쟁은 1만 3,000명에서 2만 명가량의 목숨을 앗아 갔다. 하지만 동남아시아에서 영국의 식민지 분쟁은 기억 속에서 쉽게 사라졌지만, 1948년 이스라엘의 건국을 둘러싼 분쟁은 오늘날까지 매년 기념행사, 분노에 찬 시위와 강력한 압력 행사로 이어지고 있다. 물론 여기에는 여러 가지 이유가 있다. 하지만 중요한 것은 유대인에서 그들의 조국으로 방향을 튼 증오이다.

이스라엘은 유대인과 무슬림 양쪽의 종교적 보수주의와 극단주의에서 비롯된 많은 도전을 헤쳐 왔다. 2023년 일부 극우 세력이 논란과 실망을 불러일으키며 정부에 진출했다. 향후 인구 통계학적 변화로 인해 불안한 지역 사회의 연합이 긴장 상태에 놓일 수 있으며 우리가 예측할 수 없는 방식으로 국가의 성격이 변할 수도 있다. 하지만 나라마다 장단점이 있다. 일일이 단점을 지적할 필요는 없다. 이스라엘은 나치 독일도 아니고, 인종차별을 했던 남아프리카 공화국도, 이란이나 푸틴의 러시아도 아니다. 어떤 합리적 척도로 보더라도, 이스라엘은 권위주의 정권보다는 서구의 자유 국가와 훨씬 더 가깝다. 그러나 최근 격동의 역사와 서로 다른 문화의 혼합, 주변에 공공연하게 적대감을 드러내는 적들이 있는 것이 다를 뿐이다.

이스라엘을
위한 변명

5장

조작과 왜곡, 이스라엘 혐오의 세 번째 특징

나치와 소련의 거짓 선동 따라 하기

사우론의 눈•

유대인 국가에 적대적인 사람들의 대부분이 자신은 선동에 휘둘리지 않는다고 생각한다. 그들이 퍼뜨리는 거짓말들 — '시온주의는 인종주의다', 이스라엘인은 '정착민 식민주의자'이고 '백인 우월주의자'다, 유대인은 나치만큼 사악하다, 시온주의자는 중동을 정복하려 한다, 이스라엘은 '인종청소'와 '학살'을 자행하고 있다 — 은 국가적 차원에서 후원하는 선전 기관에서 조작되었고, 여기에는 막대한 자원과 노력이 투입되었다. 이러한 활동이 현재까지 너무 성공적이었기에, 사람들은 아무 생각 없이 허위 정보를 받아들이고 전파한다. 이러한 선동은 이제껏 세상에 알려진 2개의 가장 권위적인 정권에 의해 만들어졌다.

그 시작은 나치 독일이다. 총통의 사상을 받들어 날조된 이스라엘 혐오는 1940년대 아랍 세계에서 싹을 틔웠다. 유럽에서 전운이 감돌기 시작할 무렵, 박해에 시달리던 유대인들은 팔레스타인으로 피난을 떠났다. 긴장감이 최고조에 달한 1936년 초, 무장 조직을 갖춘 반영 아랍 민족주의는 유혈 반란을 일으켜 식민 통치 기반을 흔들었고

● 사우론$_{Sauron}$의 눈: 『반지의 제왕』에 등장하는 악의 존재로 절대 반지로 지은 거대한 탑에서 붉은빛의 눈으로 세상을 감시한다.

영국은 반란이 진압될 때까지 트란스요르단, 이라크, 사우디아라비아, 이집트의 지원을 받아야만 했다. 1939년 무렵 약 50만 명의 유대인과 그 두 배가 넘는 아랍인이 영국의 위임통치를 받았다. 충돌의 분위기가 고조되면서 15개월 만에 영국군, 아랍 게릴라 부대, 유대 무장단체 간의 상호 폭력 충돌로 1,000건의 살인과 2,000건의 저격 공격, 거의 500건에 달하는 폭탄 공격, 300건 이상의 납치가 자행되었다.[1] 전쟁이 다가오자, 영국은 아랍의 분노가 번지는 것을 우려하기 시작했다.

체임벌린Chamberlain 정부는 아랍 측을 달래기 위해 시온주의에 대한 지원을 축소한다는 백서를 발간했다. 그 조건은 세 가지였다. 유대인 이주의 엄격한 제한, 유대인에게 토지 매각 제한, 아랍인 다수가 통치하는 2개 민족으로 이뤄진 단일 국가 준비였다. 당시 유대계 팔레스타인인에게 이것은 재앙과도 같았다. 홀로코스트가 명백하게 증명하듯이, 시온주의 핵심은 자기방어 능력을 갖춘 유대인 국가를 건설하는 것이었는데, 아랍인 밑에 산다는 것은 수 세기 동안 극심한 고통을 인내하며 버텨 온 유랑의 역사를 반복하는 것이 된다. 곧이어 2차 세계 대전이 발발했다.

나치의 상상 속에서 유대인은 연합군 배후의 핵심 조종자였다. 베를린의 선전가들은 수년간 독일인에게 유대인 꼭두각시 주인이 영국, 미국, 러시아를 조종해 독일 국민과 갈등을 일으켰다고 선동하며 전쟁의 책임을 유대인에게 돌렸다. 1941년 독일 국방군이 북아프리카에서 중동까지 진출하면서 베를린의 전략가들은 이슬람의 이용 가치를 고려하기 시작했다. 만약 아랍인이 유럽인처럼 세뇌당한다면, 나치는 연합군 격퇴를 위한 발판으로 이 지역에서 반영 민족주의와 반유대주의 불길을 더 지필 수 있을 것으로 믿었다. 팔레스타인에서 이르군Irgun과 슈테른 갱Stern Gang 같은 유대인 지하 무장단체가 영국군에 맞서 싸운 사실이 있지만, 나치는 유대인이 영국을 조종한다는 식의 서사를 꾸밀 수 있다고 생각했다. 무리한 계획이었지만 전에도 효과가 있었다. 그 결말은 명확했다. 팔레스타인의 아랍인이 영국 군대에 대항해 유대인을 몰살시킨다면, 롬멜의 군대는 중동으로 진격했을 때처럼 해방군으로 환영받게 될 것이다.

이를 위해 히틀러의 선전가들은 팔레스타인에 대한 영국의 지배력을 내부에서부터 약화시키려고 했다. 역사학자 데이비드 모타델David Motadel은 독일 외교관 에버하르트 폰 스토러Eberhard von Stohrer가 '이슬람에 대한 제3제국의 일반 입장'을 제시하며 '광범위한 이슬람 지원'을 요청했다고 밝혔다. 필수 요소는 이미 존재했다. 1941년 스토러는 그가 남긴 메모에서 이렇게 언급했다.

「총통이 유대교에 맞서 싸우기 때문에, 이슬람에서 총통의 입지는 확고했다.」²

다시 말해, 유대인과 영국 지배자를 향한 기존 아랍인의 분노와 잠재되어 있던 무슬림의 반유대주의 편견이 결합해 이를 악용할 수 있는 여건이 무르익었다. 유럽의 기독교 전통에서 종교적 반유대주의의 뿌리를 찾을 수 있는 것처럼, 나치의 메시지를 전달하기에 이상적인 수단인 고란에는 오랜 유대인 증오가 내새뇌어 있었다. 이후 이슬람 세계에 불을 지핀 증오는 지역의 토착 문화, 종교, 정치적 뿌리와 기독교 문명의 고대 반유대주의가 더해져 나치에 의해 인종화되고 현대화되었다.

  2차 세계 대전 이전부터, 유대인은 수천 년 동안 아랍 땅에서 살았다. 이슬람 사회에는 항상 반유대 편견이 저변에 깔려 있었고, 많은 유대인은 이등 시민(딤미)$_{dhimmi}$으로 살아야만 했다. 하지만 세대를 거치면서 변화가 일어났고 유대인 공동체는 번창해서 이슬람 세계에서 거의 100만 명에 달할 정도로 성장했다. 유럽에서와 마찬가지로 일부는 지나칠 정도로 동화되기도 했다. 19세기 말 영국이 지배하는 이집트에서 유대계 언론인이며 만평가인 야쿱 사누$_{Yaqub\ Sanu}$는 '이집트인을 위한 이집트'라는 민족주의 구호를 만들었다. 카이로의 유대인 공동체는 홀로코스트 생존자들이 팔레스타인으로 이주할 필요가 없도록 이집트에 정착촌을 마련하려고 했다.

  많은 유대인이 지역의 민족주의 운동보다 유럽의 식민지 열강에 일체감을 가졌지만, 이 지역에서 다양한 역사와 문화적 유대를 이어 왔다. 리비아의 유대인은 벵가지$_{Benghazi}$를 상업의 중심지로 만들었고, 이라크의 유대인 지식인은 중동에서 가장 영향력 있는 작가들이었다. 알레포$_{Aleppo}$에 거주하는 유대인 가족들은 시리아에서 받았던 환대를 기억하며 하누카$_{Chanukah}$ 촛불을 추가로 켜 놓곤 했다. 모로코에서 한때 유대교 회당들이 곳곳에 세워졌다. 베르베르 사막$_{Berber\ desert}$의 타필랄트$_{Tafilalt}$에서 아틀라스$_{Atlas}$ 산맥의 구석진 곳, 알제리 국경 인근의 우지다$_{Oujda}$에서 대서양 연안의 에사우이라$_{Essaouira}$까지 세워졌다. 막강한 오스만 제국도 반유대주의에 빠지지 않았지만, 당시 기독교인이 더 열광적으로 반유대주의에 몰입해 있었다.

종교적 열정의 중심지로서 팔레스타인은 수천 년 동안 종파 간 폭력으로 분열되었다. 이곳은 오스만의 지배를 받던 400년 동안 여러 주로 나뉘어 대개는 튀르크 군벌이나 압제자들이 통치했고 드물게 아랍인이나 유대인도 통치했다. 빈번한 유혈 사태에도 불구하고 이 지역의 무슬림, 유대인 그리고 기독교도 사이에 근본적인 적대감은 없었다. 예루살렘에서 거의 끊임없이 내부 분쟁이 일어났지만, 아브라함을 시조로 하는 3개의 종교가 함께 조화를 이루며 지냈고, 서로의 종교 행사에 참석하기도 했다. 한편 유럽에서 폴란드, 러시아, 리투아니아, 루마니아까지 수 세기를 이어온 잔혹한 박해는 유대인이 존엄을 지키며 자유롭게 살 수 있고 민족적 자부심을 고양하고 외부의 공격으로부터 자신을 지킬 수 있는 나라를 건설하려는 19세기 유대인 운동의 기폭제가 됐다.

1890년대 이후로 유대인은 예루살렘에서 다수 민족이 되었다. 2차 세계 대전 발발 무렵, 그들만의 나라를 염원하는 억압받던 유대인이 유입되고 영국군이 주둔하게 되면서 일촉즉발의 분위기가 조성되었다. 유혈 충돌이 일어나 1929년 헤브론에서 거의 70명의 유대인이 학살당했고, 1936년의 아랍인 총파업Arab General Strike은 아랍 반란의 대학살로 이어졌다. 폭력이 화산처럼 폭발했다. 텔아비브대학Tel Aviv University의 메이르 리트바크Meir Litvak 교수에 따르면, 당시 유대인과 영국군에 의해 희생당한 숫자보다 다른 아랍인에게 희생당한 아랍인이 더 많았다.³ 제3제국의 사우론의 눈이 팔레스타인으로 돌려 불안한 움직임을 파악했고 나치 정권에 기회가 찾아왔다.

레모네이드 정상회담

나치의 조작 능력은 그 독창성에서 발현되었다. 베를린은 단순히 기존 물자를 중동에 보내는 것으로는 충분하지 않다고 생각했다. 이미 아랍어로 번역된 『시온 장로 의정서』처럼 중요한 반유대주의 문서들도 유럽의 문화와 감수성에 맞게 개정해야 한다고 느꼈다(『나의 투쟁』이 부분별로 아랍 신문에 연재되었다).⁴ 히틀러의 정책 기획자들은 아랍인이 제3제국의 이념에 완전히 동화되려면, 진정성 있는 맥락을 제시할 필요가 있다고 판단했다. 이러한 정신에 따라, 나치 선전가들과 협력할 수 있는 저명한 이슬람주의자들을 모집했다. 이 무리의 지도자는 예루살렘의 최고종교지도자_{Grand Mufti}인 팔레스타인인 하지 아민 알 후세이니_{Hajj Amin al-Husseini}로 팔레스타인 온건파를 상대로 조직 폭력을 주도한 극단주의자로 알려졌다. '팔레스타인 아랍 민족운동의 아버지'⁵로 추앙받는 후세이니는 야세르 아라파트_{Yasser Arafat}의 원형이 되는 인물이었다. 선지자 모하메드의 후손이라고 주장하는 그의 가문은 수백 년에 걸쳐 지역에서 가장 존경받는 씨족 중 하나였고 후세이니는 모스크, 이슬람 법원, 학교, 공익 기금(와크프)_{waqf}을 포함하는 후원 조직과 중요한 예산을 관장하며 영국령 팔레스타인에서 가장 영향력 있는 아랍인으로 등장했다.

1941년 후세이니(좌)는 히틀러(우)를 만나 '유대인 말살 계획'을 논의했다

1936년 이후로, 후세이니는 — 당시 그는 자신이 세운 정당인 팔레스타인 아랍당_{Palestine Arab Party}의 지도자였다 — 모든 팔레스타인 정파의 지도자들을 포함한 10인으로 구성된 아랍 고등위원회_{Arab Higher Committee}의 의장이 되었다.[6] 1937년 9월 그는 이후에 현대 이슬람 극단주의의 기초 헌장 가운데 하나로 인정받는 '이슬람 세계에 전하는 최고종교지도자 선언문'을 썼다.[7] 그는 선언문에 이렇게 썼다.

「아랍에 대항하는 유대인의 투쟁엔 새로운 것이 없다. 유대인은 모

제5장 조작과 왜곡, 이스라엘 혐오의 세 번째 특징 171

하메드와 이슬람을 미워한다. 이 땅에서 유대인이 없어질 때까지 멈춰서는 안 된다.」[8]

독일 외교관 에르빈 에텔Erwin Ettel은 후세이니의 자문역이었다. 1939년에서 1941년 영국·소련의 페르시아 침공 때까지 이란 주재 독일 대사였던 에텔은 이미 중동에서 영국의 영향력을 억제하기 위한 수단으로 시범적으로 무슬림 반유대주의를 활용했다. 그는 이렇게 밝혔다.

"반영국 정서를 촉진하는 방법은 옛날에 모하메드가 유대인에 맞서 싸운 것을 현재 총통이 (영국과) 맞서 싸우는 것과 명확하게 연결 짓는 것이다. 이를 영국인과 유대인을 연결 지어 결합하면, 엄청난 효과가 있을 것이다."

에텔과 후세이니는 베를린에서 메모를 주고받으며 긴밀하게 일을 진행했다. 1942년 6월 26일 자 메모 중에서 무프티(최고종교지도자)는 "아랍과 독일의 목표는 '완전히 일치'하며 세계 유대인에 맞서 투쟁하는 독일과 아랍은 밀접하게 연결되어 있다."라고 강조하며 상대편을 확신시켰다. 그는 연합국의 승리는 아랍 민족주의 정신의 종말을 의미하지만, 추축국의 승리는 아랍의 자유와 독립을 보장한다고 썼다.[9]

1941년 11월 28일, 무프티는 히틀러와 면담할 기회를 얻었고, 팔레스타인 선동가는 명예를 되찾았다.

「유명한 총통 관저에서 공식적인 면담으로 생각했지만, 총통과의 사적인 만남일 줄은 예상하지 못했다.」

그는 회고록에서 이렇게 회상했다.

「총통 관저 앞의 광장을 지나 화려한 건물의 입구 앞에 도착해 차에서 내렸다. 광장에 도열한 약 200여 명의 의장대와 군악대의 연주 소리에 깜짝 놀랐다.」[10]

당시의 거창하고 화려한 의식은 히틀러가 이슬람을 얼마나 추켜세우고 있는지를 보여 준다. 데이비드 모타델(David Motadel)의 언급에 따르면, 회담에서 히틀러는 기독교를 이슬람교와 비교하며 반복해서 비판했다.

「그가 강인하고 실천적인 신앙으로 묘사한 이슬람교와는 대조적으로, 기독교는 연약하고 작위적이고 고통에 약한 종교로 묘사했다.」

그는 이어서 이렇게 썼다.

「히틀러는 그의 측근들에게 이슬람이 현세의 종교인 반면에, 기독교는 내세의 종교로 이슬람이 약속한 낙원과 비교했을 때 크게 매력적이지 않은 왕국이라고 말했다.」[11]

그러나 독일군의 진격이 붉은 군대의 반격으로 모스크바 외곽에 멈춰 섰기 때문에, 총통의 심기는 그리 편치 않았다.

성대한 환영에도 불구하고, 커피에 대한 의견 차이로 만남은 처음부터 삐걱거렸다. 무프티의 통역관은 아랍의 전통적인 환영 예절에 따라 커피가 나와야 한다고 주장했지만, 히틀러는 휘하의 최고 군사령관들조차도 자신이 참석한 자리에서 커피를 마시지 못한다고 응수했다. 결국 총통은 자리를 떠났다가 친위대 장교와 함께 레모네이드를 들고 돌아왔다. 잘 알려진 이 만남의 사진과 뉴스 영화는 두 사람이 깊은 대화를 나누는 모습을 보여 주는데, 무프티는 예복과 터번을 두른 차분한 모습이었고, 총통은 의자 끝에 걸터앉아 손짓하는 모습이 담겨 있다.

야망이 넘쳤던 후세이니(무프티)는 히틀러에게 자신을 팔레스타인, 시리아, 이라크로 이뤄진 제국의 통치자로 임명하고 그의 아랍 군단이 독일 국방군과 함께 싸울 수 있도록 허락해 달라고 요청했다. (이런 헛된 야망을 품은 것은 그가 처음은 아니었다. 1차 세계 대전 기간에 하심 가문의 지도자이며 서부 사우디아라비아 헤자즈$_{\text{Hejaz}}$의 왕인 후세인 빈 알리$_{\text{Hussein bin Ali}}$는 팔레스타인, 아라비아, 시리아, 이라크를 아우르는 그의 제국을 넘기는 대가로 영국군에 오스만 제국에 맞서 아랍 봉기를 일으킬 것을 제안했다). 히틀러는 처음에는 무프티의 요청을 한쪽으로 미뤄 놓았다. 대신에 그는 '유대인 권력의 두 기둥'인 영국과 소련을 그들의 공동의 적으로 인식하고 유대인 국가는 존재하지 않을 것임을 맹세했다. 그런 다음 그는 최종 해결책이라는 화두를 제시했다.

"독일은 단계적으로 유럽 국가들에 차례로 유대인 문제를 해결해 달라고 요청할 것이다."

그는 이어서 이렇게 말했다.

"이후 독일의 목표는 아랍 전역에 남아 있는 유대인의 잔재를 제거하는 것이다."

결국 히틀러는 무프티의 아랍 제국을 위한 간청에 러시아와 영국을 패망시킨 후에 고려할 수 있다고 답했다. 그는 무프티의 밝은색 눈과

붉은 머리카락에 감탄하기에 앞서 무프티가 아리안 혈통을 지녔다고 판단했다.[12]

탁월한 거짓말 제조기

비록 히틀러가 1943년의 후속 회담 요청을 거절했지만,[13] 후세이니(무프티)는 약속을 헌신적으로 지켰다. 한참 후에 쓴 회고록에서 무프티는 '독일이 그날의 약속을 지켰다면, 팔레스타인에서 시온주의자들의 흔적은 없을 것이라고 그때나 지금이나 확신한다'라며 나치에 협조했던 것을 떠벌렸다.[14] 그는 총통과의 회담을 마치며 유대인을 향한 나치 정권의 의도에 어떠한 의심도 하지 않았다. 그날 이후로 그는 대학살에 관해 어떠한 망설임도 없었다. 1943년 나치 친위대(SS) 장관 하인리히 힘러Heinrich Himmler가 '이미 300만 명 이상의 유대인이 제거되었다'라고 그에게 말한 것을 즐겁게 회상하기도 했다.[15] 1942년 7월 팔레스타인 사절단은 악명 높은 작센하우젠 강제수용소Sachsenhausen camp[16]를 방문했는데, 후세이니가 트레빈Trebbin의 강제수용소[17]를 공식 방문한 모습이 담긴 사진이 2017년에 공개되었다. 독일 정부의 한 각료는 후세이니에 관해 이렇게 말했다.

"무프티는 유대인을 불구대천의 원수로 삼았으며 그들 모두가 죽는 것을 보고 싶다는 소망을 굳이 감추지 않았다."[18]

런던대학 소아스SOAS, University of London의 길버트 아치카Gilbert Achcar

교수는 "후세이니는 나치의 '유대인'에 관한 범죄적 망상이 인류에 대한 최악의 범죄로 확대되는 상황에서 그 속으로 뛰어들었습니다."라고 언급했다.[19]

힘러와 팔레스타인 지도자는 친밀한 관계로 발전했다. 1943년 힘러는 무프티에게 다음과 같은 내용의 전보를 보냈다.

「위대한 독일의 국가사회주의 운동은 처음에는 세계 유대인에 대한 투쟁을 무시했습니다. 하지만 나치의 국가사회주의 운동은 자유를 사랑하는 아랍인, 특히 팔레스타인에서 유대인 침략자에 맞서 싸우는 아랍인의 투쟁과 밀접하게 연결되어 있습니다. 적에 대한 공동의 인식과 투쟁으로 독일과 전 세계의 자유를 사랑하는 무슬림 사이에 굳건한 기반이 구축되었습니다.」[20]

무프티는 이에 동의하면서, "아랍과 독일 모두 영국, 유대인, 공산주의라는 세 가지 공동의 적[21]에 맞서 싸우고 있기에 진정한 친구입니다."라고 답하고는 북아프리카에서 나치를 도와 정보를 공유하고 방해 작전을 펼쳤다. 유대인을 '침략자', 아랍인을 '자유를 수호하는 자'로 표현한 의사소통 방식에서 나치의 반유대주의가 처음으로 이스라엘 혐오로 변모하는 모습을 볼 수 있다.

프로젝트는 바로 실행에 들어갔다. 후세이니는 힘러로부터 영국을 팔레스타인에서 축출한 다음, 아이히만$_{\text{Eichmann}}$의 유대인 담당 부서 관료와 함께 예루살렘을 방문해 최종 해결책$_{\text{final solution}}$을 예루살렘까지 확대하겠다는 약속을 받았다.[22] 추축군, 외교관, 간첩, 부역자들이 수백만 장의 유인물을 뿌리고 다녔지만, 아랍 전역의 높은 문맹률 때문에 라디오 방송에 중점을 두고 선전 활동을 했다. 중동과 북아프리카의 선전 방송 임무는 베를린 남쪽의 작은 마을인 지센$_{Zeesen}$에 위치한 라디오 베를린$_{Radio\ Berlin}$이 수행했다.

후세이니는 나치의 급여 수령자 명단에 있었고 한 달에 900마르크를 받았던 것으로 밝혀졌다. 1988년 클라우스 젠시크$_{Klaus\ Gensicke}$의 연구로 밝혀진 사실에 따르면, 후세이니는 반유대 선전에 협력한 것은 물론이고 유고슬라비아에 독일·아랍 군단과 무슬림 친위대를 창설하는 데도 일조했다.[23] 종교와 정치를 분리하려는 시도를 거부하고 군중을 선동하는 재능이 있는 무프티는 탁월한 라디오 진행자로 많은 방송을 진행했다. 하지만 라디오 베를린의 표준 아랍어 방송의 아나운서 책임자는 유누스 바리$_{Yunus\ Bahri}$로 이라크의 호호 경$_{Lord\ Haw-Haw}$●이라 불렸다.

전쟁 당시 단파 방송 수신기의 제약에도 불구하고, 바리는 아랍 전역에서 큰 인기를 누렸다. 영국 정보국의 첩보에 따르면, '그는 거친 언행, 음모, 탁월한 거짓말 제조, 짓궂은 장난으로 유명하고 무엇보다도 좋은 조건을 제시하는 사람이면 누구에게라도 달려갈 사람이다.'[24]

1,300년 전에 유대인이 모하메드를 거부했다는 것은 그들이 항상 이슬람의 적이었다는 증거였으며 팔레스타인에서 자기 결정권을 쟁취하겠다는 욕망은 그들이 현대에도 변함없이 허위를 일삼는다는 것

● 호호 경(Lord Haw-Haw): 2차 세계 대전 당시 독일에서 영국을 상대로 나치 선선 방송을 한 영국의 파시스트 윌리엄 조이스$_{William\ Joyce}$에 붙여진 별명

을 증명한다고 비판했다. 이러한 비판 속에서 중동의 격언이나 코란의 구절은 따뜻하고 진실한 것처럼 느껴졌다. 이 분야의 권위자인 미국의 역사학자 제프리 허프~Jeffrey Herf~가 공개한 1944년의 선전 방송은 인종주의와 종교적 광신주의의 전형적인 혼합을 보여 준다. 방송에서 아나운서는 이렇게 표현했다.

"아랍인은 상당히 자상하고 친절하지만, 유대인은 비열해 보입니다. 아랍인은 용감하고 강인하지만, 유대인은 비겁하고 두려움에 떨고 있죠. 두 민족 간의 차이는 그들 사이에 늘 존재하는 지속적인 적대감에서 비롯되었습니다. 따라서 아랍인과 유대인 사이의 이런 적대감과 갈등은 아마도 두 민족 중의 하나가 없어질 때까지 계속될 것입니다."

아나운서는 나지막이 이야기를 이어 나갔다.

"유대인은 이슬람에서 그들의 신앙이 위험에 처한 것을 알았습니다. 그래서 선지자까지 공격하려 했습니다."

이어서 아나운서는 유대인을 무슬림의 가장 강력한 적으로 묘사한 코란의 5장 82절을 낭송했고 유대인이 '무슬림 팔레스타인'에 유대인 국가 건설의 꿈을 실현하고자 제1차 세계 대전을 일으켰다고 주장했다.[25]

이러한 메시지의 근간은 유대인에 대한 뿌리 깊은 악마화였다. 독일인이 오랜 세월 그들의 불행 뒤에 유대인이 도사리고 있다고 세뇌당했던 것처럼, 아랍인도 교활하고 역겨운 적과의 생존 투쟁에 휘말리게 되었다고 선동당했다. 1942년 후세이니는 베를린 이슬람 연구소 개원식의 기념 연설에서 유대인은 코란의 시대 이래로, 이슬람의 적이었으며 그들이 미국과 이교도 소련 모두를 주무르고 있다고 주장했다.[26]

같은 해, 중동의 청취자에게 팔레스타인에 관한 도발적인 메시지가 방송되었다. '무자비한 영국과 더러운 유대인이 공포를 조장해 통치'하고 있고 아랍인은 '치욕스럽고 비참한 환경에 살며, 피로 물든 웅덩이에서 헤엄치고 있는 것과 같다'라고 선동했다. 성지가 침범당했고 아랍인을 추방하기 위한 계획이 시작되었다는 이야기는 아랍인을 선동하기 위한 나치의 발상이었다. 방송 진행자는 "영국의 전쟁 목적은 아랍인을 완전히 몰살하는 것이고 이를 위해 많은 유대인이 팔레스타인 군대에 입대하고 있습니다."라고 말했다(물론 실제로 유대인이 히틀러와 싸우기 위해 무기를 들었다). 그는 또한 "미국이 대영제국을 장악하면 그들의 주인인 유대인에게 팔레스타인을 넘겨줄 것입니다."라고 주장하기도 했다.[27]

행성 사이의 유대인

이러한 주장은 사실이 아니었지만, 기존의 편견을 더욱 강화했다. 이집트 주재 영국 영사의 보고서에 따르면 전쟁 중에 나치 독일에 대한 아랍인의 시각이 바뀌었고 허위 사실은 지속적으로 영향을 미쳤다. 수천 년의 세월을 함께한 유대인의 역사가 남아 있는 땅이 있음에도, 이스라엘을 식민주의자로 치부하거나 하마스가 통치하는 가자지구를 이스라엘의 강제수용소로 묘사하고 있다. 또한 이스라엘이 무슬림의 예루살렘 성지 출입을 제한한다는 허위 주장을 퍼뜨리고 나치 방식의 '대학살'을 이스라엘이 자행한다는 거짓 비난을 일삼으며, 시온주의자가 '로비'의 힘으로 세계 문제를 비밀리에 통제한다는 식의 이스라엘 혐오 서사를 오늘날까지 지속하고 있다. 중세의 피의 비방$_{\text{blood libel}}$의 현대적 해석으로 지진 재난 지역에서 구조 활동에 참여했던 이스라엘인이 희생자의 장기를 적출했다고 의심했다. 이 모든 것들이 사실로 느껴지는 이유는 나치에 의해 강화된 뿌리 깊은 반유대주의의 새로운 형태이기 때문이었다. 그래서 일부 사람들에게는 믿을 만한 것처럼 보였다.

청중이 그의 허위 주장에 열광하는 가운데, 후세이니와 그의 동료들은 더욱 터무니없는 주장을 늘어놓았다. 1941년 4월 25일, 점령당한 아테네$_{\text{Athens}}$에 자리를 잡은 나치의 아랍어 라디오 방송국은 『미국의 유대인$_{\text{Jews in America}}$』이라는 제목의 방송을 했다. 방송에서 유대계 미국인들이 미국 은행의 98퍼센트를 소유하고 있고 산업의 87퍼센트를 장악하고 있으며, 신문사의 97퍼센트, 라디오 방송국의 90퍼센트를 소유하고 있고 모든 영화관과 극장을 소유하고 있다고 주장했다.[28]

이런 내용은 같은 날 방송된 두 번째 프로그램의 황당한 주장에 묻혔다.

「영향력 있는 한 명의 유대인이 나라 전체의 사기를 떨어뜨린다면,

700만 명의 유대계 미국인이라면 전 세계뿐 아니라 나머지 행성들의 사기도 떨어뜨릴 수 있다.」[29]

외계까지 들먹이는 이런 반유대주의가 황당무계한 소리로 들리지만, 이는 과거의 일이 아니다. 2021년 큐어넌$_{QAnon}$●과 9/11 음모론을 떠벌렸던 미국 공화당 의원, 마저리 테일러 그린$_{Marjorie\ Taylor\ Greene}$은 캘리포니아 산불이 유대인이 조종하는 우주 공간의 '레이저와 푸른 광선'에 의해 발화되었고 이를 통해 로스차일드 가문이 이득을 보았다고 주장했다.[30]

하지만 이런 선전 선동은 대량 학살이라는 목표를 놓치지 않았다. 1942년 7월 유대인이 처음으로 소비보르$_{Sobibor}$와 아우슈비츠$_{Auschwitz}$ 수용소에 도착했을 무렵, 한 연설자는 **「유대인이 우리를 죽이기 전에 우리가 먼저 유대인을 죽이자」**라는 제목의 연설을 하면서, "우리의 재산을 강탈하고 우리의 안전을 위협하는 음모를 꾸미는 유대인을 죽여야 합니다."라고 성토했다.

시리아, 이라크 그리고 팔레스타인의 아랍인이여, 무엇을 망설이고 있습니까? 유대인이 우리의 여자를 범하고 아이들을 죽이고 우리를 파멸시킬 계획을 꾸미고 있습니다. 무슬림의 종교는 유대인을 몰살시키는 것이 우리의 삶을 지키기 위한 의무라고 했습니다. 우리의 권리를 빼앗고 국가에 불행과 파멸을 가져오는 이 더러운 인종을 없앨

● 도널드 트럼프를 지지하는 음모론에 기반을 둔 대안 우파.

수 있는 최고의 기회를 맞았습니다. 유대인을 죽여야 합니다. 그들의 재산을 불태우고 상점을 파괴하고 영국 제국주의 부역자의 뿌리를 뽑아 버려야 합니다. 우리가 구원받을 수 있는 유일한 희망은 유대인이 우리를 학살하기 전에 우리가 그들을 몰살하는 것입니다.[31]

이 구절에서 우리는 나치즘, 아랍 민족주의, 이슬람주의와 결합하여 유대인 증오라는 프랑켄슈타인의 괴물을 만들어 낸, 아랍 방언이 섞인 독일인의 목소리를 들을 수 있다. 이는 놀랄 만큼 효과적이었다. 중동에서 히틀러의 인기는 전쟁의 양상에 따라 변했다. 승리를 거듭하던 1942년, 절정에 달했고 이후에 패배하면서 총통의 매력도 떨어졌다. 그러나 그를 싫어하는 아랍인조차 라디오 베를린에서 쏟아 내는 선전 선동에 빠져들었다. 반면 영국은 아랍인을 달래는 데 중점을 두었다. 1939년 정부 백서에 따라 영국군은 피폐한 유럽에서 도착한 낡은 유대인 난민선의 상륙을 봉쇄하고 홀로코스트 생존자를 포로수용소에 수용한 후 해외로 추방했다. 이런 조치는 난민선이 더는 들어오지 않는 전쟁 중반까지 계속되었다. 이와 마찬가지로 연합군의 선전 기관도 아랍인을 불필요하게 자극할 우려가 있다는 이유로 대응 메시지에 유대인과 시온주의에 관한 언급을 피했다.

1945년 무렵, 제3제국의 종말이 다가오면서, 나치의 이념은 무슬림 세계의 혈류를 타고 흘렀다. 레반트~Levant~ 지역●에서 **'알라는 살아**

● 동지중해 해안 인근 지역, 현재의 레바논, 시리아, 요르단, 이스라엘, 팔레스타인 지역이 모두 포함된다.

있다, 알라는 살아 있다, 선지자 모하메드 히틀러가 온다'•라는 구호가 퍼졌다. 1945년 6월 미국 중앙정보국 CIA의 전신인 전략사무국$_{OSS}$ 은 "팔레스타인 거리의 조직폭력배들도 '무슬림의 검, 하지 아민•'이 라는 후렴구를 부르며 돌아다닌다. 거의 모든 공개집회가 무프티의 귀환을 촉구하는 성격을 띠고 있다."라고 보고했다.[32] 팔레스타인과 유대인의 운명을 가를 다음 무대가 펼쳐질 무렵, 이념적 기반은 이미 제3제국의 유산이 차지한 상태였다.

나치-이슬람주의 선전에 관한 서방의 무관심은 냉전 시대에도 지속되었다. 사실, 중동에서 이런 광신주의의 존재를 외면하는 것은 현재까지 이어지고 있다. 현대 무슬림 문화 속에서 히틀러주의$_{Hitlerism}$의 유산을 드러내는 학문은 대중의 관심을 끌지 못했다.

독일의 정치학자이며 역사학자인 마티아스 쿤첼$_{Matthias\ Küntzel}$은 다음과 같이 주장했다. "무프티로 대표되는 팔레스타인 민족주의 운동과 국가사회주의 사이의 연관성을 이해하면 좌파가 팔레스타인 대의에 동조하는 것이 더 어려워질 것이다."[33]

다시 말해, 진보주의자들은 분쟁에서 아랍의 역할을 재평가하는 것보다 증거를 은폐하는 것이 더 낫다고 판단했다.

전쟁이 끝나고 후세이니는 연합군에 체포되어 파리에 구금되었다. 뉘른베르크$_{Nuremberg}$에서 나치의 고위급 인사들이 재판을 받았지만,

---

- Allah hai, Allah hai, Hajj Muhammad Hitler jai – Allah lives, Allah lives, Hajj Muhammad Hitler is coming.
- Haj Amin, sword of the Muslims.

이 팔레스타인 지도자는 여기에 포함될 급은 아니었다. 유고슬라비아가 세르비아에서 벌어진 나치 친위대의 학살에 연루된 그를 법정에 세우려 했지만, 실패로 돌아갔다. 저명한 역사학자 버나드 루이스Bernard Lewis는 '이슬람 세계에서 친나치 이력은 수치가 아니라 자부심의 원천'이라고 평가했다.[34] 무프티의 전쟁 기간의 이력도 그의 인기를 떨어뜨리지 못했다. 그를 석방해야 한다는 청원이 있었고 결국 후세이니는 이집트로 이송돼 정치적 망명을 했다. 1954년 그는 이집트 신문에 기고문을 연재했고, 나중에 연재물을 묶어 책으로 출판해 인기를 끌었다.

「세계 유대인과 우리의 싸움은 죽느냐 사느냐의 문제이고, 대립하는 두 신앙 사이의 싸움이다. 각각의 신앙은 어느 하나의 폐허 위에서만 존재할 수 있다.」[35]

후세이니는 이런 글을 남기고 1974년 베이루트에서 사망했다.

유유상종

'무프티the Mufti'(후세이니의 애칭)가 1946년 그의 동맹 가운데 하나였던 이집트로 망명하자, 하산 알 바나Hassan al-Banna는 그를 찬양하는 산문시를 지었다.

「무프티는 팔레스타인, 팔레스타인이 곧 무프티다. 오! 아민! 위대하고 지조 있는 진실로 위대한 사람. 히틀러와 독일과 함께 대영제국에 맞서 유대인과 결전을 벌인 사람. 히틀러와 독일은 떠났지만, 아민 알 후세이니$_{\text{Amin Al-Husseini}}$는 투쟁을 계속할 것이다.」[36]

1928년 히틀러의 숭배자였던 광신적인 알 바나는 무슬림 형제단$_{\text{Muslim Brotherhood}}$을 창설했다. 강경 이슬람주의 단체인 무슬림 형제단은 하마스를 탄생시키고 알카에다$_{\text{Al-Qaeda}}$와 이슬람국가$_{\text{IS}}$에 영감을 주었다. 무프티도 무슬림 형제단을 적극적으로 지원했고,[37] 실제로 그는 궐석의 상태에서 조직의 지도자로 임명되었다.[38] 현대 이슬람 원리주의(지하디즘)$_{\text{Jihadism}}$에 근거한 이 단체는 후세이니가 남긴 오랜 독성을 지닌 유산의 통로가 되었다.

1949년 알 바나는 이집트의 비밀경찰에게 암살당했다. 그의 후계자인 선동가 사이드 쿠틉$_{\text{Sayyid Qutb}}$은 좀 더 영향력이 있었고 살라피 운동•의 아버지로 불렸다. 그가 쓴 24권의 책과 500개가 넘는 기고문에서, 이 거물급의 극단주의 지식인은 선대의 이념을 서구에 적용해 반이슬람 퇴폐주의인 자힐리야$_{\text{jāhiliyyah}}$가 서구를 장악했다고 주장했다. 폴 버만$_{\text{Paul Berman}}$의 연구에 따르면, 전반적으로 유대인, 미국, 이스라엘, 자유주의에 대한 편견으로 가득 찬 쿠틉의 무슬림 경전에 관한 광범위한 저술은 무프티의 나치 선전 선동에 깊은 영향을 받았다.[39] 이슬람주의 세계관의 토대는 일반적인 제3제국 음모론에 기대어 유대인과 그들이 지배하는 사회가 무슬림의 적이라는 확신이다. 이런 논리는 히틀러의 유산을 21세기까지 끌고 오는 바탕이 되었고

● 살라피 운동$_{\text{Salafi movement}}$: 무슬림 형제단의 하산 알-바나가 전개한 이슬람 근본주의 운동. 서구 근대화의 충격에 따른 반작용으로 모하메드 시대의 초기 이슬람 공동체로 회귀하려 했다.

쿠틉의 교리는 알카에다Al-Qaeda와 이슬람국가IS의 근간이 되었다.

한편으로 1988년에 작성된 악명 높은 하마스 헌장의 토대가 되기도 했는데, 36절에 달하는 이 놀라운 문서는 성전(聖戰, 지하드)을 위한 포괄적인 계획을 열거했다. 쿤첼은 하마스 헌장도 나치의 선전에 크게 의존한 나머지 두 차례에 걸친 세계 대전의 책임을 시온주의자에게 돌리고 유대인, 지배, 부(富)에 관한 낡은 음모론을 반복하고 있다고 밝혔다.[40] 쿤첼의 연구를 떠나서 이미 많은 것들이 확실했다. 다음의 하마스 헌장 22절이 그 예시이다.

적들은 오랫동안 책략을 꾸몄고 거대한 물질적 부와 영향력을 쌓았다. 돈으로 세계의 언론을 장악했고, 돈으로 세계 여러 지역에서 혁명을 획책했다. 그들은 프랑스 혁명, 공산주의 혁명, 우리가 알고 있는 대부분의 혁명에서 배후 세력이었다.

그들은 사회를 파괴하고 시온주의자의 이익을 추구하기 위해, 돈으로 프리메이슨Freemasons, 로터리 클럽Rotary Clubs, 라이온스 클럽Lions 같은 비밀 단체들을 결성해 전 세계에 퍼뜨렸다. 그들은 1차 세계 대전을 일으킨 배후 세력으로 국제연맹League of Nations을 창설해 세계를 통치하려 했다. 2차 세계 대전의 배후에도 그들이 있었고, 이를 통해 막대한 금융 이익을 창출했다. 그들이 개입하지 않은 전쟁은 어디에도 없다.

시온주의자가 이집트의 나일강에서 이라크의 유프라테스강 사이의 수천 제곱마일에 달하는 영토 전체를 점령하려 한다고 비난한 32절은 더 많은 증거가 필요하다는 듯, '그들의 책략은 『시온 장로 의정서』에 자세히 설명되어 있다'라고 덧붙였다.[41] 이를 나치의 선전에 영향을 받았다고 표현하기에는 무언가 충분하지 않다. 바로 나치의 선전이기 때문이다. 서구에서 금기시되는 1930년대와 40년대 독일의 악의적인 이념은 알카에다와 이슬람 국가뿐만 아니라 하마스의 핵심에 자리를 잡았다. 이런 테러 집단을 친구로 여기는 진보주의자들에게 심각한 의문을 품게 된다.

히틀러의 망령

극단적인 이념 때문에 수천 명의 서구인이 희생되었다. 2006년 함부르크에서 열린 9/11 테러 조직의 생존자, 무니르 엘 모타사덱 Mounir el-Motassadeq 의 공개 재판이 열렸다. 그와 함께 코란 강독 모임을 한 동료 학생은 증인으로 출석해 모타사덱이 '세계 유대인 음모론'을 맹신해 '유대인이 이스라엘을 세우기 위해 제2차 세계 대전을 기획했다'라며 확신했다고 증언했다. 증인은 세계무역센터 테러범들이 뉴욕을 '유대인 세상의 중심'이라 여겨 특별하게 관심을 가졌다고 덧붙였다.[42] 모타사덱과 함께 거주했던 사람들은 그가 다가올 '거사'에 관해 자랑하면서, '유대인이 불에 타 죽을 것이고 결국 우리가 그들의 무덤 위에서 춤을 출 것이다'라고 열변을 토했다고 증언했다.[43] 증거들이 속속 드러나면서, 미국 최악의 테러 사건의 배후가 후세이니에 의해 중동에 전파되고 이후 수십 년에 걸쳐 무슬림 형제단에 의해 확산된 나치의 선전에 심취한 사람들임이 밝혀졌다.

제프리 허프_{Jeffrey Herf}는 "9/11 테러범은 좌파도 반제국주의자도 아니다. 부분적으로 그들은 중동에서 지속되고 있는 나치즘의 여파로 발생한 산물이다."라고 결론을 내렸다. 나치즘은 1945년 유럽에서 패배하면서 주요 정치적 동인으로서의 수명을 다했지만, 무슬림 형제단과 그 분파인 하마스나 알카에다에 빙의해 왕성한 사후 세계를 누렸고 반유대주의 음모론을 동력 삼아 서방에 대한 9/11 테러 공격으로 절정에 이르렀다.[44]

나치즘의 영향은 이스라엘이 건국되자마자 벌어진 대량 학살 전쟁으로 설명할 수 있다. 표면상으로 20세기에 민족 간 경쟁으로 영토 분할이 널리 퍼져 있었던 것을 감안하면, 팔레스타인이 유엔의 계획을 거부한 것은 눈에 띄는 대목이다. 좀 더 자세히 들여다보면, 이들을 대신해서 협상에 나선 것은 다름 아닌 쉰 살의 무프티, 하지 아민 알 후세이니_{Hajj Amin Al-Husseini}였다.[45] 1947년 봄, 유엔은 영국의 위임 통치를 종결하고 이 영토의 미래를 결정할 위원회를 구성했다. 일부 유엔 담당자들이 무프티의 나치 이력을 문제 삼아 그를 회의에서 배제하려 했지만, 결국엔 무산되었다. 시온주의자들을 대신해 유대인 기관이 위원회에 초청을 받았지만, 피에 굶주린 선동가가 전쟁 전의 직위인 아랍 고등위원회_{Arab Higher Committee}의 의장으로 복귀해 그의 동생 자말_{Jamal}을 부의장에 앉히며 팔레스타인인을 대표했다.[46]

아랍 고등위원회는 이슬람 극단주의에 휘둘린 후세이니 가문과 그들의 일파가 장악했다. 역사학자 베니 모리스~Benny Morris~는 나샤시비~Nashashibi~ 가문이 주도하는 팔레스타인 온건파는 아랍연맹에서 '냉대' 받고 소외당했다고 언급했다.⁴⁷ 그 결과, 팔레스타인 측은 출발부터 비협조적인 자세를 취했는데, '제국주의의 이익'에 따라 위원회가 움직인다는 이유로 유엔을 거부하고 영토 분할 논의를 위해 카이로에서 진행하기로 한 사절단 회의도 거부했다. 역사학자 니콜라스 베델~Nicholas Bethell~은 상황을 이렇게 기록했다.

「하지 아민, 그는 영국 사절단과는 말 그대로 대화만 나눴다. 하지만 아랍 지도자들에겐 영국군이 철수하는 즉시 아랍인이 하나가 되어 유대인을 공격해 쓰러뜨려야 한다는 점을 주지시켰다.」⁴⁸

유엔이 두 국가 체제 원안인 유대인 국가 옆에 팔레스타인 국가 설립안을 제시했을 때, 무프티는 '아랍 권역에 남아 있는 유대적 요소의 파괴'라는 히틀러의 야망을 실현할 기회라고 생각했다. 6년 전 그는 총통과의 사적인 만남에서 총통과 이런 비전을 공유했다. 후세이니는 자파~Jaffa~의 한 신문사와의 인터뷰에서 더욱 분명히 말했다.

"시온주의자들이 전멸할 때까지 투쟁을 계속한다면 팔레스타인 전체는 순수한 아랍의 영토가 될 것입니다."⁴⁹

팔레스타인 조직이 움직이기 시작했다. 유대인 국가 측에서 영토 분할안을 받아들이기도 전에, 후세이니의 이집트 동맹인 무슬림 형제단의 지도자 알 바나 — 1940년 이후 이집트 군대에서 병력을 차출해 특수 군사 조직을 만들었다 — 가 성전을 선포하고 팔레스타인에 전투부대를 파병했다.

요르단 국왕 압둘라 1세_Abdullah I, 이집트 총리 이스마일 시드키_Ismail Sidky, 이라크 총리 무자힘 알 파차치_Muzahim al-Pachachi, 아랍연맹의 사무총장 압둘 알 라흐만 아잠_Abdul al-Rahman Azzam은 밀실에 모여 유엔 중재안 거부에 관한 우려를 표시했다. 그러나 범아랍민족주의 정신으로 인해 지역의 지도자들은 팔레스타인의 대의명분을 추종했다. 무프티는 단결을 요구했고 오랫동안 그의 선동에 세뇌된 아랍 민중은 열광적인 분위기에 휩싸였다. 쿤첼은 이렇게 말했다.

"이집트 역사상 가장 큰 팔레스타인 지지 시위가 일어나면서 10만 명이 넘는 군중이 거리를 행진했습니다. 유혈 진압을 통해 팔레스타인을 해방해야 한다고 주장한 연설자가 환호를 받았습니다. 유럽과 유대인 기관들이 공격을 받았고 일부는 파괴되기도 했습니다."[50]

이 모든 것이 전쟁 당시 독일의 선동에서 비롯된 결과였다. 실제로 적대행위가 발생했을 때, '유대인을 죽이자! 그들 모두를 죽이자!'[51]라는 무프티의 외침은 전시에 그가 방송에서 바로 했던 말이었다. 조지프 스포엘_Joseph Spoerl은 이 상황을 이렇게 표현했다.

「뒤이은 분쟁은 무법자들에 대항한 정당방위 전쟁이며 공공연하게 대량 학살을 주장하는 친나치 성향의 팔레스타인 지도부는 아랍과 팔레스타인 대중 사이에서 엄청난 인기를 누렸다.」[52]

역설적으로 인종청소와 대량 학살에 열중한 것은 시온주의자가 아니었다. 바로 아랍인이었다. 격전의 무대가 막을 올렸다. 이스라엘 독립 전쟁이 발발했고 뒤를 이어 6일 전쟁, 욤 키푸르 전쟁, 광범위한 아랍-이스라엘 분쟁과 이슬람 원리주의의 재앙이 이어졌다. 제프리 허프$_{Jeffrey\ Herf}$는 '하마스, 이란, 알카에다, 헤즈볼라, 팔레스타인 해방기구$_{PLO}$ 등이 두 국가 체제 방안$_{two\text{-}states\ solution}$을 거부한 것은 1940년대 나치즘과 이슬람주의의 치명적인 결합에 따른 후유증이었다'라고 서술했다.[53] 히틀러의 망령이 길게 드리워졌다.

광기를 넘어서

나치의 조작에 따른 문화적 여파로 중동은 몸살을 앓았다. 히틀러가 팔레스타인을 정복하지는 못했다. 그러나, 짧은 기간에 아랍의 거리를 현재까지도 성행하는 유대인, 이스라엘, 서구에 대한 증오로 채웠다. 독일이 전쟁에서 패배한 후에도 제3제국 전직 관료들이 중동 국가의 정부에 스며들게 되면서 나치와 아랍의 관계는 지속되었다. 이스라엘이 격동의 시기에 탄생하자, 그들의 이스라엘 혐오 음모론은 더욱 활기를 띠었다.

이슬람 세계가 전쟁에서 얻은 교훈은 서구의 그것과는 완전히 달랐다. 유럽인의 관점에서 히틀러의 패배는 독일과 다른 나라들이 단호하게 과거와 결별하고 반유대주의가 결정적으로 불신을 받는 계기가 되었다. 그러나 중동에서는 그 반대였다. 많은 무슬림에게 히틀러의 패배는 연합국이 승리한 후 3년 뒤에 세워진 이스라엘로 인해 팔레스타인 땅에 유대인이 영국의 지원을 받아 나라를 세운다는 나치의 선전이 실제로 옳았다는 것을 입증한 결과였다. 그러나 만약 그들이 옳았다면 유대인이 나머지 지역도 정복하고 이슬람교도도 학살해야 했을 것이다.

제2차 세계 대전이 끝나고 거의 90년의 세월이 흘렀지만, 무슬림 사이에서 히틀러에 대한 애정은 아직도 남아 있다. 2010년 사우디아라비아의 칼럼니스트 이맘 알카와이플리Iman Al-Quwaifli는 『알 와탄Al-Watan』 신문에 비판적인 글을 썼다.

「아랍 세계에서 아돌프 히틀러와 나치즘에 대한 동정은 우리가 알고 있는 역사에서 진실에 눈을 감고 선한 사람들을 악마로 표현하는 상상 속의 웃음거리일 뿐이다.」[54]

홀로코스트 부정과 그 변형도 일상이 되었다. 충격적이지만, 나치의 유대인 학살 계획이 존재했었다면, 이를 지지했을 거라 이야기하는 아랍인의 목소리를 심심치 않게 들을 수 있다. 2002년 이집트 국영 신문 『알 아크바르Al Akhbar』에 이런 내용의 사설이 실렸다.

「프랑스 학자들은 그것이 조작에 불과하다고 입증했다. 나는 히틀러에게 불만이 있다. 마음속 깊은 곳에서 그에게 이렇게 말하고 있다. "형제여! 만약 당신이 그 일을 했다면, 그래서 실제로 그런 상황이 벌어졌다면 유대인의 악행과 죄가 없는 세상에서 한숨 돌리게 되었을 것이다".」[55]

같은 해 이집트 국영 방송과 아랍의 여러 방송들이 30부작의 드라마 『시온 장로 의정서』를 수천만 명의 시청자에게 송출했다.[56]

일부 아랍 언론 매체들은 황당할 정도로 왜곡되어 있다. 2022년

12월 팔레스타인 자치정부의 기관지인 『알 하야트 알 자디다』Al-Hayat Al-Jadida는 이스라엘이 실제로 암소들을 골라 '도청 녹음 장치'를 부착한 뒤 '스파이 훈련'을 시켰다는 내용을 보도했다.[57] 마찬가지로 2016년 가자지구의 코란 전공 교수인 이마드 하마토Imad Hamato는 팔레스타인 국영 텔레비전 방송에서 "유대인이 미디어, 금융, 언론, 자원, 전략 등을 지배하고 있습니다."라며 여기에 한술 더 떠 "만약 바다에서 물고기끼리 서로 싸운다면, 그 배후에는 유대인이 있다고 확신합니다."라고 말했다.[58]

2014년 명예훼손방지연맹Anti-Defamation League이 100여 개국을 조사한 자료를 살펴보면, 중동과 북아프리카 지역의 약 2억 명이 넘는 무슬림 가운데 75퍼센트가 '사람들은 유대인의 행동 방식 때문에 유대인을 싫어한다'라든가 '유대인은 세계에서 일어난 대부분의 전쟁에 책임이 있다'라는 표현에 동의하는 것으로 나타났다.[59] 이후 아랍과 이스라엘 사이의 평화 회담으로 상황이 조금 개선되기는 했지만, 한번 자리 잡은 인식은 쉽게 바뀌지 않았다. 2023년 2월, 동예루살렘 출신의 한 아랍계 이스라엘인이 버스정류장에 서 있는 유대인 가족을 차로 들이받았다. 이 사고로 여섯 살과 여덟 살의 유대교도 아이 두 명이 숨졌는데, 팔레스타인인의 환희는 극에 달했다. 참혹한 사고 이후에, 할아버지, 할머니, 아버지와 어머니, 아이들로 이뤄진 한 팔레스타인 가족이 죽은 소년의 아버지의 머리를 즐겁게 먹고 있는 모습을 그린 역겨운 만화가 시중에 나돌기도 했다.[60]

물론, 이슬람 세계가 단순하게 나치의 조작이 통했던 것은 아니었다. 이 지역에서 이스라엘 혐오가 엄청나게 증가한 요인에는 코란과 문화적 반유대주의, 서구 식민주의에 대한 반감, 이스라엘과의 전쟁에서 패배한 군사적인 모멸감, 서안지구와 가자지구를 둘러싼 영토분쟁이라는 배경이 깔려 있다. 앞서 살펴본 것처럼, 범아랍민족주의의 지도자들은 팔레스타인을 대의명분의 상징으로 삼았다. 그러나 이스라엘 혐오의 메시지를 청취자의 귀에 감길 정도로 절묘하게 전달하고 현재 이스라엘 혐오의 어휘를 형성하는 이미지와 표현 방식을 만들어 그 불꽃이 들불로 번지도록 부채질한 이들은 다름 아닌 나치 선동가들과 아랍의 협력자들이었다.

  2020년의 아브라함 평화협정$_{\text{Abraham Accords peace agreements}}$은 지정학적으로 획기적인 순간이었다. 협정이 체결된 다음 날, 아랍에미리트의 이슬람 학자 와셈 유세프$_{\text{Wassem Yousef}}$는 유튜브 방송에서 폭탄 발언을 이어 갔다.

  "솔직히 말씀드려서 모스크를 폭파한 것은 이스라엘이 아닙니다. 시아파를 자극해 수니파와 싸움을 붙인 것도, 이집트의 콥트 교회에 폭탄을 터뜨린 것도 이스라엘이 아닙니다. 이슬람국가$_{\text{IS}}$를 탄생시킨 것도 이스라엘이 아닙니다. 바로 우리 아랍인들이 이런 조직들을 키운 것입니다."

  격정에 찬 목소리로 다음과 같이 마무리했다.

이스라엘을 비난하기에 앞서 자신을 먼저 돌아보세요. 당신들이 평화를 비방하기 전에 자신을 돌아보세요. 서로에게 무기를 겨냥하는

동안 당신 자신을 돌아보세요. 당신들이 시리아를 불바다로 만들고 이라크에 폭탄을 터뜨렸고 리비아를 무너뜨렸습니다. 당신들이 레바논을 갈라놓아 서로 싸우게 했습니다. 시리아에서 아이들의 머리 위에 드럼통 폭탄을 떨어뜨렸어요. 그냥 입 닥치고 잠자코 계세요. 당신들의 공허한 구호에 이젠 진절머리가 납니다.[61]

그러나 이와 같은 강력한 개입에도 불구하고, 중동에서 이스라엘 혐오는 예외적인 일이 아닌 아주 흔한 일상이 되었다.

시간이 지나면서, 일부에서 희망이 보이기 시작했다. 토니 블레어 재단Tony Blair Foundation이 2022년 발표한 연구 자료에 따르면, 아랍 세계는 외부인이 생각하는 것보다 더 개방적이고, 아랍인은 일반적으로 고용 안정, 더 나은 교육 기회, 양질의 의료 서비스와 같은 삶의 우선순위에서 서양인과 비슷한 선호를 보였다. 또한 이라크, 레바논, 사우디아라비아, 튀니지, 이집트에서 실시한 여론 조사 응답자 가운데 75퍼센트가 민간이나 정부를 포함한 모든 분야에서 여성이 남성과 똑같은 권리를 보장받아야 한다고 응답했다.[62] 일부 영역에서 전통적인 태도들이 변한다면, 이스라엘에 대한 태도 역시 변하게 될 것이다.

하지만 테헤란에서 알제●에 이르는 지역에서 유대인과 그들의 조

● 알제(Algiers): 알제리의 수도.

국에 대한 증오는 정치인들에 의해 전략적 우위와 통제의 수단으로 오랜 기간 활용되었다. 게다가 '알 바나와 후세이니가 이식한 이슬람주의, 유대인 증오, 팔레스타인 민족주의 저항의 치명적인 결합'이 서구 사회에 전달되었고, 서구의 좌파 문화와 좌파가 지배하는 기관들을 사로잡았다. 그 효과는 대학 캠퍼스 같은 진보주의자의 요새에서 가장 생생하게 나타났다. 제프리 허프는 이렇게 진단했다.

"나치의 영향을 받은 무슬림 형제단의 활동은 서구의 대학들에 지속적인 영향을 주었다. 대학들은 반시온주의 연구의 이념적 토대 역할을 했고 히틀러 나치당의 망령과 나치가 중동을 겨냥한 거대한 계획이 서구 좌파와 결합하면서 대학들은 최근의 이스라엘 불매 거부 제재 운동 BDS● 진원지가 되었다."[63]

그렇지만 총통의 노력은 이후에 벌어지는 일(홀로코스트) 때문에 가려졌다.

러시아에서 불어닥친 증오의 바람

이스라엘의 신생 국가 시절을 되돌아보면 이스라엘은 전 세계 좌파에게 인기 있는 나라였다. 제2차 세계 대전이 발발하기 전, 『가디언』의 편집자이며 진보 정치인인 C. P. 스콧$_{\text{C. P. Scott}}$은 시온주의를 대신해 영국 정부에 로비를 벌였다. 그는 '시온주의가 유대인뿐만

● 보이콧, 투자 철회, 제재 운동(BDS, Boycott, Divestment and Sanctions)

아니라 다른 나라에도 가치가 있다고 확신했다'라고 회고했다.[64] 노동당은 그와 입장을 공유했고, 노동당은 1917년의 전쟁 목표 각서_{memorandum on war aims}•에서 '팔레스타인은 유대인 가운데 귀환하고자 이들이 이민족이나 종교의 간섭 없이 구원을 받을 수 있는'[65] 나라가 되어야 한다고 언급했다. 하지만 현재에 이르러 상황이 급변하게 되자, 미국의 문화이론학자인 수지 린필드_{Susie Linfield}는 "반시온주의는 좌파의 담론에 끼기 위해서는 거의 필수적인 입장권과 같았다."라고 언급했다.[66] 그렇다면 이스라엘에 대한 진보주의자들의 애정이 사라졌던 이유는 무엇일까? 그 답은 크렘린_{Kremlin}에 있다.

좌파 세력의 심장부와 같은 러시아는 오랜 세월 유대인과 어둡고 복잡하게 얽힌 관계를 맺어 왔다. 차르 시대에 제국 전역에 걸쳐 반유대주의 박해가 유행했는데, 집단 학살, 12살 유대인 소년들의 강제 징집, 거주 지역 제한(러시아 정교로 개종하지 않으면)• 등의 박해를 받았다. 앞서 살펴본 것처럼, 『시온 장로 의정서』는 한 러시아의 비밀 요원에 의해 작성되었고 러시아 극우 민족주의자들에 의해 확산되었다. 1917년 러시아 혁명 이후, 볼셰비키는 복고적 애국주의를 배격하고 집단 학살에 반대했다. 사회 소수집단을 겨냥한 선동을 금지하는 법안이 통과되었고 당 지도부는 반유대주의를 배격한다는 견

● 제1차 세계 대전 중인 1917년 노동당이 작성한 공식 문서. 이 문서에는 특히 영토 및 정치적 합의와 관련하여 전쟁에서 추구한 결과에 대한 당의 목표와 목적을 개괄적으로 설명했다. 여기에는 팔레스타인에 관한 내용이 포함되어 있는데, 팔레스타인의 미래에 대한 비전을 포함하여 전쟁과 관련된 노동당의 바람직한 결과와 정책적 입장을 공식적으로 선어했다

● Pale of Settlement: 러시아 서쪽 국경 지역 일대를 지칭. 현재의 벨라루스, 우크라이나 지역.

해를 밝혔다. 그러나 당원들은 종교를 반대했고 이는 역사에서 반복되었던 것처럼 전통적인 편견이 새로운 모습으로 부활할 수 있는 여지를 만들었다.

러시아는 비잔틴 시대에서 예카테리나 여제_{Catherine the Great}와 니콜라이 1세_{Nicholas I}가 통치한 로마노프 왕조에 이르기까지 오랜 세월 중동에 영향력을 발휘했다. 이는 소련의 시대까지 이어졌다. 스탈린_{Joseph Stalin}은 일생에 걸쳐, 유대인을 지원하면서도 유대인을 대거 숙청하는 등, 가장 원초적인 반유대주의를 지원하는 엇갈리는 행보를 보였다. 1944년부터 스탈린은 시온주의 사회주의자들을 동맹으로 여겨 시온주의 운동을 지원했다. 당시 유대 팔레스타인에서 좌파 이념은 삶 속에 깊이 자리 잡았다. 일부의 초기 이스라엘 정당과 키부츠는 공개적으로 소련의 정책을 따랐다. 『누구를 위하여 종은 울리나_{For Whom the Bell Tolls}』라는 책 한 권을 주머니에 넣고 총을 들고 다니는 사람들을 일상적으로 볼 수 있었다. 1948년 이스라엘 탄생 이후, 스탈린은 처음으로 이스라엘을 국가로 공식 인정했다. 결정적으로 스탈린은 이스라엘이 아랍의 총공세에 맞서 스스로 방어를 할 수 있도록 소련의 위성 국가들로부터 무기를 조달하는 것을 허용했다.

격동의 건국 시기를 거쳐, 이스라엘은 전 세계에서 진보적 자원봉사자들을 끌어모으며, 꿈, 집단주의, 이상주의의 현장이 되었다. 하지만 유대인을 향한 스탈린의 태도는 완고해졌다. 유대교 회당을 압수하고 강제로 교화시켰으며 가정에서 이디시어~Yiddish~●를 사용하는 지식인들을 숙청했다. 오랜 증오가 음지에서 버젓이 일어나면서 유대인이 사회주의와 조화를 이루기가 점점 어려워졌다. '세계 유대인 음모론'의 이야기가 또다시 일상이 되었고 유대인은 '미국 제국주의'를 지지하는 '정처 없는 떠돌이'로 비난받았다. 새로운 이스라엘 건설을 향한 유대인 당원들의 열망이 커지자 스탈린은 유대인 프롤레타리아의 환심을 사려고 애쓰는 것에 피로감과 위협을 동시에 느꼈다. 1951년, 소련의 독재자는 '의사들의 음모'를 빌미로 숙청을 단행했다. 유대인 의사들이 파면되고 체포되어 고문을 당했고 반유대주의와 이스라엘 혐오의 내용이 언론을 장식했다. 1953년 스탈린이 사망하자, 이러한 조치들은 시베리아로 유대인을 대량 추방하려던 계획과 함께 완화되었다.

  스탈린의 뒤를 이은 니키타 흐루시초프~Nikita Khrushchev~ 서기장의 집권 시기에 냉전이 격화되며 이스라엘이 미국의 궤도로 빨려들자, 소련은 이집트, 리비아, 시리아, 이라크와 특별한 관계를 구축하며 아랍에 관심을 가졌다. 1967년 전쟁사에 기록될 만한 가장 대담한 승리 중 하나인 6일 전쟁~Six Day War~에서 이스라엘은 극적인 승리를 거두었다. 이스라엘은 아랍의 두 번째 대규모 침공을 전광석화와 같은 반격으로 물리치며, 골란고원~Golan Heights~, 서안지구~West Bank~, 가자지구~Gaza~를 포함하는 넓은 영토를 손에 넣었다. 이 가운데 23,000제곱마

● 유럽 중부나 동부 지역의 유대인이 사용하는 언어. 독일어에 히브리어나 슬라브어가 혼합된 형태의 언어.

일의 시나이반도$_{\text{Sinai Peninsula}}$ — 이스라엘의 면적은 고작 8,500제곱마일에 불과하다 — 를 포함한 대부분은 이후에 이스라엘이 평화의 조건으로 반환했다. 하지만 알려진 것처럼 6일 전쟁은 주변 지역과 전 세계에 큰 파장을 일으켰다.

크렘린은 이 소식을 접하고 경악을 금치 못했다. 적대행위가 일어났을 때, 소련은 이미 아랍에 군사적 지원을 하며 이스라엘 혐오에 빠져 있었다. 그러나 이스라엘의 승리는 충격이었다. 수백만 달러의 러시아 군사 장비가 파괴되었고 맹렬한 적개심이 불타올랐다.

소련은 이스라엘에 대해 사냥개를 풀어 놓는 특유의 방식으로 가공할 만한 '적극적 조치$_{\text{active measures}}$'를 취했다. 이는 선동과 간첩 행위를 통해 세계 문제를 조종하는 소련 정보기관의 정보망을 활용한 접근 방식이었다. 국가보안위원회$_{\text{KGB}}$에서 은퇴한 올레그 칼루긴$_{\text{Oleg Kalugin}}$ 소장은 적극적 조치는 '소련 정보기관의 영혼과 심장'이라 회상했다. 그는 1998년 CNN과의 인터뷰에서 이렇게 말했다.

"정보 수집이 아니라 체제 전복을 의미합니다. 적극적 조치는 서구 사회를 약화시키고, 특히 나토$_{\text{NATO}}$를 포함한 서구 사회의 연합 공동체를 분열시켜 유럽, 아시아, 아프리카, 남아메리카 사람들에게 미국의 약점을 폭로하며 전쟁이 실제로 일어날 경우를 대비하려는 것입니다."[67]

유명한 사례가 바로 감염 작전$_{\text{Operation Infektion}}$이다. HIV(인간면역결핍바이러스-AIDS의 원인균)를 미국이 생화학 무기로 개발했다고 전 세계에 허위 정보를 퍼뜨린 것이다. 1987년 이 가짜 뉴스는 CBS 방송에서 크게 보도되었다.

6일 전쟁이 끝난 지 채 두 달이 되기도 전인 1967년 8월, 크렘린은 최초로 이스라엘 혐오 공격을 시작했다. '시온주의란 무엇인가?'라는 제목을 단, 유사한 내용의 기사가 여러 매체에 동시다발적으로 실렸다. 이스라엘 혐오 운동의 주동자 가운데 한 사람인 유리 이바노프$_{\text{Yuri Ivanov}}$는 사설에서 이스라엘이 막대한 자금력을 바탕으로 전 세계의 정치, 미디어, 금융시장을 주무른다는 세계 유대인 음모론을 펼쳤다. 『시온 장로 의정서』와 오래된 반유대주의 표현의 영향을 받은 나치와 그 뿌리를 공유하고 있다는 것은 분명했다. 이스라엘 혐오가 눈덩이처럼 불어나면서 대학 캠퍼스, 성평등·환경 운동가, 노동조합원, 전 세계 좌파 조직이 거대한 눈사태에 휩쓸리는 것은 시간문제였다.

시온주의의 비판자들

1967년과 1988년 사이, KGB는 세계를 이스라엘 혐오의 망상으로 뒤덮은 '시온주의자 정부$_{\text{SIG}}$•'라는 대규모의 허위 정보 유포 작전을 실행했다. 이 작전은 소련의 세계관과 목표를 중심으로 형성되었다. 계획을 주도한 사람은 KGB의 수장, 유리 안드로포프$_{\text{Yuri Andropov}}$로 1984년 사망할 때까지 소련의 최고 권력자였다. 부드러운 말투와 도회적이고 지적인 모습의 이면에는 강경 노선으로 반대자들을 무자비

• SIG: Sionistskiya Gosudarstva / Zionist Government

하게 짓밟는 냉혹한 모습이 있었다. 그를 현대 이스라엘 혐오의 아버지라고 부르는 것도 무리는 아니다. 아이러니하게도, 그가 자신의 유대인 혈통을 평생 숨겼던 것이 사망한 뒤에 밝혀졌다.

SIG는 깜짝 놀랄 만큼 정교한 작전이었다. 전직 루마니아 정보부 수장이며 소련의 동유럽 위성국가에서 망명한 비밀 요원 중 가장 높은 자리에 있었던 이온 미하이 파체파$_{\text{Ion Mihai Pacepa}}$ 중장은 이 작전의 책임자 가운데 한 명이었다. 그는 이렇게 회고했다.

"우리의 임무는 중동에서 조상 대대로 유대인에 느끼는 혐오감을 조종해서 미국 시온주의에 대한 광적이고 비이성적인 증오를 발산하는 것이었습니다."[68]

이렇게 온갖 편견을 지니고 있음에도, 소련은 오늘날의 이스라엘 혐오주의자들의 주장처럼 이상을 추구하는 유대인을 반대하지 않으며, 자신들은 반유대주의가 아니라 단지 '반시온주의자'라고 주장했다 (1979년 『워싱턴 포스트』는 이를 '차이를 알 수 없는 구분'이라 불렀다).[69]

우익 이념 단체들은 '시온주의 비판자들$_{\text{Zionologists}}$'이라는 이상한 이름의 새로운 조작 운동을 시작했다. 그들은 소련에 살며 공산당 정권을 위해 일하지만, 이들 대부분은 오래된 외국인 혐오 정서와 러시아 극우 민족주의 성향을 지녔고, 이를 마르크스-레닌주의 용어로 표현하는 법을 배웠다. 반유대주의는 여전히 소련에서 공식적으로 금지되었기에, 메시지는 당국의 기준에 맞게 제작되었다. 『시온 장로 의정서』와 히틀러의 『나의 투쟁』에서 상당 부분을 차용했고, 새로운 복음에 이 내용을 적용하기 시작했다. 시온주의 비판자 블라디미르 볼샤코프_Vladimir Bolshakov_는 회고록에서 영향력 있는 동료인 이바노프가 아무도 거역할 수 없는 마르크스와 레닌의 저작을 바탕으로 공개적으로 시온주의를 비판할 수 있는 이론적인 토대를 마련했다고 회상했다.[70]

1973년 파리 법원이 프랑스 공산당원이며 파리 주재 러시아 대사관 직원인 로베르 르가뉴_Robert Legagneux_에게 인종 혐오 조장 혐의로 유죄 판결을 내리자, 극우와 좌파 선전 선동 사이의 매끄러운 연속성이 깔끔하게 드러났다. 러시아 대사관이 조종하는 좌파 프랑스 잡지는 그의 범죄를 반시온주의 선전으로 기사화했다. 이 기사에는 전형적인 허위 정보가 담겨 있었는데, 이스라엘을 나치 독일과 동일시했고 아랍인을 '철조망 너머로 집단 수용소가 있는 게토로 몰아넣는다'라고 비난했다. 또한 유대교는 '신의 선택을 받은 민족'[71]이라는 민족적인 우월성을 설교하며, 이스라엘 아이에게 무신론자를 죽이라고 세뇌했다는 것이다. 재판 과정에서 좌파가 쓴 것으로 추정되는 이 글은 러시아 차르 시대의 대학살을 선동했던 극우파 검은 백인대_Black Hundreds_의 일원이 1906년에 만든 소책자에서 오타가 있는 전체 구절을 발췌한 것으로 밝혀져 충격을 주었다. '유대인'이라는 단어가 단순히 '시온주의자'로 대체되었을 뿐이었다.

선전 작업에는 수백만 건의 신문 기사, 라디오 방송, 도서 출판 등이 포함되었다. 소련의 이스라엘 혐오에 관한 창립선언문은 유리 이바노프_Yuri Ivanov_가 1976년 발표하고 여러 차례 인쇄를 거듭한 『시온주의를 조심하라!Beware: Zionism!』였다. 80만 부나 팔린 인기 있는 책이었고, 영어, 아랍어, 프랑스어, 폴란드어, 우크라이나어, 에스토니아어, 슬로바키아어까지 16개 이상의 언어로 번역되었다. 이 책은 유대교를 시온주의 파시스트를 잉태한 사악하고 비인간적인 종교로 왜곡했다. '특히 이스라엘의 점령지역에서 시온주의자들이 아랍인을 상대로 공공연한 테러를 자행하고 있다'라며 '테러가 다양한 형태를 취하고 있지만, 이 모든 것들이 2차 세계 대전 기간에 나치에게 물려받은 방식을 연상시킨다'라고 주장했다. 유대인이 조상의 땅에서 자기 결정권을 갖고자 하는 소망을 전 세계적인 위협이라고 규정했다. '세계 시온주의는 가능한 곳 어디에서라도, (이스라엘 국기 아래에서만 움직이는 것은 아니다) 사회주의 국가들의 위신을 손상하고 있으며 사소한 선동 행위에서 크게는 이들의 이념까지도 파괴한다'라며 책에서 불평을 늘어놓았다. 이 책은 낡은 반유대주의로 회귀하며 이렇게 마무리한다.

「불룩한 지갑과 커다란 개집을 보유한 주인들 앞에서 고개 숙이지 않는 사람들이 있다. 주인들이 보복을 피할 수 없다고 국가와 역사가 말해 주듯이 그들이 그늘 속에 숨어드는 것을 용서하지 않는 사람들이 곳곳에 있다.」[72]

이는 소련의 허위 정보 쓰나미가 전 세계를 휩쓸게 될 분위기를 조성했다.

이바노프는 수십 명의 시온주의 비판자들과 함께 수백만 부의 판매고를 올린 책들을 저술해 파장을 일으킨 주역이었다. 예브게니 예브

세예프Yevgeny Yevseyev가 쓴 『푸른 별 아래의 파시즘Fascism Under the Blue Star』라는 전형적인 제목의 책은 소련이 독자들의 습성에 따라 메시지를 조절하는 방식을 보여 주었는데, 이 책의 영문판은 1980년대에 영리하게도 『푸른 별 아래의 인종차별Racism Under the Blue Star』이라는 좀 더 유행에 맞은 제목으로 재출간되었다. 어린이도 선전 선동의 대상이 되었다. 1983년 소련의 출판사 『뻬다고기카Pedagogika』는 10대들을 겨냥해 반유대주의 삽화들로 채워진 『시온주의의 해악The Poison of Zionism』이라는 책을 출간했다.[73] 전직 비밀 정보 요원인 옐레나 모드진스카야Yelena Modrzhinskaya가 쓴 이 책은 초판만 20만 부를 찍었다. 이스라엘 혐오와 관련된 소련의 모든 출판물은 군인, 공산당 기관원, 노조원, 청년 단체 같은 특정 독자층을 겨냥한 다수의 서평과 홍보 기사로 널리 판매되었다.

이런 문건들에 담긴 거의 모든 허위 정보는 21세기에도 생생하게 존재한다. 한 예로, 『나의 투쟁』의 영향을 강하게 받은 『시온주의와 인종차별Zionism and Apartheid』은 지금은 우울할 정도로 일상이 된 인종차별적인 비방을 일삼았다. 홀로코스트 추모일이 막 지난 2023년 2월, 영국 노동당 의원 킴 존슨Kim Johnson은 하원에서의 질의가 문제가 되어 사과해야 했다.

"지난 12월 이스라엘 독재 정부의 선거 이후에, 아이들을 포함한 팔레스타인 사람에 관한 인권침해 사례가 증가하고 있습니다. 총리님께서는 앰네스티와 다른 인권단체들이 (이스라엘을) 인종 차별국가로 언급하고 있는 것에 대해 어떻게 대응하고 있는지 답변해 주시기 바랍니다."[74]

이런 상황은 이후에도 발생했는데, 노동당 의원 후보 파이자 샤힌 Faiza Shaheen은 인터뷰에서 이렇게 말했다.

"노동당에서 반유대주의자라는 딱지가 붙는 것 때문에, 이스라엘이 인종 차별국가라고 말하지 못한다거나, 이 나라에 있는 팔레스타인 사람이 이스라엘을 인종주의자라 말하지 못한다면, 그건 문제가 있는 거예요."[75]

이스라엘에 파시즘이 존재하지도 않을뿐더러 200만 명의 아랍인이 자유롭게 살고 있고 이들 가운데 사메르 하즈 예히아 Samer Haj-Yehia는 이스라엘 최대 은행의 회장이 되었다. 이스라엘에 400개가 넘는 모스크가 있는데도(반면에, 팔레스타인 자치 지역에는 유대인 은행가가 단 한 명도 없고 유대교 회당도 없다), 소련 시절의 이런 허위 정보들이 영국 의회에 지속해서 올라온다는 것이 놀랄 따름이다. 소련의 이스라엘 혐오 선전을 공식적으로 지지한 국제 앰네스티와 존슨과 샤힌 같은 지지자들은 자신들이 낡은 크렘린의 조작을 앵무새처럼 되뇌고 있다는 것을 모르고 있다.

모스크바의 선전 활동은 20년 전 베를린의 활동보다 더 성공적이었다. 이 주제에 관한 세계 최고의 권위자인 이자벨라 타바로브스키 Izabella Tabarovsky는 소련의 이스라엘 혐오의 실체를 밝힌 논문에서 이렇게 강조했다.

「유대인에게 민족 해방 운동의 의미를 지닌 시온주의를 들어낸 공간에 대신 인종주의, 파시즘, 나치즘, 대량 학살, 제국주의, 식민주의, 군국주의, 인종차별을 연계한 선전은 성공적이었다.」[76]

다시 말해, 크렘린은 사용 가능한 모든 수단을 동원해 이스라엘 혐오에 앞장섰다. 유대인에 대한 전 세계의 고정관념과 오래된 반유대주의적 추측이 결합해, 전 세계에 나비효과를 불러왔고 의회민주주의의 고향인 영국에서도 현재까지 논쟁이 이어지고 있다.

총과 올리브 가지

중세의 반유대주의에서 나치의 인종주의, 소련의 허위 정보, 현대의 이스라엘 혐오로 진화한 것은 너무나 명백한 사실이다. 각각의 새로운 이념은 강대국들이 밀어붙인 수사 어구, 이미지, 원칙들을 자연스럽게 끌어왔다. 나치는 유대인을 악의 그물로 에워쌌고, 반면에 소련은 유대인 대신 시온주의자를 비판했다. 소련의 허위 정보 전담 기관에서 '더러운 유대인'이라는 나치의 발상을 섞어, 예수를 살해한 자들이라는 중세 시대의 편견을 마구 쏟아 냈다. 이런 가운데 시온주의자는 좌파의 적이 되었다. 유대인은 악마가 되었고, 시온주의자는 나치로 둔갑했다.

편견의 중심에는 음모론이 자리를 잡았다. 극우 민족주의와 제3제국의 수사$_{rhetoric}$는 마르크스-레닌주의 담론과 접목해, 유대인을 금융, 정치, 미디어를 주무르는 국제 은행가로 묘사했고 소련의 이념적 언어는 표면적으로 사용되었을 뿐이다. 시온주의자들은 유대인 국가의 입지를 강화하기 위해 반유대주의를 조장하고 심지어 홀로코스트를 조작했다는 비난을 받았다. 이후에는 이런 비판을 억누르기 위해 똑같이 박해를 이용한다는 소리를 들었다. 유대교는 잔혹한 행위를 부추긴 사악한 종교 집단으로 묘사되었다. 소련 제국의 마지막 20년 동안, KGB가 축적한 거짓 정보는 좌파적 사고의 핵심이 되어 전 세계의 진보주의자들에게 침투했다. 미국 대학교의 동아리에서 영국 의회의 복도, 유럽의 뉴스 채널에 이르기까지 다양한 기관들로 퍼져 나갔다. 급진적인 엘리트들의 영향이 현재 주류계층으로 흘러 들어 갔는데, 이는 2020년대에 이스라엘 혐오가 번성하고 있다는 것을 의미했다.

이들 전에 나치가 그랬던 것처럼, 러시아의 선전 활동의 주요 대상은 중동이었다. 1970년대에 KGB는 이미 무프티와 그의 나치 참모들에 의해 구워삶아진 무슬림 국가들에 아랍어판 『시온 장로 의정서』를 보급하며 선전 활동을 펼쳤다. 러시아 첩자들은 이스라엘과 미국이 모든 무슬림 영토를 유대 식민지로 만드는 데 헌신하는 시온주의자 집단이라는 나치의 이념에 적극적으로 동조하며, 이를 입증하는 아랍어 문서들을 만들었다.[77] 첩자들은 이스라엘 혐오 선동의 확산이라는 단 하나의 목표를 가지고 중동에 침투했다. 파체파 중장은 다음과 같이 회고했다.

"루마니아 정보국은 거의 500명이 넘은 비밀 요원들을 이슬람 국가에 파견했습니다. 모스크바로부터 받은 자료에 따르면, 1978년 무렵 동유럽 위성 국가들의 정보국에서 파견해 이슬람 국가에서 활동한 비밀 요원의 수는 대략 4,000명 정도였습니다."

소련은 무슬림 국가에 병원, 주택, 인프라 시설들을 건설하면서, 소련의 공학자, 기술자, 의사들에게 이런 메시지를 퍼트리라는 지시를 내렸다.

「미국은 모든 무슬림 영토를 장악하려는 목적을 지닌 유대인 자본과 유대인 정치인들에 의해 움직이는 오만한 시온주의, 제국주의, 식민주의 세력이다.」[78]

유대인을 거미, 개, 문어, 뱀, 흡혈귀로 그린 나치의 고전적인 선전 이미지를 이용한 엄청난 수의 만화가 쏟아져 나왔다. 결국 최악의 모욕은 유대인을 나치로 묘사하는 것이었다. 이러한 삽화들은 여러 언어로 번역되어 전 세계에 퍼졌고 아직도 서구 미디어에서 종종 표출되고 있다. 중동 지역 선전 활동의 영향력을 보여 주는 또 다른 예로 오늘날까지도 아랍 만화에 널리 퍼져 있다.

위험한 유대인 Le Péril Juif: 유대인을 혐오스러운 독거미로 묘사했다

아랍 세계에서 나치가 조장한 유대인 증오는 아직도 깊숙이 자리 잡고 있으며 소련의 돌연변이와 쉽게 교차 수정되었다. 팔레스타인 해방기구(PLO)는 1964년 창설된 이래로, 이스라엘을 유대인의 자치 국가로 인정하기보다는 서양 제국주의의 전초기지로 묘사하며 좌파 혁명 논리를 주장하고 있다. 팔레스타인 지도자 마흐무드 압바스 Mahmoud Abbas 는 모스크바의 파트리스루뭄바대학 Patrice Lumumba

University(현, 러시아 민족우호대학People's Friendship University of Russia)에서 박사 학위를 받았다. 러시아 대외정보국의 국장인 예브게니 프리마코프Yevgeny Primakov는 '적극적 조치active measures'의 배후 조종자였고 HIV(인간면역결핍바이러스-AIDS의 원인균) 허위 정보 확산 활동인 감염 작전Operation Infektion에도 관여했다.

압바스의 1982년 논문, 『나치와 시온주의 운동 지도자들 사이의 관련성』●에서 KGB의 영향을 명확하게 확인할 수 있다. 이 논문은 시온주의자가 팔레스타인에 이스라엘을 세우려는 구실로 홀로코스트를 기획했다는 억지 주장을 펴며 역사를 왜곡했다. 그는 악명 높은 한 구절에서 '시온주의 운동은 나치 치하의 유대인을 향한 정부의 증오심을 불러일으키고 유대인을 복수의 대상으로 삼아 대량 학살을 확대하기 위한 광범위한 선동을 주도했다'라고 썼다. 그는 홀로코스트에서 학살당한 유대인의 수가 100만 명을 넘지 않았다며, 시온주의자가 대의명분을 얻기 위해 숫자를 부풀렸다고 주장했다.[79] 더 나아가, 그는 이스라엘이 최종 해결안의 설계자, 아돌프 아이히만Adolf Eichmann을 체포해 재판한 것은 대학살에서 시온주의자의 역할을 폭로하는 것을 막기 위해서였다고 주장했다. 마치 우연인 것처럼, 1년 뒤에 이와 완전히 똑같은 주장이 소련의 기관원들에 의해 공공연하게 제기되었다.

야세르 아라파트Yasser Arafat도 마찬가지로 유엔 연설에서 글자마다

● The Connection between the Nazis and the Leaders of the Zionist Movement

또박또박 이스라엘 혐오 관련 허위 사실을 반복하면서 소련과의 밀월 관계를 과시했다. 일례로 그는 1974년 유엔총회에서 '총과 올리브 가지gun and olive branch'라는 유명한 연설을 통해 "제국주의, 식민주의, 신식민주의, 인종주의의 대표적인 형태가 시온주의다."라며 격한 감정을 드러냈다. 최악의 순간은 1975년에 다가왔다. 아랍과 소련의 10년에 걸친 로비에 결국 유엔은 '시온주의는 인종주의'라는 선동적인 주제를 담은 총회 결의안 3379호를 통과시켰다. 오랫동안 크렘린은 시온주의를 '선택받은 민족'이라는 의식이 현대적으로 발현된 유대인의 인종적 우월성의 표현이라고 세계에 퍼뜨렸다. 유엔총회 결의는 CBS 방송에서 AIDS에 관한 허위 사실을 보도한 것보다 훨씬 더 인상적인 선전 활동의 성과였다. 『스펙테이터Spectator』의 고로니 리스Goronwy Rees 기자는 '기본적인 명제는 … 유대인이 되어 이를 자랑스럽게 여기고 유대인의 권리를 지킬 것을 다짐하면서 인류의 적이 된다는 것이다'라는 절망적인 회고를 남겼다.[80] 영국 대학생협의회가 교내에서 유대인 학생회 활동을 금지하는 데 일조한 총회 결의는 1991년에서야 폐지되었다.

    1973년 미국의 무기 지원으로 이스라엘이 욤 키푸르 전쟁Yom Kippur War에서 기사회생하자, 중동은 강대국들의 극심한 대리전 양상으로 변모했다. 소련의 선전에 눈이 휘둥그레진 서구 좌파가 공산주의자에 동조하며 이스라엘의 꿈을 저버렸다. 그들은 시온주의 운동을 토착 민족이 조상의 땅으로 돌아가려는 열망이 아닌, 서구 자본가들의 정복으로 보기 시작했다. 이런 시각에서 아랍인은 제국주의 침략자들에 대항하는 혁명 투사로 비쳤다. 대영제국이 몰락하면서, 식민주의에 대한 혐오는 진보적 정치 신념의 지표가 되었고 상황에 잘 들어맞지는 않지만, 이스라엘-아랍 분쟁에 이러한 시각이 반영되었다. 예전에 아랍인과 유대인 모두에 적용된 '팔레스타인인'이라는 단어는 현재는 아랍인만을 지칭한다. 이러한 변화는 백인 우월주의자들이 원주민들을 지배하는 단순한 서사를 만드는 데 도움이 되었다.

모스크바, 반이스라엘 선전의 중심

나치의 이스라엘 혐오가 아랍 권역에 국한되었던 것과 달리, 크렘린은 이스라엘 혐오를 전 세계에 투영했는데, 이로 인해 현재까지 서구에 그 영향이 남아 있다. 타바로브스키Tabarovsky는 주류 집단, 특히 이를 앵무새처럼 따라 하는 사람들 사이에서는 거의 알려지지 않은 방대한 규모의 선전 활동을 밝혀냈다. 이 작전은 소련 국영 통신사에서 이후에 국영 방송『러시아 투데이Russia Today, RT』로 재탄생한 『노보스티 통신Novosti Press Agency』에 의해 수립되었다. 언론인과 선전 요원들로 진용을 갖췄으며, 이들 가운데 상당수가 KGB와 연계되어 110개국에서 활동을 했다.

이스라엘 혐오 관련 서적들이 증가했을 뿐 아니라, 신문과 잡지가 영어, 프랑스어, 스페인어, 독일어, 아랍어, 힌두어까지, 80개의 언어로 매년 수천만 부씩 발행되었다. 『시온주의의 기만Deceived by Zionism』,

『테러에 의존하는 시온주의 Zionism Counts on Terror』, 『시온주의와 나치즘의 범죄 연합 Criminal Alliance of Zionism and Nazism』과 같은 제목의 소책자들도 전 세계에 유통되었다. 라디오 모스크바의 외국어 방송은 히브리어를 포함해서 매달 수천 시간의 프로그램을 송출하면서, 나치에게 힌트를 얻어 각각의 문화에 맞게 메시지를 조절했다. 1973년 어느 날, 아프리카의 청취자들에게 시온주의가 '남아프리카 공화국의 인종주의와 이념적으로 유사하다'라고 주장하는 프랑스어, 영어, 포르투갈어 메시지가 쏟아졌다. 이는 이스라엘 혐오 활동가들이 오늘날에도 흔히 내뱉는 왜곡된 주장이다. 남미에서 시온주의는 미국 제국주의와 연관되어 있었지만, 아시아에선 전후 일본의 재무장에 대한 두려움으로 시온주의는 외면당했다.

전형적인 '적극적 조치' 방식으로 러시아의 이익을 증진하고 지지자들을 결집하며 이스라엘 혐오를 해외에 확산하는 데 서구의 급진 좌파 집단들이 이용되었다. 때로는 지역 라디오 방송이나 신문을 통해 소련을 선전하기도 했다. 모스크바는 전 세계에 퍼져 있는 이런 전위조직에 막대한 자금을 쏟아부었다. 1950년과 1990년 사이, 프랑스 공산당은 5,000만 달러를 지원받았는데, 기관지 『뤼마니테 L'Humanité』의 무료 발행뿐만 아니라 모스크바 특파원의 비용도 지원받았다. 제러미 코빈 Jeremy Corbyn이 칼럼니스트로 활동했던 영국 공산당 기관지 『모닝스타 Morning Star』도 소련의 자금을 받았다. (제러미 코빈이 노동당 대표 시절, 그의 정책 보좌관이었던 앤드루 머레이 Andrew Murray는 『모닝스타』와 『노보스티 통신』 양쪽 모두에서 일했다) 이러한 관계는 수십 년에 걸쳐 형성됐다. 1940년 조지 오웰은 '영국 지식인은, 요리는 파리에서 배우고 이념은 모스크바에서 배운다.'라고 기술했다.[81] 냉전 시기에 들어온 소련의 사상은 이스라엘 혐오로 오염되었다.

포섭 공작의 성과는 대단했다. 1970년 영국을 겨냥한 소련의 선전 잡지 『소비에트 위클리Soviet Weekly』는 네 가지의 연속적인 주제에 걸쳐 그럴싸한 이스라엘 혐오 이야기를 연재했다. 이 잡지는 시온주의를 '과거의 유대 민족주의 운동이라기보다는 신식민주의 정책과 파괴적인 사상을 전파하는 데 사용되는 전 세계, 주로 미국 제국주의 체제의 일부'라고 묘사했다.[82] 이후에 '우리가 왜 시온주의를 비난하는가'라는 기사에서 유대인의 민족성을 인종주의자로 낙인찍고 이스라엘인을 '히틀러의 국가사회주의의 계승자'라고 몰아붙였다.[83] 앞서 살펴보았듯이, 때로 이런 출판물의 독설은 극우 반유대주의자들의 그것과 차이가 없다. 1980년 영국 사회주의 노동자당Socialist Workers Party의 기관지는 극우 정당 국민전선National Front 대표의 서한을 신문에 게재한 뒤 곤란해졌는데, 그의 이스라엘 혐오 발언을 좌파로 착각하고 기사를 썼기 때문이다.

1979년 영국에서 간행되었던 또 다른 러시아 선전 매체 『스트레이트 레프트Straight Left』의 유명한 칼럼니스트인 앤드루 로드스타인Andrew Rothstein •은 소련의 비밀 요원으로 활약하기도 했다 (이후에 제

● 앤드루 로드스타인: 1898~1994 영국의 저널리스트. 그의 부친은 영국으로 정치적 망명을 한 러시아의 외교관 테오도르 로드스타인(Theodore Rothstein)으로 레닌과 친밀한 사이였

러미 코빈의 선거 전략가로 명성을 얻은 시머스 밀른(Seumas Milne)이 이 신문사를 경영했다). 지면이 이스라엘 혐오로 가득 채워지면서, 민간인들을 향한 팔레스타인의 테러 공격은 혁명 투쟁으로 규정되어 계속 미화되었다. '팔레스타인 해방기구(PLO)는 소련을 필두로 사회주의 단체, 제3세계의 전폭적인 지지를 받고 있다'라는 식의 기사를 마구 쏟아 냈고, 극우 신정정치의 승리였던 이란 혁명을 '독립, 자유, 사회정의를 위한 반제국주의 민중 투쟁'으로 묘사하며 찬양했다. 1979년 이란이 테헤란에서 52명의 미국인을 인질로 억류했을 때, 『스트레이트 레프트』는 '반이란 증오의 또 다른 물결을 일으키려는 의도'라며 격한 반응을 보였다.[84]

과거 크렘린의 선전 활동과 현재 강경 좌파의 소셜미디어 허풍은 『소비에트 위클리』나 『스트레이트 레프트』 같은 간행물을 통해 직접 연결되었고, 특히 제러미 코빈(Jeremy Corbyn)이 노동당 대표였을 때 두드러졌다. 당시 '제러미 코빈이 우리를 승리로 이끈다'라는 제목의 페이스북 페이지에 이전 노동당 후보였던 정치인이 이스라엘 국기에 나치의 문양(스와스티카)(swastika)을 넣어 훼손한 사진을 올렸다. 전형적인 러시아의 선전 수법이었다. 노동당의 어느 정치인이 『뉴욕타임스』 기자들이 시온주의 의제를 추종한다는 의미로 그들의 얼굴에 유대인의 상징으로 덧칠한 사진을 올린 사례도 있었다. 어떤 사람은 '유대인이 너무 많은 권력을 쥐고 있는 것이 역겹다'라며 히틀러

다. 앤드루 로드스타인은 옥스퍼드대학을 졸업한 후 런던 주재 소련대사관의 대변인으로 근무하기도 했으며 소련과 긴밀한 관계를 바탕으로 영국 공산주의 운동의 핵심 인사가 되었다.

를 '역사상 가장 위대한 인물'이라 칭하기도 했고, '시온주의자 대부호 가문들이 로비로 세계를 주무르고 있다'라고 말하는 이들도 있었다. 또한 러시아의 허위 사실 유포 공작의 핵심인 홀로코스트 부정 Holocaust denial 을 반복하며, 600만 명의 유대인이 나치에 의해 학살당한 것을 '새빨간 거짓말'이라고 주장하는 사람도 있었다.[85] 냉전 시대의 선동가들은 무서울 정도로 효과적이었다.

미국에서 소련의 이스라엘 혐오는 미국 공산당의 통로를 따라 흘러들었다. 미국 공산당은 1958년과 1980년 사이에 모스크바로부터 2,800만 달러를 지원받았다. 1971년 특별한 성과를 거둔 것이 크렘린의 비망록에서 밝혀졌다. 『노보스티 통신』이 이스라엘과 연관된 미국의 모든 유대인을 '열성적인 시온주의자'이자 미국과 러시아 사이의 평화를 방해하는 프락치라고 주장한, '시온주의와 파시즘의 영적인 교감'이라는 분석 기사는 미국의 유력 일간지인 『뉴욕타임스』에도 실렸다. 「유대인을 바라보는 소련의 시각」이라는 제목을 단 기사는 양측 모두에 논란이 될 만한 표현을 담았다. 그러나 많은 영향력 있는 독자층을 보유한 『뉴욕타임스』에 '시온주의는 나치즘'이라는 중상모략을 실은 것만으로도 이 기사의 목적을 달성했다고 할 수 있다.[86]

1970년대 초에 밝혀진 비망록에 따르면, 미국 공산당 잡지 『폴리티컬 어페어스 Political Affairs』의 편집장인 하이먼 루머 Hyman Lumer 는 '반소련 운동 시온주의자의 정체를 밝히는 자료들'을 전달받기 위해 모스크바를 방문했다. '미국 내에 널리 유포'할 목적이었다.[87] 1973년 그는 『시온주의: 세계 정치에서 그 역할Zionism: Its Role in World Politics』이라는 제목의 책에서 이스라엘 혐오에 관한 편견에 초점을 맞추면서 미국인의 불쾌감을 유발할 수 있는 반유대주의적인 비유를 교묘하게 피해 갔다. 미국 공산당은 현재까지도 같은 당론을 유지하고 있다. 2010년 전당대회에서 대의원들은 '시온주의는 인종주의의 한 형태이며 우리 공산당에서 인종주의가 설 자리는 없다!'라는 발의안으로 토론을 벌였다. 전당대회에 앞서 게재된 예비 기사는 '시온주의는 인종주의이며 집단 학살이다'라고 단호하게 언급했고 이어서 '시온주의는 부르주아 민족주의의 악성 변종일 뿐 아니라 남아프리카 공화국의 인종차별주의와도 동질감을 가진다. 시온주의는 중동에서 반노동계급적으로 변모했고 미국에서 노동계급 통합의 걸림돌이 되었다'라고 기술했다. 끝으로 미국의 공산주의자들이 '시온주의를 역사의 잔해로 남겨 두기' 위해 분투해야 한다고 기사는 마무리되었다.[88]

전 세계에 엄청난 양의 선전을 퍼뜨리기 위해 막대한 노력을 투자한 것을 고려할 때, 현재 이스라엘 혐오가 국제 좌파는 물론 그들이 지배하는 기관을 장악하고 있다는 것은 어쩌면 당연한 사실이다.

그들이 모르는 것

이스라엘을 향한 적극적 조치에 엄청난 자원을 쏟아부었던 이유 중 하나는 소련의 외교 정책 목적을 달성하기 위함이었다. 타바로브스키Tabarovsky는 이렇게 기술했다.

「반시온주의는 모스크바가 아랍 동맹국과 서방의 모든 강경 좌파 세력들과 유대 관계를 형성하는 데 일조했다. 소련의 선전은 시온주의를 인류 최대의 악으로 규정하고 제물로 삼아, 아프리카 라디오 방송의 인종차별주의와 키에프$_{Kyiv}$ TV의 우크라이나 민족주의를 시온주의와 동일시해서 호응을 얻었다.」

이스라엘 혐오에 관한 허위 사실을 유포하려는 외교적 목적으로, 크렘린의 중동 담당 국장, 이반 밀로바노프$_{Ivan\ Milovanov}$의 지휘를 받는 시온주의 비판자들은 '세계 시온주의'와 관련된 모든 간행물에 집단 거수기 역할을 했다.[89]

모스크바를 방문한 개발도상국의 고위 외교관들은 러시아의 해외 주재 공관에서 은밀하게 퍼뜨리고 있는 악랄한 허위 정보인 '제국주의와 시온주의'에 대한 비난에 동참하면 호의를 보장받았다. 1970년대 초, 워싱턴 주재 소련 대사, 아나톨리 도브리닌$_{Anatoly\ Dobrynin}$은 워싱턴의 대사관 내에 특별 선전 위원회를 설치했다. 그 목적은 다음과 같았다. 유대인 국가에 대한 대중의 지지를 깎아내리기, '시온주의자들'의 충성심에 의문을 제기하기, 미국과 이스라엘 정부 사이를 이간질하기, '텔아비브에서 새롭게 부상하는 오만한 엘리트 시온주의 지도자들의 뻔뻔한 얼굴'을 미국 대중에게 알리기 등이었다. KGB와 유사한 작전은 미국에서 유대인과 흑인 사이에 갈등의 씨를 심었고 유대인 공동체를 약화시켰다.

전 세계의 소련의 동조자들은 이런 작전에 활력을 불어넣었다. 1959년 가자지구를 방문했던, 혁명의 아이콘, 체 게바라$_{Che\ Guevara}$는 의도적이든, 진심이든, 아니면 주변의 영향에 의해 그랬든 간에, 이 스라엘 혐오의 확산에 일정 부분 기여했다. 그는 1967년 영국의 『신좌파 리뷰New Left Review』에 글을 써서 전 세계에서 일어나고 있는 '제국주의'와 사회주의자 사이의 투쟁을 설명했다. 그는 중동을 '제국주의자들의 지원을 받는 이스라엘과 진보적인 나라들의 지역'이라며 대수롭지 않게 묘사했고, '현재 세계를 위협하는 또 하나의 활화산이다'라고 표현했다.[90] 사실 유대인은 제국주의 열강의 도구가 아니라 탈식민지 국가를 건설하려는 토착민의 뿌리가 있는 유랑 민족이었다. 아랍 국가들은 세계에서 가장 '진보적'이지 않은 나라들이었다. 그러나 이념이 우선했고, 현실에는 어떤 변화도 없었다.

1990년 소련이 붕괴하기 바로 직전, 국영 신문 『프라우다Pravda』는 뒤늦은 참회의 글을 게재했다. '시온주의와 싸우는 척하며, 검은 백인대Black Hundreds와 극우파에서 비롯된 많은 반유대주의 선전 개념을 부활시킨 작가 집단이 상당한 피해를 줬다'라면서 잘못을 인정했다. 「선동가들이 마르크스주의 표현 방식을 녹여 유대 문화, 유대교, 유대인 전반에 거친 공격을 퍼부었다.」[91]

그러나 너무 늦은 반성이었다. 바이러스는 이미 방출되어 독자적인 생명력을 갖게 되었다. 음모론의 전문가인 심리학자 조반 바이퍼드Jovan Byford 박사는 '영국과 유럽의 극좌파는 중동 정치를 오로지 소련의 반시온주의 프리즘을 통해 바라봤다'라고 지적했다.[92]

오늘날, 현대 좌파의 세계관과 소련 시절의 왜곡 조작 사이의 유사성은 숨 막힐 정도로 똑같다. 현재 유포되고 있는 거의 모든 이스라엘 혐오 표현 – 이스라엘은 인종주의 국가다, 시온주의는 식민주의다, 대학살을 저지르는 이스라엘이 나치보다 나을 게 없다, 이스라엘은 인종차별을 시행한다, 홀로코스트는 부풀려졌다, 해외 유대인은 이스라엘의 이익에 충성하는 프락치들이다 등 – 은 『시온 장로 의정서』와 히틀러의 『나의 투쟁』 같은 반유대주의 고전의 내용을 기반으로 소련의 선전 전문가들이 확산한 것임이 틀림없다.

이스라엘에서 팔레스타인 인구가 증가하고, 이스라엘 내에 가스실, 처형장, 나치 방식의 인종 차별법도 없는데도, 러시아의 선동 탓에 선의를 지닌 많은 진보주의자들은 팔레스타인인에 대량 학살을 자행한 이스라엘을 비난하는 것이 뭐가 잘못이냐며 되레 따져 묻는다. 최근 아랍계 무슬림 판사가 전직 이스라엘 총리를 부패 혐의로 구속했음에도 불구하고, 그들은 '인종차별'이라는 비방 용어를 사용하는 것이 잘못된 것임을 모른다(서안지구를 방문하면 아랍 거주 지역 밖의 이스라엘 사람은 안전을 보장할 수 없으니 출입하지 말라고 경고하는 붉은색의 커다란 표시판을 볼 수 있다. 이스라엘을 이웃 국가가 아니라 인종차별 국가라고 주장하는 것에는 동의하기 어렵다).

그들은 유대인 개척자들이 침략군이 아니라, 수천 년 동안 폭도의 지배 속에 살아온 조상의 땅에 나라를 세우려는 열망을 갖고 모여든 난민이라는 사실을 무시한 채 시온주의를 줄곧 제국주의적 식민주의와 비교했다(헤르츨이 언급한 것처럼, 유대인이 단지 원했던 것은 '매부리코'를 가졌든, 검고 붉은 수염이 있든, 안짱다리를 가졌든 간에 멸시당하지 않고 살 수 있는 곳, 마침내 스스로 자유민으로 실 수 있는 곳'이었다.[93] 여기에서 백인 우월주의 제국주의자들의 정서는 거의 찾아볼 수 없다). 진보주의자들은 '시온주의는 인종주의'라고 당연하게 생각했고, 이 문구가 냉전 시대 모스크바에서 만들어졌고 현실과 괴리되어 살아남지 못한다는 것을 모르고 있다. 현재 일부 특정 지역에서 '시온주의'라는 말이 입에 담지 못할 금기어가 되었다는 사실은 소련의 선전 기관과 KGB의 능력을 보여 주는 사례다.

소련의 선전은 전 세계 수백만 명의 머릿속에서 시온주의를 수천 년 세월의 박해에 대한 해답에서 부르주아 제국주의 프로젝트로 재정립하는 데 성공했다. 진보주의자들은 이스라엘에 원칙적인 자세를 취했을 뿐이라고 자신을 기만하며 낡은 증오심에 빠지는 식으로 반유대주의를 말끔히 지웠다. 수십 년에 걸쳐 냉전 시대의 공산주의자와 현재의 이스라엘 혐오자, 모두가 우리는 반유대주의자가 아니며, 반시온주의자일 뿐이라고 말한다. 하지만 그들의 뿌리 깊은 오랜 편견은 잘못된 정보와 편집증에 기반을 둔다. 거의 60년의 세월이 흘렀지만, 소련의 이스라엘 혐오는 여전히 현대 좌파를 사로잡았다. 이스라엘 혐오는 이스라엘, 시온주의, 유대인에 관한 지식이 부족하고 수백 년 전부터 물려받은 확고한 편견을 지닌 사람들을 쉬운 표적으로 삼았다.

테헤란, 이스라엘 혐오의 새로운 중심

이란 정권이 왜 그렇게 유대인 국가에 집착하는지 궁금해하는 사람들이 많을 것이다. 두 나라가 국경을 맞대고 있거나 양자 간에 분쟁이 있었던 것도 아니고 서로 수천 마일이나 떨어져 있다. 유대인은 페르시아에서 2,700년의 세월을 보냈고 이들은 얼마 전까지만 해도 서로 친밀한 관계였다. 많은 이란 사람이 이스라엘에 호의를 가졌다. 그러나 1979년 혁명으로 권력을 잡은 아야톨라 루홀라 호메이니Ayatollah Ruhollah Khomeini는 팔레스타인 대의를 진정으로 옹호하며 수니파 국가들의 지지를 얻으려 했고, 테헤란의 영향력을 확대하고 비우호적인 국가들을 흔들었다. 게다가 그의 이슬람 신앙의 중심인 구세주(마디)Mahdi 재림의 예언에는 유대인과의 종말론적 결전이 포함되어 있었다. 이는 이란 국민이 견디고 있는 가난한 생활 여건, 부패, 억압으로부터 주의를 돌리기 위해 유대인 사탄에게 관심을 집중시키기 위함이었다. 이러한 이유와 명분으로 그는 이스라엘 혐오의 기준을 제시하는 세계 최고의 권위자가 되었다.

현재 이란 정권은 다중언어로 된 엄청난 양의 정교한 이스라엘 혐오 선전을 인터넷을 통해 전 세계에 확산하고 있다. 테헤란에 근거를 둔 수백 개의 웹사이트와 수천 개의 소셜미디어 계정은 서구 세계에 이스라엘 혐오와 불화의 씨를 퍼뜨리며 허위 사실을 쏟아 내고 있다. 내가 취재하면서 이 사이트들과 계정들을 추적한 결과 이슬람 혁명수비대Islamic Revolutionary Guard Corps로 밝혀졌다. 이들은 미국, 사우디아라비아와 한 패거리인 피에 굶주린 이스라엘 군인을 묘사한 만화와 광범위한 홀로코스트 부정 같은 잘못된 정보를 일상적으로 퍼뜨렸다. 홀로코스트가 종종 이스라엘의 존재 이유를 설명하기 때문에 선동의 목표가 되었다.[94]

이란은 이제껏 너무 익숙한 방식으로 이스라엘 혐오를 조장해 영국 사회를 흔들려 했다. 우회 계정으로 유명 좌파인 조지 갤러웨이(George Galloway)와 레베카 롱베일리(Rebecca Long-Baily)를 찬양하고 BBC의 에든버러 공(Duke of Edinburg) 사망 기사를 해킹하려 했으며 영국이 아이들을 향해 미사일을 발사하는 만화를 내보냈다(사실 갤러웨이는 2020년 미국 법무부에 의해 봉쇄된 이란의 선전 뉴스 우회 사이트 『아메리칸 헤럴드 트리뷴』에 글을 쓰기도 했다). 이전 소련의 이스라엘 혐오 선전처럼, 이란의 이런 자료들은 강경 좌파를 통해 서구 사회에 침투하는 진입로를 확보했고 자유주의 진영으로 널리 퍼져 나갔다.

그러나 이것은 빙산의 일각에 불과했다. 다른 테러 집단과 함께, 이란과 밀접한 관계를 맺고 있는 하마스의 선동가들은 정기적으로 정교한 이스라엘 혐오 선전을 쏟아 냈고, 이는 사회정의의 포털 사이트를 통해 서구 주류 사회에 침투했다. 활동가들은 시리아와 그 밖의 지역에서 폭력 현장을 촬영해 이스라엘의 잔혹함으로 왜곡하고, 잘못된 정보를 사실인 것처럼 표현하는 밈(meme), 만화, 동영상들을 잔뜩 쏟아 냈다. 조지 오웰은 '반유대주의의 특징 중 하나는 사실일 것 같지 않은 이야기를 믿게 만드는 능력이다'라고 언급했다.[95] 이스라엘 혐오의 바이러스가 이미 많은 자유주의 좌파들을 감염시킨 상황에서, 이런 끈질긴 선전 활동은 이스라엘 혐오를 반식민주의, 반인종주의, 반파시즘으로 포장해 지지자들을 확보했다. 이는 선의를 지닌 서구 자유주의자들을 끌어들이는 데 매우 효과적이었다.

이스라엘을
위한 변명

6장

사실과
대응

여덟 가지 사실과 다섯 가지 대응 방안

이 책은 이스라엘 혐오가 새로운 현상이 아니라 머리 여럿 달린 괴물의 최신 모습이라는 사실을 보여 주고자 했다. 그 역사적 뿌리는 수천 년 전으로 거슬러 올라간다. 2,000년 전, 예수 그리스도의 죽음 이후 이어진 반유대주의는 나치가 만든 인종 기반의 거대 이념에 포함될 때까지 수 세기를 지배했다. 이는 다시 유대인 국가를 향한 맹렬한 증오를 수반했다. 그 과정에서 베를린, 모스크바, 테헤란의 선전 조직은 광범위한 활동을 펼쳐 많은 사람의 말하고 생각하는 방식에까지 영향을 미칠 정도로 능숙한 솜씨의 조작과 왜곡 작업을 실행했다. 지난 세기는 여러 면에서 현대적 사상을 형성하는 전쟁터였고, 전선의 선두에 몰린 것은 유대인이었다.

그러나 음모론과 미묘한 가정에 기반을 둔 오래된 적대감은 오랫동안 우리 문화의 일부로 자리 잡았기에 눈에 띄지 않는 경우가 많다. 이스라엘 혐오는 익숙한 언어이지만 새로운 억양으로 발음되고 다른 글꼴로 쓰인 혐오로 가득한 이야기이며 리메이크된 재미없는 옛날 영화와 같다. 하워드 제이컵슨Howard Jacobson은 이스라엘 대한 편견을 비꼬며 이렇게 말했다.

"물론 이스라엘은 적들의 기대를 저버리지 않고 오히려 확인시켜 주었습니다. 악마와 어울리고 이방인 아이들의 피를 마신 민족에게 집단 학살과 인종차별 말고 무엇을 기대하는 거죠?"[1]

이스라엘 혐오의 극복은 본질의 파악에서 시작된다. 이스라엘 혐오는 매우 집요하게 반인종주의 혹은 사회정의로 위장되었기 때문에 실체를 파악하기가 어렵다. 여기에 여덟 가지의 사례가 있다.

1. 유대인이 금융시장, 미디어, 정치를 통제한다는 오래된 반유대주의 음모론이 다시 등장하고 있다. 현재 그 배후에 이스라엘이나 모사드Mossad가 있다고 주장한다.

2. 소련의 선전이 되풀이되고 있다. 그 내용은 이렇다. 이스라엘은 인종주의이며 파시스트 국가다, 시온주의는 식민주의다, 이스라엘은 나치만큼 악랄하다, 이스라엘은 인종차별, 인종청소, 집단 학살을 자행한다, 홀로코스트는 과장되었고 동정심을 얻기 위해 활용되었다, 해외 유대인은 이스라엘의 국익에 봉사하는 프락치들이다.

3. 유대인이 겪은 박해를 재현하며 유대인의 탓으로 돌린다. 일례로 이스라엘이 팔레스타인 사람들에게 홀로코스트를 저질렀다고 비난한다.

4. 이스라엘을 지구에서 최악의 나라로 묘사하지만, 이 지역에 더 심각한 다른 나라들의 범죄 행각은 모른 체한다.

5. 이스라엘의 결함을 책임자에게 묻기보다 이스라엘의 정당성을 약화시키는 데 이용한다.

6. 이스라엘 영토에서 일어났던 유대인의 역사를 부정한다.

7. 불법성, 식민주의, 백인우월주의, 인종주의라는 잘못된 주장에 근거해 이스라엘이 '존재할 권리가 없다'라고 비난한다.

8. 다른 어떤 국가들도 준수한 적이 없는 도덕적 기준을 유대인 국가에 요구한다.

이 목록이 전부가 아니다. 이보다 많은 사례가 있고 복잡미묘한 것들도 많다. 하지만 이스라엘 혐오를 파악한다 해도 이를 극복하기란 상당히 어렵다. 이미 문화 속에 깊이 뿌리박고 있기에, 사람들에게 이를 알리기조차 어렵다. 습관적으로 유대인 국가를 비판하는 사람들은 이미 반유대주의자라는 비난을 자주 접했기 때문에, 여기에 대비한 그들만의 대응 요령이 있다. 앞서 살펴봤듯이, 그중에 으뜸은 '나는 반유대주의자가 아니다, 반시온주의자일 뿐이다'라는 주장이다. 이에 이의를 제기하면, 이스라엘에 대한 비판을 억누른다는 비난이 반드시 따라붙는다. 이스라엘 혐오에 관한 세 가지 정의(인지적, 정서적, 행동적)와 개념을 사용하는 것이 도움은 되지만, 얼마 지나지 않아 혐오는 변신을 거쳐 추적을 피해 새로운 피난처를 찾을 것이다. 하지만 현재 이스라엘 혐오를 수사의 껍데기에서 빼내려면 쉽고 빠른 방법이 필요하다.

이런 방법도 가능하다. 이스라엘 혐오 환자의 보호막을 열고 부드러운 속살 아래의 검증되지 않은 가정을 드러내는 데 도움이 되는, 적어도 다섯 가지의 압박점$_{\text{pressure point}}$이 있다. 상대방이 이미 노출된, 익숙한 방어책으로만 대응하고 있을 때, 그 지점을 적중시킬 수 있는 질문의 형태로 찌르는 것이다.

물론 모든 질문이 모든 사람에게 적용되는 것은 아니다. 예를 들어 팔레스타인 출신 사람들은 첫 번째 질문에 매우 훌륭하고 타당한 답변을 할 수 있다. 그러나 적절한 *순*간에 적절한 언어의 조합으로 공략하면, 이 책에서 탐구한 논쟁의 장을 열 수 있다. 그리고 토론 상대방의 마음을 바꾸지 못해도 — 그런 경우가 자주 일어나지는 않겠지만 — 상대방에 긍정적인 영향을 주거나 최소한 그들에게 생각할 기회라도 줄 수 있다.

1. 당신과 무슨 관련이 있나요?

맨체스터의 거리에서 미시간대학의 캠퍼스까지 많은 이스라엘 혐오자들은 특별한 견해를 가지고 있지 않다. 지역과 아무런 연고도 없는 사람들이 아프리카계 브라질 사람들이나 토레스 해협 섬 주민 또는 반투족$_{Bantu}$에 박해를 당하는 중앙아프리카의 피그미족$_{Pygmies}$의 권리를 위한 운동을 선택할 수도 있다. 그렇다고 하나의 불의에만 집중하는 것이 나쁘다는 것은 아니다(합리적으로 활동하는 사람들이 아닌 허위와 악마화에 근거한 주장을 하는 사람들을 말한다). 하지만 왜 그렇게 많은 사람이 팔레스타인을 옹호할까?

그들의 복지에 대한 우려에서 비롯된 것이라고 주장하기 어렵다. 만약 그렇다면 아사드 정권이 야르무크$_{Yarmouk}$의 팔레스타인 정착촌을 폭격하거나 하마스가 자국민을 탄압했을 때 활동가들은 똑같이 목소리를 높였을 것이다. 더 넓게 보면, 비교할 수 없을 만큼 많은 무고한 무슬림이 이스라엘보다 이슬람 테러리스트와 독재자들에 의해 살해당했기 때문에, 이에 대해 활동가들이 한두 마디 할 말이 있을 것으로 기대할 수 있다.

일반적으로 두 가지의 설명이 가능하다. 첫째, 팔레스타인의 대의명분은 좌파 혁명 본능의 이념적 상징이고 지지자들의 정치적 정체성에 대한 집단적 표현이다. 둘째, 모든 문제는 유대인 때문이다.

2. 이스라엘이 특히 중동의 다른 국가들과 비교해서 우수한 점이 많다는 것을 인정할 수 있나요? 그렇지 않다면, 그 이유는 무엇인가요?

합리적인 비평가들은 이스라엘이 가진 우수한 장점에 위축되지 않는다. 편견에서 자유로운 이들은, 예를 들어 이스라엘의 동성애에 관한 자유로운 태도(불완전하긴 하지만)나 소수자의 권리 보호를 축하할 만한 일로 바라본다. 하지만 악마화에 근거한 이스라엘 혐오는 이스라엘의 잘못을 과장하고 이스라엘을 세계에서 가장 해로운 집단이라고 악의적으로 비방한다. 이러한 장점들에 대한 칭찬이 귀에 거슬린다면, 편견이 존재한다는 것을 암시하는 것이다. 최악의 혐오자는 이스라엘의 훌륭한 음식마저도 인정하기 힘들 것이다.

팔레스타인 사회에 긍정적인 면이 있다는 것은 두말할 나위 없다. 특유의 친절함, 신의, 가족과 공동체의 연대감, 어른에 대한 존경, 음식도 마찬가지로 훌륭하다. 이렇게 긍정적인 모습을 쉽게 발견할 수 있다.

3. 오랫동안 의심받아 온 소련의 거짓말이나 다른 공작들을 반복하지 않고 명확하게 비판할 수 있나요?

정당한 비판을 제쳐 두고 선전 선동을 반복하는 것이 이스라엘 혐오의 본모습이다. 여기에는 집단 학살, 인종차별, 백인 우월주의, 정착민 식민주의 등과 같이 조작된 비방이 포함된다. 앞서 살펴봤듯이,

각각의 비방에 대해 충분히 반박할 수 있지만 익숙하기 때문에 옳다고 느낀다. 이러한 자료들이 모스크바나 베를린의 선전 기관에 의해서 만들어졌다는 사실을 아는 사람은 거의 없다.

4. 전 세계에서 특히 중동 지역의 불의와 인권침해가 훨씬 더 심각한 상황일까요? 과연 그럴까요?

우크라이나 전쟁에서 예멘, 미얀마의 내전까지 — 255명이 사망한 이스라엘, 팔레스타인 분쟁•과 비교해서 2022년 미얀마에서만 약 2만 명의 목숨이 희생당했다.[2] — 전 세계에서 일어나고 있는 고난과 추방으로 인해 팔레스타인 사람의 곤경은 아쉽지만 잊혀 갔다. 편견에서 벗어나면, 쉽게 이 사실을 인정할 수 있다. 어쨌든 팔레스타인 사람에 대한 동정심을 훼손할 필요는 없다. 하지만 앞서 보았듯이 이스라엘 혐오는 악마화에 근거를 두고 있다. 만약 세계관이 이렇다면, 갈등의 실체를 받아들이기 어려울 것이다.

5. 도덕적 기준에서 이스라엘보다 나은 역사를 가진 나라가 어디인가요?

이스라엘이 도덕적으로 괜찮은 기록을 가졌다는 생각은 악마화의 영향으로 터무니없어 보인다. 예를 들어, 영국과 미국처럼 제국주의 역사, 내정 간섭, 인종 탄압, 해외 정복 등 논란의 역사를 가진 사례와 비교하면 논점이 흐려질 수 있지만, 이스라엘과 그 주변 국가들을

● 사망자 수(255명)는 영문판이 출간된 2023년 9월 기준

비교하면 논쟁의 여지가 없다. 게다가 이스라엘은 민주주의 국가 중에 가장 심각한 안보 위협을 받고 있다. 다른 나라들의 사례를 ― 아일랜드에서 영국군의 진압 작전, 제2차 세계 대전 당시 영국 공군의 독일 드레스덴$_{Dresden}$ 폭격, 미국 주도의 이라크 침공 ― 참고했을 때, 어떤 나라가 더 낫다고 할 수 있을까? 왜 이스라엘은 어떤 나라도 역사에서 이루지 못한 행동 기준을 늘 지켜야 하는가? 이러한 질문들이 도움이 될 수도 있지만, 문제는 그렇게 쉽게 해결되지 않는다. 문화 전쟁이 격화되면서, 이스라엘이 사람들의 정치적 정체성과 연결되어 있다는 것도 해결 과제 중의 하나다. 이스라엘 혐오가 제러미 코빈$_{Jeremy\ Corbyn}$이 대표 시절, 노동당의 기저에 깔린 문화였을 때, 보수당 전당대회 중에 열린 이스라엘 친선 보수당 의원 행사에 대기 행렬이 끝없이 이어졌다. 키어 스타머$_{Sir\ Keir\ Stamer}$ 경이 노동당 대표로 선출되면서 변화의 바람이 불었고 이스라엘 친선 노동당 의원 행사의 대기 줄은 보수당 행사 때보다 더 길었다. 이 모든 것이 유대인에게 어떤 영향을 미치게 될까?

우리가 노력해야 할 것은 미래의 이스라엘이 악마화되거나 숭배되지 않고, 있는 모습 그대로, 여러 면에서 놀라우며 또 어떤 면에서는 문제가 있지만, 궁극적으로 영웅도 악당도 있는, 그저 평범한 나라로 취급받는 것이다. 그래야만 이스라엘 혐오가 종식될 수 있다.

마지막에 덧붙여

사실 이스라엘 혐오Israelophobia라는 용어를 처음 사용한 사람은 내가 아니다. 이 용어를 떠올리자마자 맨 먼저 구글에서 검색했다. 이탈리아계 이스라엘인인 피아마 니렌스타인Fiamma Nirenstein이라는 언론인이 전에 이 용어를 사용했지만, 개념을 새롭게 정의하거나 배경을 설명하지 않았기에 널리 알려지지 못했다. 역사학자 라파엘 이스라엘리Raphael Israeli가 90년대에 이 단어를 처음 만든 것으로 알려져 있다.

감사의 글

　역사학자 사이먼 세백 몬티피오리에게 특별한 감사의 말씀을 드립니다. 너무나 소중한 조언을 해 주셨습니다. 해외의 여러 학자들도 너그럽게 도움을 주셨습니다. 러시아의 학자 이자벨라 타바로브스키, 런던정치경제대학의 국제관계사 교수인 데이비드 모타델, 정치학자이며 역사학자인 마티아스 쿤첼, 텔아비브대학의 중동 아프리카 역사학부 학장인 메이어 리트바크 교수, 히브리대학의 엘하난 야키라 교수, 처칠과 드레스덴 공습에 관해 조언해 주신 앤드루 로버츠 교수, 메릴랜드대학의 석좌교수인 제프리 허프 박사가 친절하게 도움을 주셨습니다. 또한 변호사이며 반유대주의 전문가인 앤서니 줄리어스와 언론인 도미닉 그린과 조너선 포맨에게도 감사드립니다. 제가 집필하는 동안 자리를 비워 곤란했던 시간을 잘 메워 주신 『주이시 크로니클』의 부편집장인 올랜도 래디스와 선배 기자들에게도 감사드립니다. 마지막으로 온종일 일에만 빠져 있는 저를 참고 인내해 준 록사나와 우리 아이들, 가족에게도 진심으로 고맙다고 말하고 싶습니다. 특히 자전거 타기와 위스키에 진심인 작가이자 신문 기자와 함께 사는 것이 쉽지 않은 일인데도 말입니다. 여러분 모두에게 진심으로 감사드립니다.

주

1장 새로운 증오

1 https://www.thejc.com/news/news/bbc-interviews-%27we-love-death%27-activist-on-tackling-jew-hate-52WPefblECTwTCZ8tswH5P
2 https://www.thejc.com/news/news/jews-make-up-less-than-1-per-cent-of-uk-population-but-a-quarter-of-all-hate-crimes-7jnjAHPKZ1cQqLFlL3olMk
3 https://www.thejc.com/news/news/antisemitism-watchdog-launches-uk-wide-stand-with-jews-campaign-5gY61OZ4xJhBLCDh0NieyH
4 https://www.theguardian.com/commentisfree/2023/apr/15/racism-in-britain-is-not-a-black-and-white-issue-it-is-far-more-complicated
5 https://www.npr.org/2023/03/23/1165737405/antisemitism-statistics-report-2022-anti-defamation-league
6 https://www.jpost.com/diaspora/antisemitism/article-729720
7 https://www.osw.waw.pl/en/publikacje/analyses/2023-03-27/germanys-strategy-to-combat-anti-semitism
8 https://www.businessinsider.com/israel-iron-dome-blocks-90-percent-rockets-hamas-gaza-2021-5?r=US&IR=T
9 https://news.un.org/en/story/2021/12/1108352
10 Dara Horn, People Love Dead Jews, W. W. Norton & Co, 2021, p. 10.
11 https://www.thejc.com/news/news/bbc-apologises-after-presenter-said-israeli-forces-are-happy-to-kill-children-4JDRb7IKCqCUk6Vck6w3AJ
12 https://quillette.com/2019/11/16/thorstein-veblens-theory-of-the-leisure-class-a-status-update/
13 Elizabeth Currid-Halkett, The Sum of Small Things: A theory of the aspirational class, Princeton University Press, 2017.
14 https://www.btselem.org/press_releases/20230108_the_occupied_territories_in_2022_largest_number_of_palestinians_killed_by_israel_in_the_west_bank_since_2004
15 Combatants:https://www.newsweek.com/ukraine-russia-elon-muks-troop-deaths-war-1779496.

Civilians: https://www.ohchr.org/en/news/2022/12/ukraine-civilian-casualty-update-19-december-2022
16 https://peoplesdispatch.org/2023/01/04/over-3000-yemenis-were-killed-or-injured-in-2022-says-report/
17 https://www.spiked-online.com/2021/11/10/the-demonisation-of-israel-is-out-of-control/
18 https://nypost.com/2023/01/14/university-of-michigan-protesters-call-for-intifada-demise-

of-israel/

19 Albert H. Halsey, The Decline of Donnish Dominion: The British Academic Professions in the Twentieth Century, Oxford University Press, 1992, chapter 11.
20 Remi Adekoya, Eric Kaufmann and Tom Simpson, Academic Freedom in the UK: Protecting Viewpoint Diversity, Policy Exchange, 2020.
21 https://www.cspicenter.com/p/academic-freedom-in-crisis-punishment
22 https://www.nationalaffairs.com/publications/detail/the-constitution-of-knowledge
23 https://www.cspicenter.com/p/academic-freedom-in-crisis-punishment
24 https://www.telegraph.co.uk/news/2020/07/16/harvard-professor-stephen-pinker-attacked-550-academics-tweets/
25 https://www.insidehighered.com/news/2021/08/31/fire-launches-new-database-tracking-attacks-speech
26 https://www.insidehighered.com/news/admissions/2023/05/08/jewish-student-enrollment-down-many-ivies
27 https://www.standwithus.com/post/george-washington-university-ignored-professor-s-antisemitism-says-new-civil-rights-complaint
28 Hannah Arendt, Eichmann in Jerusalem: A Report on the Banality of Evil, Penguin Books, 1994, p. 150.
29 John Rees, The ABC of Socialism, Bookmarks, 1994, p. 55.
30 https://www.thejc.com/news/news/university-student-union-officer-slammed-after-saying-i%27d- back-hamas-in-a-conflict-with-israel-542SSNfDZ1AbY8j6V4z8EL
31 https://www.jpost.com/International/Belgian-MP-tramples-Israeli-flag-at-pro-Assad-rally-315523
32 https://www.timesofisrael.com/palestinians-celebrate-jerusalem-synagogue-massacre-with-fireworks-sweets/
33 https://www.ibtimes.co.in/wanted-kill-many-not-just-one-palestinian-enters-israel-craving-jewish-genocide-rapes-856380
34 https://www.youtube.com/watch?v=6zHL2x0ndgE&t=698s
35 https://web.archive.org/web/20121029025033/http://www.adl.org/extremism/karta/
36 https://www.nytimes.com/2007/01/15/nyregion/15rabbi.html
37 Howard Jacobson, Mother's Boy, Vintage 2023, p. 267.
38 Revelation 2:9 and 3:9
39 https://www.thetimes.co.uk/article/voters-remember-what-politicians-forget-3lsl0k9ng0n
40 https://www.theguardian.com/media/2003/may/22/theindependent.pressandpublishing
41 https://www.theguardian.com/media/2013/jan/28/murdoch-apology-sunday-times-cartoon
42 George Orwell, Orwell and England, Macmillan, 2021, p. 50.

2장 이스라엘 혐오(이스라엘 포비아)란 무엇인가?

1 https://twitter.com/guidofawkes/status/981074670635159553
2 Theodor Herzl, Der Judenstaat. English, Tredition Classics, 2012, p. 5.

3장 악마화, 이스라엘 혐오의 첫 번째 특징

1 http://downloads.bbc.co.uk/rmhttp/radio4/transcripts/1961_reith5.pdf
2 https://www.mackinac.org/OvertonWindow
3 Alan Dershowitz, The Case for Israel, John Wiley & Sons Inc., 2003.
4 https://www.jcpa.org/phas/phas-sharansky-f04.htm
5 https://jcpa.org/mission-impossible-repairing-the-ties-between-europe-and-israel/anti-semitism-in-europe-today-comes-mostly-from-the-left/
6 https://fra.europa.eu/en/content/fra-opinions-experiences-and-perceptions-antisemitism
7 https://fra.europa.eu/en/news/2023/major-eu-survey-antisemitism-and-jewish-life-launched
8 https://obamawhitehouse.archives.gov/blog/2010/05/03/because-i-believe-you
9 https://assets.nationbuilder.com/nus/pages/108/attachments/original/1673471780/Independent_Investigation_into_Antisemitism_Report_NUS_12_January_2023.pdf?1673471780
10 https://assets.publishing.service.gov.uk/media/59786a0040f0b65dcb00000a/042-Persecution-of-Christians-in-the-Middle-East.pdf
11 Benny Morris, 1948: Righteous Victims: A history of the Zionist-Arab conflict 1881-2001, Vintage Books, 2001, p.252-258.
12 Avi Beker, The Forgotten Narrative: Jewish refugees from Arab countries, Jewish Political Studies Review, Vol. 17, No. 3/4, Fall 2005, p.4.
13 Noah Lewin-Epstein and Yinon Cohen (18 August 2019), 'Ethnic origin and identity in the Jewish population of Israel', Journal of Ethnic and Migration Studies, 45 (11), p.2118-2137.
14 https://www.jewishvirtuallibrary.org/jewish-refugees-from-arab-countries
15 https://www.youtube.com/watch?v=35eEljsSQfc
16 https://www.jewishvirtuallibrary.org/israel-ranking-on-democracy-index
17 https://www.transparency.org/en/cpi/2022
18 https://hdr.undp.org/data-center/human-development-index#/indicies/ HDI
19 https://worldpopulationreview.com/country-rankings/crime-rate-by-country
20 https://www.jns.org/israel-ranked-fifth-safest-country-for-tourists/
21 https://www.jewishvirtuallibrary.org/total-casualties-arab-israeli-conflict
22 https://www.indexoncensorship.org/indexindex/
23 https://www.timesofisrael.com/thousands-attend-funeral-of-ballet-dancer-who-was-washed-out-to-sea/
24 https://www.bbc.co.uk/news/world-middle-east-64390817
25 https://worldhappiness.report/ed/2023/world-happiness-trust-and-social-connections-in-

times-of-crisis/#ranking-of-happiness-2020-2022
26 https://il.boell.org/en/2019/04/04/poll-most-israelis-have-positive-view-jewish-arab-relations
27 https://www.pcpsr.org/en/node/931
28 https://www.timesofisrael.com/israel-divided-along-tribal-lines-rivlin-warns/
29 Morris, 1948: A History of the First Arab-Israeli War, 2008, p. 404-406.
30 Anthony Julius, Trials of the Diaspora, Oxford University Press, 2012, p. xv.
31 In David Barsamian and Edward Said, Culture and Resistance: Conversations with Edward Said, Pluto Press, 2003, p. 54, Said said: 'The town of Hebron is essentially an Arab town. There were no Jews in it before 1967.' This was untrue. As Anthony Julius notes in Trials of the Diaspora, Oxford University Press, 2012, p. xiv: 'For over 2,000 years, until 1936, there was a continuous and substantial Jewish presence in Hebron, mostly tolerated, always subordinate.' Said made other questionable claims about Hebron on a number of occasions.
32 https://www.haaretz.com/israel-news/2016-08-23/ty-article/.premium/arab-students-in-jerusalem-get-less-than-half-the-funding-of-jews/0000017f-f859-d887-a7ff-f8fdad430000
33 https://www.wsj.com/articles/the-huwara-riot-was-not-a-pogrom-jews-palestinians-misappropriation-mainstream-margins-russia-95b5dabb
34 https://metro.co.uk/2023/03/27/black-children-six-times-more-likely-to-be-strip-searched-by-police-18504292/
35 https://www.thetimes.co.uk/article/police-strip-searching-children-as-young-as-eight-8vnjfr0cm
36 https://www.france24.com/en/france/20210913-macron-to-increase-oversight-of-police-after-brutality-and-racism-claims
37 https://www.thetimes.co.uk/article/why-many-british-jews-will-be-horrified-by-israels-new-government-rzjvpcg7h
38 https://web.archive.org/web/20080102223444/http://www.csuohio.edu/tagar/boris.htm
39 https://unwatch.org/2022-2023-unga-resolutions-on-israel-vs-rest-of-the-world/
40 https://www.fdd.org/analysis/2022/08/24/the-time-is-now-to-reform-the-un-human-rights-apparatus/
41 https://www.un.or/unispal/human-rights-council-resolutions/
42 http://www.gicj.org/images/2019/pdfs/HRC41/The-Rise-in-Hate-Speech-by-Political-Representatives-and-on-Social-Media-in-Israel.pdf
43 https://www.thejc.com/news/israel/israel-is-the-most-targeted-country-in-the-world-on-social-media-says-new-study-pAyuIf-SSheLdoy7guwtRt
44 https://www.worldjewishcongress.org/en/durban-conference?item=t4iz1L3liYeaTf0PCpfHQm
45 https://www.france24.com/en/20090421-un-attempts-damage-control-after-ahmadinejad-speech-
46 Danny Danon, In the Lion's Den: Israel and the world, Wicked Son, 2022.
47 Mark Twain, The Innocents Abroad, Wordsworth Editions, 2010.
48 https://www.jpost.com/international/article-743145
49 https://freedomhouse.org/countries/freedom-world/scores
50 https://www.thejc.com/news/uk/now-end-of-zionism-academic-says-bristol-jsoc-is-israel-s-

pawn-1.511915
51 https://www.nytimes.com/2022/10/19/world/middleeast/palestinian-culinary-traditions.html
52 Theodor Herzl, 'A Solution of the Jewish Question', Jewish Chronicle, January 17, 1896, p. 12.
53 Simon Sebag Montefiore, Jerusalem: The biography, Weidenfeld & Nicolson, 2020, p. 451.
54 Manashe Harrel, 'The Jewish Presence in Jerusalem through the Ages' and Ori Stendel 'The Arabs in Jerusalem', in Sinai and Oestericcher, eds. Jerusalem, John Day, 1974
55 http://monbalagan.com/45-chronologie-israel/des-arabes-chretiens-et-ottomans/126-1899-ler- mars-lettre-de-youssouf-diya-al-khalidi-a-herzl-premiere-opposition-au-sionisme.html?highlight=WyJsZXR0cmUiLCJoZXJ6bCIsImhlcnpsaWVubmVzIl0=
56 T. E. Lawrence, Malcom Brown (ed), T. E. Lawrence in War and Peace: An anthology of the military writings of Lawrence of Arabia, Greenhill Books, 2005, p. 106.
57 https://www.theatlantic.com/membership/archive/2017/12/when-the-british-got-jerusalem-for-christmas/548192/
58 https://archive.jewishagency.org/maps/content/35916/
59 Joseph S. Spoerl, 'Palestinians, Arabs and the Holocaust', Jewish Political Studies Review Vol. 26, numbers 1-2, March 2015, p. 25.
60 Sebag Montefiore, Jerusalem.
61 Benny Morris, 'Vertreibung, Flucht und Schutzbedürfnis: Wie 1948 das Problem der palästinensischen Flüchtlinge entstand' in FAZ, December 29, 2001.
62 https://www.jewishvirtuallibrary.org/latest-population-statistics-for-israel
63 https://www.thetimes.co.uk/article/akub-restaurant-review-london-giles-coren-jl6j66wrg
64 Simon Sebag Montefiore, The World, Weidenfeld & Nicolson, 2022, p 1078.
65 Yasmin Khan, The Great Partition: The Making of India and Pakistan, Yale University Press, 2008; https://www.redcross.org.uk/stories/our-movement/our-history/india-partition-the-red-cross-response-to-the-refugee-crisis
66 Morris, 1948: First Arab-Israeli War, p. 404-406.
67 https://www.jewishvirtuallibrary.org/latest-population-statistics-for-israel
68 Sunder Katwala, How to be a Patriot: Why love of country can end our very British culture war, HarperNorth, 2023, p. 62.
69 https://www.unhcr.org/us/about-unhcr/who-we-are/figures-glance
70 https://www.newsweek.com/palestinians-never-miss-opportunity-miss-opportunity-opinion-1531588
71 https://www.washingtonpost.com/wp-dyn/content/article/2009/07/16/AR2009071603584.html?sid=ST2009090403399
72 https://www.bbc.co.uk/news/world-asia-63554941
73 https://edition.cnn.com/2019/02/01/world/european-colonization-climate-change-trnd/index.html
74 Sebag Montefiore, The World.
75 https://www.churchtimes.co.uk/articles/2005/11-february/features/ash-wednesday-1945
76 https://melaniephillips.substack.com/p/the-real-story-about-that-gaza-death

77 https://www.spectator.co.uk/article/what-the-bbc-gets-wrong-about-israel/
78 Ruth Harris, The Man on Devil's Island: Alfred Dreyfus and the affair that divided France, Penguin, 2011.
79 Piers Paul Read, The Dreyfus Affair: The story of the most infamous miscarriage of justice in French history, Bloomsbury, 2012.
80 Sebag Montefiore, The World, p. 483.
81 David Livingstone Smith, Less Than Human: Why we demean, enslave and exterminate others, Macmillan, 2011, p. 137.
82 Richard Taylor, Film Propaganda: Soviet Russia and Nazi Germany, IB Tauris & Co Ltd, 2009, p. 179.
83 https://jcpa.org/article/parallels-between-nazi-and-islamist-anti-semitism/
84 https://www.theatlantic.com/magazine/archive/2008/03/the-2-000-year-old-panic/306640/
85 HH Ben-Sasson (ed), A History of the Jewish People, Harvard University Press, 1976, p. 875.
86 https://collections.ushmm.org/search/catalog/irn2910
87 https://www.theguardian.com/world/2006/jul/31/arts.usa
88 https://encyclopedia.ushmm.org/content/en/timeline-event/holocaust/1939-1941/hitler-speech-to-german-parliament
89 Peter Longerich, Hitler: A biography, Oxford University Press, 2019, p. 779.
90 https://www.jewishvirtuallibrary.org/muslim-clerics-jews-are-the-descendants-of-apes-pigs-and-other-animals
91 https://www.thejc.com/news/uk-news/chris-williamson-hits-out-after-losing-his-seat-saying-foreign-government-mobilised-against-corby-1.494422
92 https://www.thejc.com/lets-talk/all/the-problem-with-miller-1.512511
93 https://www.thejc.com/news/uk/david-miller-sacked-by-bristol-1.521060
94 https://securingdemocracy.gmfus.org/british-commentators-iran-russia-ukraine-conspiracy--theories/
95 https://www.opensecrets.org/fara
96 https://www.adl.org/resources/blog/antisemitic-conspiracy-theories-abound-around-russian-assault-ukraine

4장 무기화, 이스라엘 혐오의 두 번째 특징

1 Istvan Pal Adam, Post-Holocaust Pogroms in Hungary and Poland, Central European University, 2009, p. 1.
2 David Hirsh, Contemporary Left Antisemitism, Routledge, 2017, p. 5.
3 https://www.timesofisrael.com/corbyn-called-for-uks-holocaust-memorial-day-to-be-renamed/
4 https://twitter.com/jeremycorbyn/status/824708732504473601
5 https://www.independent.co.uk/news/uk/politics/labour-antisemitism-row-jeremy-corbyn-

holocaust-israel-nazis-party-definition-a8472276. html
6 https://www.theguardian.com/politics/2016/jul/04/jeremy-corbyn-says-he-regrets-calling-hamas-and-hezbollah-friends
7 'La plus belle des ruses du diable est de vous persuader qu'il n'existe pas!' Charles Baudelaire, The Flowers of Evil and the Generous Gambler, Benediction Classics, 2012, p. 253.
8 https://www.bbc.co.uk/news/topics/c28q43x9qmzt
9 https://www.memri.org/tv/british-bishop-denies-holocaust-iran-tv-no-many-good-jews
10 https://www.theguardian.com/us-news/2017/aug/16/charlottesville-neo-nazis-vice-news-hbo
11 Bari Weiss, How to Fight Anti - Semitism, Allen Lane, 2019, p. 85.
12 https://twitter.com/jeremycorbyn/status/1194197042534461440?lang=en
13 George Spater, William Cobbett: The Poor Man's Friend, Cambridge University Press, 1982.
14 William Cobbett, Political Register, 25 October 1823, cols 214-218.
15 Cobbett, Political Register, 25 October 1823, col. 214-218.
16 Cobbett, Political Register, 5 June 1830, col. 728-735.
17 Cobbett, Political Register, 20 April 1805, col. 597-598.
18 Cobbett, Political Register, 1 March 1823, col. 565.
19 John W. Osborne, 'William Cobbett's Anti-Semitism', The Historian, Volume 47, 1984, Issue 1.
20 https://www.amnesty.org/en/location/middle-east-and-north-africa/palestine-state-of/report-palestine-state-of/
21 https://twitter.com/habibi_uk/status/1624005478916276224?lang=en
22 https://www.palestinecampaign.org/trade-unions-uk/
23 https://www.jewishnews.co.uk/spains-new-deputy-pm-called-israel-an-illegal-state/
24 https://inews.co.uk/news/politics/jeremy-corbyn-nick-griffin-bnp-support-zionists-comments-row-190234
25 Golda Meir, My Life, Dell Publishing Company, 1975, p. 308-309.
26 https://www.spectator.co.uk/article/blm-should-look-to-martin-luther-king-not-malcolm-x-for-inspiration/
27 Malcolm X, The Autobiography of Malcolm X, Penguin, 2001.
28 Patricia Bidol-Padva, Developing New Perspectives on Race, New Detroit, 1970.
29 https://www.theguardian.com/culture/2022/feb/02/whoopi-goldberg-suspended-from-the-view-after-saying-holocaust-isnt-about-race
30 https://www.hepi.ac.uk/2017/12/18/two-thirds-68-students-now-back-labour-think-labour-55-jeremy-corbyn-58-back-remain/
31 https://www.theguardian.com/politics/2017/oct/07/oh-jeremy-corbyn-chant-white-stripes
32 https://nymag.com/intelligencer/2020/02/this-one-chart-explains-why-young-voters-back-bernie-sanders.html
33 https://www.commentary.org/noah-rothman/bernie-sanders-has-a-big-jeremy-corbyn-problem/
34 https://www.usnews.com/news/elections/articles/2019-12-19/sanders-calls-netanyahu-racist-escalating-attacks-on-the-embattled-israeli-pm?context=amp

35 https://www.dailymail.co.uk/news/article-7742535/Jeremy-Corbyn-played-role-useful-idiot-Kremlin-undermining-Nato.html
36 https://www.dailymail.co.uk/news/article-11388081/Ukraine-brands-Jeremy-Corbyn-one-Putins-seful-idiots-hes-set-speak-propaganda-event.html
37 https://www.thearticle.com/jeremy-corbyns-shameful-links-to-irans-theocratic-tyranny
38 https://www.syriahr.com/en/291981/
39 https://www.ohchr.org/en/stories/2023/05/behind-data-recording-civilian-casualties-syria
40 https://www.jewishvirtuallibrary.org/total-casualties-arab-israeli-conflict
41 https://www.thejc.com/news/news/bbc-broadcasts-folksongs-that-glorify-attacks-on-jews-6wJhXGiv3rhgfazyMN9cAS
42 https://theweek.com/articles/488741/conspiracy-alert-egypts-sharkattack-crisis-work-israel
43 https://www.thejc.com/news/news/fury-of-local-residents-as-palestinian-flag-flies-over-lancashire-town-hall-in-jubilee-week-6V0CU7VuaZkyCIeuuiwax9
44 https://www.theguardian.com/news/2019/may/01/jeremy-corbyn-rejects-antisemitism-claim-over-book-foreword
45 https://www.thejc.com/lets-talk/all/is-it-time-for-jews-to-do-less-yearning-and-more-living-6O93osYNNU1pl8P6Cjy2qA
46 https://www.thejc.com/news/news/kate-winslet-gaza-film-%27is-hamas-propaganda%27-4HTFOwxQYtJTATLDuO8zOb
47 https://www.thejc.com/news/news/kate-winslet-gaza-film-%27is-hamas-propaganda%27-4HTFOwxQYtJTATLDuO8zOb
48 https://www.spectator.co.uk/article/the-new-york-times-revealing-gaza-coverage/
49 https://www.theguardian.com/media/2002/may/06/mondaymediasection5
50 https://www.france24.com/en/tv-shows/truth-or-fake/20211104-pally-wood-truth-and-falsehoods-amid-political-communications
51 https://www.reuters.com/article/factcheck-fake-gaza-idUSL2N2N52AF
52 https://www.thejc.com/news/world/bella-hadid-slammed-for-anti-israel-posts-in-wake-of-synagogue-terror-attack-7At8BfuTnl9X7eaFauyECN
53 https://www.timesofisrael.com/israel-raps-bbc-for-unethical-terror-attack-headline/
54 https://www.theguardian.com/sport/2017/sep/24/israel-giro-ditalia-race-conflict-2018-start-cycling
55 https://www.trtworld.com/magazine/israel-s-greenwashing-weaponising-environmentalism-on-palestinian-lands-54041
56 https://www.newarab.com/analysis/israel-uses-animal-rights-vegan-wash-occupation
57 https://bdsmovement.net/pinkwashing
58 https://decolonizepalestine.com/rainbow-washing/purplewashing/
59 https://www.aljazeera.com/opinions/2022/4/9/wine-washing-the-israeli-occupation
60 Jean-Paul Sartre, Anti-Semite and Jew, Schocken, 1995, p. 33.
61 https://www.algemeiner.com/2023/01/06/hamas-official-interviewed-on-german-public-tv-in-latest-antisemitic-scandal/

62 Menachem Begin, The Revolt, Dell, 1977, p. 313.
63 Noah Lewin-Epstein and Yinon Cohen, ibid., p. 2118-2137.
64 https://antisemitism.org/jews-over-five-times-more-likely-to-be-targets-of-hate-crimes-than-other-faith-group-caa-analysis-of-home-office-stats-shows/
65 https://forward.com/news/415385/is-a-string-of-attacks-against-brooklyn-jews-really-about-anti-semitism/
66 https://www.jstor.org/stable/43822935
67 https://www.spectator.co.uk/article/does-israel-train-america-s-police-forces/
68 https://www.jta.org/2020/06/02/united-states/los-angeles-jews-take-stock-after-george-floyd-protests-batter-local-institutions/
69 https://www.timesofisrael.com/protesters-shout-dirty-jews-at-paris-rally-against-police-racism/
70 David Baddiel called it 'Schrodinger's whites'. David Baddiel, Jews Don't Count, TLS, 2021, p.
71 https://www.orwellfoundation.com/the-orwell-foundation/orwell/essays-and-other-works/antisemitism-in-britain/
72 https://web.archive.org/web/20080102223444/ http://www.csuohio.edu/tagar/boris.htm
73 https://www.ngo-monitor.org/fact-sheet-ken-roth/
74 https://www.channel4.com/programmes/david-baddiel-jews-dont-count
75 Baddiel, Jews Don't Count, p. 90-93.
76 https://twitter.com/baddiel/status/1205468962345177088?lang=eu
77 Baddiel, Jews Don't Count, p. 90.
78 Baddiel, Jews Don't Count, p. 91.
79 Baddiel, Jews Don't Count, p. 92.
80 Dennis Ross, The Missing Peace: The Inside Story of the Fight for Middle East Peace, Farrar, Straus and Giroux, 2005, p. 694.
81 https://www.wayoflife.org/reports/temple_denial_vs_archaeology.html
82 https://content.time.com/time/subscriber/article/0,33009,493263,00.html
83 Dore Gold, The Fight for Jerusalem: Radical Islam, the West and the Future of the Holy City, Regnery Publishing, 2007.
84 https://www.theguardian.com/world/2016/oct/14/israel-unesco-resolution-jerusalem-palestine
85 https://web.archive.org/web/20080102223444/http://www.csuohio.edu/tagar/boris.htm
86 Herzl, 'A Solution', p. 12.
87 https://www.thejc.com/news/news/bbc-apologises-after-presenter-said-israeli-forces-are-happy-to-kill-children-4JDRb7IKCqCUk6Vck6w3AJ
88 https://www.thejc.com/lets-talk/all/jews-in-their-own-words-so-long-as-they-don%27t-say-%27israel%27-6tRo9LjpbgX4XQrdvBgJwk
89 Arendt, Eichmann in Jerusalem, p. 85.
90 https://www.dailymail.co.uk/columnists/article-11874055/ANDREW-NEIL-easy-scoff-woke-nonsense-like-Oxfams-language-guide-not-fad.html

91 https://yougov.co.uk/topics/politics/articles-reports/2021/12/22/cancel-culture-what-views-are-britons-afraid-expre
92 John Milton, Areopagitica and Other Writings, Penguin, 2014.
93 https://www.britainschoice.co.uk/
94 https://www.the-tls.co.uk/articles/problem-hyper-liberalism-essay-john-gray/
95 https://www.kcl.ac.uk/news/uk-culture-war-debate-public-divide-into-four-groups-not-two-warring-tribes
96 https://www.jta.org/2017/06/25/united-states/marchers-carrying-jewish-pride-flags-asked-to-leave-chicago-dyke-march
97 https://www.change.org/p/lesbians-attacked-at-san-francisco-dyke-march-demand-retraction-of-libelous-statements
98 https://www.feministcurrent.com/2018/08/13/lesbians-excluded-vancouver-dyke-march-name-inclusivity/
99 https://www.thejc.com/lets-talk/all/like-corbynism-the-gender-debate-has-gone-through-the-looking-glass-1L9eUHjLSVsgO2b52uRIph
100 https://www.amnesty.org/en/latest/news/2022/02/israels-apartheid-against-palestinians-a-cruel-system-of-domination-and-a-crime-against-humanity/
101 Trevor Noah, Born a Crime: Stories from a South African childhood, John Murray, 2017.
102 https://www.timesofisrael.com/khaled-kabub-sworn-in-as-supreme-courts-first-muslim-justice/
103 https://www.tandfonline.com/doi/abs/10.1080/17511321.2020.1770848?journalCode=rsep20
104 https://twitter.com/YosephHaddad/status/1639728828900581377?s=20
105 https://www.jpost.com/arab-israeli-conflict/palestinian-authority-youre-a-traitor-if-you-sell-land-to-the-jews-619368
106 https://www.washingtoninstitute.org/policy-analysis/israels-security-fence-effective-reducing-suicide-attacks-northern-west-bank
107 https://thespectator.com/topic/has-micah-goodman-found-the-path-to-peace/
108 'The Arab Boycott and Apartheid', Arab Outlook 1 / 2, December 1963, in Dave Rich, The Left's Jewish Problem, Biteback, 2018, p. 38.
109 https://www.ohchr.org/sites/default/files/Documents/Issues/Truth/CallLegacyColonialism/CSO/Al-Haq-Annex-3.pdf
110 Sartre, Anti-Semite and Jew, p. 13.
111 https://www.timesofisrael.com/amnestys-israel-chief-criticizes-groups-report-accusing-israel-of-apartheid/
112 https://www.thejc.com/news/news/revealed-amnesty%27s-own-officials-reject-%27apartheid%27-smear-1Hgn4ETJJkQk9a7iSASNCv
113 Rich, Left's Jewish Problem, p. 36.
114 https://assets.nationbuilder.com/nus/pages/108/attachments/original/1673471780/Independent_Investigation_into_Antisemitism_Report_NUS_12_January_2023.pdf?1673471780

5장 조작과 왜곡, 이스라엘 혐오의 세 번째 특징

1 Edward Horne, A Job Well Done: A history of the Palestine police force 1920-1948, Book Guild Publishing, 2003.
2 David Motadel, Islam and Nazi Germany's War, Harvard University Press, 2014, p. 39.
3 Yuval Arnon-Ohanna, The Internal Struggle Within the Palestinian National Movement 1929- 1939, Shiloah Center, 1981, p.286, puts the number of Arabs killed by other Arabs at 4,500, based on a Palestinian source, while the Encyclopaedia Britannica estimates the entire number of Arabs killed in the Revolt at 5,000: https://www.britannica.com/place/Palestine/The-Arab-Revolt
4 Stefan Wild, ' "Mein Kampf" in arabischer Übersetzung', Die Welt des Islams 9, 1-4, 1964, p. 207-211.
5 Spoerl, 'Palestinians, Arabs', p.15.
6 Spoerl, 'Palestinians, Arabs', p.16.
7 Jeffrey Herf, Nazi Propaganda for the Arab World, Yale University Press, 2009, p.ix - xvii.
8 Spoerl, 'Palestinians, Arabs', p.18.
9 Herf, Nazi Propaganda, p. 92.
10 Abd al-Karim al-Umar ed., Mudhakkirat al-Hajj Muhammad Amin al-Husayni (The Memoirs of Hajj Muhammad Amin al - Husseini), Damascus, 1999, p. 108.
11 Motadel, Islam and Nazi Germany's War, p. 63.
12 Sebag Montefiore, Jerusalem, p. 546-547.
13 Motadel, Islam and Nazi Germany's War, p. 43.
14 Sebag Montefiore, Jerusalem, p. 547.
15 Sebag Montefiore, Jerusalem, p. 547.
16 Spoerl, 'Palestinians, Arabs', p.22.
17 https://www.tabletmag.com/sections/news/articles/amin-al-husseini-nazi-concentration-camp
18 Klaus Gensicke, The Mufti of Jerusalem and the Nazis, Vallentine Mitchell & Co, 2015, p.122.
19 Gilbert Achcar, The Arabs and the Holocaust: The Arab-Israeli war of narratives, Saqi Books, 2011.
20 https://www.jpost.com/israel-news/never-before-seen-document-penned-by-nazi-leader-himmler-uncovered-by-national-library-485539
21 Message to German foreign minister Joachim von Ribbentrop, quoted in Klaus Gensicke, Der Mufti von Jerusalem, Amin el - Husseini, und die Nationalsozialisten, Peter Lang, 1988.
22 Barry Rubin and Wolfgang Schwanitz, Nazis, Islamists, and the Making of the Modern Middle East, Yale University Press 2014, p.163.
23 Gensicke, Der Mufti von Jerusalem.
24 Information Sheet on Yunis Bahri, n.d. (July 1939), sent by Lampson (Embassy Cairo) to Halifax (Foreign Office), 6 July 1939, Alexandria, NA, FO 395 / 664, quoted in Motadel, ibid., p. 93.
25 Herf, Nazi Propaganda, p. 198.

26　Gensicke, Der Mufti von Jerusalem.
27　Herf, Nazi Propaganda, p. 101-102.
28　Herf, Nazi Propaganda, p. 105
29　Herf, Nazi Propaganda, p. 105-106.
30　https://nymag.com/intelligencer/article/marjorie-taylor-greene-qanon-wildfires-space-laser-rothschild-execute.html
31　Herf, Nazi Propaganda, p. 126.
32　Herf, Nazi Propaganda, p. 237.
33　https://www.tabletmag.com/sections/history/articles/the-nazi-roots-of-islamist-hate
34　Bernard Lewis, Semites and Anti-Semites: An inquiry into conflict and prejudice, W. W. Norton & Co 1999, p. 160.
35　Zvi Elpeleg, Through the Eyes of the Mufti: The essays of Haj Amin, Vallentine Mitchell & Co, 2009, p. 26.
36　Herf, Nazi Propaganda.
37　Zvi Elpeleg, The Grand Mufti: Haj Amin al - Hussaini, Founder of the Palestinian National Movement, Routledge 1993, p. 115, 120, 124-128.
38　Spoerl, 'Palestinians, Arabs', p. 24.
39　Paul Berman, Terror and Liberalism, W. W. Norton and Company, 2003.
40　Matthias Küntzel, Djihad und Judenhaß: Über den neuen antijüdis chen Krie, Ca Ira, 2002.
41　https://embassies.gov.il/holysee/AboutIsrael/the-middle-east/Pages/The%20Hamas-Covenant.aspx
42　Matthias Küntzel, Jihad and Jew - Hatred: Islamism, Nazism and the roots of 9/11, Telos Press Publishing, 2007, p. xxi.
43　Christian Eggers, 'Die Juden warden brennen – Die antisemitischen Wahnvorstellungen der Hamburger Al Qaida - Zelle um Mohammed Atta', in Matthias Küntzel, Heimliches Einverständnis? Islamischer antisemitismus und deutsche politic, LIT - publisher, 2007.
44　https://www.tabletmag.com/sections/history/articles/the-nazi-roots-of-islamist-hate
45　Gensike, The Mufti of Jerusalem, p. 182-183.
46　Gensike, The Mufti of Jerusalem, p. 182-183.
47　Benny Morris, The Birth of the Palestinian Refugee Problem Revisited, Cambridge University Press 2004, p.23.
48　Nicholas Bethell, The Palestinian Triangle: The struggle between the British, the Jews and the Arabs 1935-48, Andre Deutsch, London 1979, p. 349.
49　Morris, The Birth of the Palestinian, p. 408-409.
50　Küntzel, Jihad and Jew-Hatred, p. 51.
51　https://archive.jewishagency.org/maps/content/35916/
52　Spoerl, 'Palestinians, Arabs', p. 15.
53　https://www.tabletmag.com/sections/history/articles/the-nazi-roots-of-islamist-hate
54　https://www.memri.org/reports/saudi-columnist-condemns-sympathy-hitler-arab-world
55　https://observer.com/2002/06/can-wieseltier-dcs-big-mullah-have-it-both-ways/

56 https://www.nytimes.com/2002/10/26/world/anti-semitic-elders-of-zion-gets-new-life-on-egypt-tv.html
57 https://www.israelhayom.com/2023/01/05/palestinian-village-elder-claims-israel-trained-cattle-for-espionage/
58 https://www.israelnationalnews.com/news/208696
59 https://www.adl.org/sites/default/files/Press-Conference-Deck-v4-May-12-2014.pdf
60 https://twitter.com/HonestReporting/status/1624746548675354624
61 https://www.memri.org/tv/uae-islamic-scholar-waseem-yousef-arabs-responsible-sectarian-war-division-in-the-region
62 https://www.institute.global/insights/geopolitics-and-security/think-again-inside-modernisation-new-middle-east
63 https://www.tabletmag.com/sections/history/articles/the-nazi-roots-of-islamist-hate
64 https://fathomjournal.org/balfour-100-chaim-weizmann-the-guardian-and-the-balfour-declaration/
65 https://fathomjournal.org/balfour-100-before-balfour-the-labour-partys-war-aims-memorandum/#_ftn2
66 Susie Linfield, The Lion's Den: Zionism and the Left from Hannah Arendt to Noam Chomsky, Yale University Press, 2019.
67 https://www.jstor.org/stable/26554993
68 Ion Mihai Pacepa, Professor Ronald J. Rychlak, Disinformation: Former spy chief reveals secret strategies for undermining freedom, attacking religion, and promoting terrorism, WND Books, 2013, p. 99.
69 https://www.washingtonpost.com/archive/politics/1979/07/15/soviet-jews-see-growth-in-anti-semitismsoviet-jews-are-fearful-of-rising-anti-semitism/9d822731-c7cc-4d1f-9af7-7fb13827410d/
70 Izabella Tabarovsky, Demonisation Blueprints: Soviet Conspiracist Antizionism in Contemporary Left-Wing Discourse', Journal of Contemporary Antisemitism, vol. 5, 2022, p. 7.
71 Tabarovsky, 'Demonisation Blueprints', p. 3.
72 https://www.scribd.com/doc/115762049/Caution-Zionism-Yuri-Ivanov-1970
73 http://collections.americanjewisharchives.org/ms/ms0603/ms0603.072.004.pdf
74 https://www.theguardian.com/politics/2023/feb/01/labour-mp-apologises-to-commons-after-calling-israeli-government-fascist
75 https://www.telegraph.co.uk/politics/2023/02/18/labour-candidate-called-israel-apartheid-state/
76 https://fathomjournal.org/soviet-anti-zionism-and-contemporary-left-antisemitism/
77 Pacepa, Disinformation.
78 Pacepa, Disinformation.
79 https://www.tabletmag.com/sections/arts-letters/articles/mahmoud-abbas-soviet-dissertation
80 https://www.commentary.org/articles/daniel-moynihan/the-politics-of-human-rights/
81 George Orwell, Orwell and England, Macmillan, 2021, p. 50.

82　Baruch A Hazan, Soviet Propaganda: A Case Study of the Middle East Conflict, Routledge, 2017, p. 150.
83　Robert Wistrich, From Ambivalence to Betrayal: the Left, the Jews, and Israel, University of Nebraska Press, 2012.
84　https://www.dailymail.co.uk/news/article-6738195/CORBYN.html
85　https://www.timesofisrael.com/uks-labour-suspends-another-member-over-comments-against-jews/
86　Tabarovsky, 'Demonisation Blueprints', p. 8.
87　Tabarovsky, 'Demonisation Blueprints', p. 12.
88　https://www.cpusa.org/party_voices/convention-discussion-zionism-is-a-form-of-racism/
89　Tabarovsky, 'Demonisation Blueprints', p. 15.
90　https://newleftreview.org/issues/i43/articles/che-guevara-vietnam-must-not-stand-alone
91　https://fathomjournal.org/soviet-anti-zionism-and-contemporary-left-antisemitism/
92　Jovan Byford, Conspiracy Theories: A critical introduction, Palgrave Macmillan, 2011, p. 62.
93　https://www.jstor.org/stable/20101082
94　https://www.thejc.com/news/world/exclusive-iran%27s-shadowy-uk-network-revealed-1.517965
95　https://www.orwellfoundation.com/the-orwell-foundation/orwell/essays-and-other-works/antisemitism-in-britain/

6장 사실과 대응

1　https://www.thejc.com/lets-talk/all/is-it-time-for-jews-to-do-less-yearning-and-more-living-6O93osYNNU1pl8P6Cjy2qA
2　https://acleddata.com/dashboard/#/dashboard

이스라엘을 위한 변명

초판인쇄 2025년 2월 28일
초판발행 2025년 3월 10일

지 은 이 제이크 월리스 사이먼스
옮 긴 이 김양욱
펴 낸 이 김양욱
펴 낸 곳 님로드 | **출판등록** 2023년 9월 22일 제251-2023-000080호

주   소 03785 서울시 서대문구 신촌로 25 상록빌딩 2층
전자우편 nimrodbooks@naver.com

I S B N 979-11-985328-1-7 (03340)

잘못된 책은 구입하신 서점에서 교환해 드립니다.